Schattauer

D1723759

GRIFFBEREIT

Thorsten Heedt

Borderline-Persönlichkeitsstörung

Die wichtigsten Therapieverfahren

2., aktualisierte und überarbeitete Auflage

 Schattauer

Dr. med. Thorsten Heedt, MHBA
Facharzt für Psychosomatische Medizin und Psychotherapie
Facharzt für Psychiatrie und Psychotherapie
Oberarzt, Akutklinik Bad Saulgau
Am Schönen Moos 9
88348 Bad Saulgau
thorsten.heedt@akutklinik-badsaulgau.de

Besonderer Hinweis
Die Medizin unterliegt einem fortwährenden Entwicklungsprozess, sodass alle Angaben, insbesondere zu diagnostischen und therapeutischen Verfahren, immer nur dem Wissensstand zum Zeitpunkt der Drucklegung des Buches entsprechen können. Hinsichtlich der angegebenen Empfehlungen zur Therapie und der Auswahl sowie Dosierung von Medikamenten wurde die größtmögliche Sorgfalt beachtet. Gleichwohl werden die Benutzer aufgefordert, die Beipackzettel und Fachinformationen der Hersteller zur Kontrolle heranzuziehen und im Zweifelsfall einen Spezialisten zu konsultieren. Fragliche Unstimmigkeiten sollten bitte im allgemeinen Interesse dem Verlag mitgeteilt werden. Der Benutzer selbst bleibt verantwortlich für jede diagnostische oder therapeutische Applikation, Medikation und Dosierung.
In diesem Buch sind eingetragene Warenzeichen (geschützte Warennamen) nicht besonders kenntlich gemacht. Es kann also aus dem Fehlen eines entsprechenden Hinweises nicht geschlossen werden, dass es sich um einen freien Warennamen handelt.

2. aktualisierte und überarbeitete Auflage, 2024

Schattauer
www.schattauer.de
© 2024 by J. G. Cotta'sche Buchhandlung Nachfolger GmbH, gegr. 1659, Stuttgart
Alle Rechte vorbehalten
Gestaltungskonzept: Farnschläder & Mahlstedt, Hamburg
Cover: Jutta Herden, Stuttgart
unter Verwendung einer Abbildung von Nele Bäumer-Heedt
Gesetzt von Eberl & Koesel Studio, Kempten
Gedruckt und gebunden von CPI – Clausen & Bosse, Leck
Lektorat: Volker Drüke, Münster
Projektmanagement: Ulrike Albrecht
ISBN 978-3-608-40174-5
E-Book ISBN 978-3-608-12265-7
PDF-E-Book ISBN 978-3-608-20659-3

Bibliografische Information der Deutschen Nationalbibliothek
Die Deutsche Nationalbibliothek verzeichnet diese Publikation in der Deutschen Nationalbibliografie; detaillierte bibliografische Daten sind im Internet über http://dnb.d-nb.de abrufbar.

Für meine Patientinnen und Patienten

Vorwort zur ersten Auflage

Die Borderline-Persönlichkeitsstörung, mitunter auch verkürzt als Borderline-Störung bezeichnet, hat mich schon seit Beginn meiner Laufbahn als ärztlicher Psychotherapeut und Psychiater in verschiedenerlei Hinsicht fasziniert. Ich verstand nicht, warum

- eine typische (wenn es denn so etwas gibt) Borderline-Patientin sich zunächst so freundlich bis passiv verhält, um mich dann im nächsten Augenblick aus einem Ärger heraus anzuschreien,
- diese Patientinnen oft eine gewaltige Unruhe auf der Station verbreiten, den Therapeuten – auch mich – zeitweise völlig innerlich destabilisieren können und Selbstzweifel induzieren können,
- sie oft Therapien scheinbar aus einer Laune heraus abbrechen,
- sie sich häufig so schwer verletzen,
- so oft Selbstmordversuche eine Rolle spielen,
- sie insgesamt so unglaublich schwer zu behandeln sind,
- sie von Therapeut zu Therapeut eilen, um doch keine Hilfe zu erfahren.

Und dergleichen mehr.

Ich begriff, dass es sich um die therapeutisch am schwierigsten zu behandelnde Gruppe handelt (neben den »Narzissten«, so meine ich jedenfalls) und dass man eine Menge Erfahrung und therapeutischer Kunstfertigkeit benötigt, um diesen Patientinnen wirklich helfen zu können. Daher begann ich, mich für das Thema zu interessieren, was im Übrigen Überlappungen zum Thema der Psychotraumatologie aufweist (vgl. Heedt 2017).

Eine erste Erkenntnis war, dass das Selbstbild der Patientinnen brüchig ist, aber auch die Fremdwahrnehmung fundamental gestört ist und dass diese Patientinnen häufig schwer traumatisiert sind, wenngleich nicht alle. Dann merkte ich, dass mein Uraltbild therapeutischer Abstinenz mit dem Therapeuten als »weiße Wand«, also jemandes, der sich als eigenständige Person wenig zu erkennen gibt, in diesem Fall zu nichts führt.

Anfangs las ich – noch als Assistenzarzt – in einem Buch, dass der Therapeut mehr reden müsse als üblich. Längere Sprechpausen bewirkten, dass die Patienten sich eher verlassen fühlten. Also fing ich an unter dem Einfluss dieses holzschnittartigen Ratschlags in den Therapien gleichsam wie ein Wasserfall auf die Patienten einzureden und ständig aktiv zu suggerieren, dass ich ihnen helfen möchte. Natürlich führte dies zu nichts als Ärger. Im Laufe der Jahre wuchs meine Behandlungskompetenz schrittweise, wenngleich ich immer noch regelmäßig ratlos nach der einen oder anderen Therapiestunde zurückbleibe. Man lernt niemals aus, so sagt ja das Sprichwort, und so ist auch das Erweitern der Behandlungskompetenz ein »ongoing process«. Möge Ihnen dieses Buch ein wenig helfen, auch Ihre eigene zu erweitern und Sie anspornen, mehr über das Störungsbild zu lesen und vielleicht noch eine spezifische DBT-, MBT-, Schematherapie oder TFP-Fortbildung (das sind die Haupt-Therapierichtungen) zu beginnen. Das käme sicherlich Ihren Patienten zugute, und das würde auch mir in jeder Hinsicht eine große Freude bereiten, da es die Situation der Borderline-Patienten in diesem Land langfristig verbessern könnte, die allzu oft erst gar nicht in (Psycho-)Therapie ankommen, obwohl sie derer dringend benötigen. Vielleicht trägt es auch dazu bei, dass Ärzte weniger (in den meisten Fällen) überflüssige Medikamente verordnen, sondern lieber ihre psychotherapeutischen Kenntnisse erweitern. Möge es Ihnen ein Wegweiser im Dickicht der Borderline-Therapien sein.

Ich danke allen, die mir in irgendeiner Weise Inspiration und – auch indirekt – Hilfe beim Schreiben dieses Buchs gegeben haben. Zu erwähnen ist insbesondere meine Frau Nele Bäumer-Heedt, die mich jederzeit – auch durch die Erstellung eines wunderbaren Titelbildes – unterstützt hat.

Besonderer Dank gebührt zudem den nachstehend angeführten Forschern, die mir via Researchgate bereitwillig, ohne mich je persönlich getroffen zu haben, zahlreiche wertvolle Fachartikel, mich somit an ihrem reichen klinischen Erfahrungsschatz teilhaben lassend, zukommen ließen (der Platzersparnis halber ohne Titelnennung): Andreas Heinz, Peter Fonagy, Martin Bohus und Christian Schmahl.

Einzelne Artikel, die mir überaus nützlich waren, schickten mir zudem die folgenden Forscher: Egon Bachler, Darryl Bassett, Michael Berk, Edda Bilek, Andrea Bulbena-Cabré, Susan Brown, Chloe Campbell, Gabriele Ende, Eva Fassbinder, Christian G. Huber, Joost Hutsebaut, Jack R. Keefe, Hannah Little, Lars Mehlum, Inga Niedtfeld, David L. Streiner, Svenja Taubner, Katherine Thompson und viele mehr, die mir leider persönlich noch alle völlig unbekannt sind.

Nicht zuletzt danke ich Frau Nadja Urbani von Klett-Cotta/ Schattauer für ihre fortwährende Unterstützung sowie Volker Drüke für die gewissenhafte Durchsicht des Manuskripts.

Thorsten Heedt, im Herbst 2018

Literatur

Heedt, T. (2017). Psychotraumatologie. Stuttgart: Schattauer.

Vorwort zur zweiten Auflage

Von meinen bisherigen Büchern hat die »Borderline-Persönlichkeitsstörung« am meisten Verbreitung gefunden. Dies scheint mir der Besonderheit geschuldet, die dieses Buch auszeichnet: die Gegenüberstellung der Haupttherapieverfahren, während man sonst eher Bücher über die einzelnen störungsspezifischen Therapieverfahren findet, nichts aber über die »Konkurrenten«. Es lohnt sich aber, die Besonderheiten aller dieser Therapien kennenzulernen. Für die zweite Auflage habe ich mich darauf konzentriert, Forschungsliteratur seit der Erstauflage systematisch zu sichten und hier darzustellen. Ich hoffe, dass dieses Buch weiterhin großen Zuspruch finden möge.

Thorsten Heedt, im Juli 2023

Inhalt

Einleitung

Patientinnen, die unter einer Borderline-Persönlichkeitsstörung leiden, sind besonders und anders. Viele von ihnen haben schwere Traumatisierungen durchlitten, aber beileibe nicht alle; die Therapie gestaltet sich unglaublich schwer, weil hier Probleme auf ganz unterschiedlichen Ebenen lauern. Auf einer psychotherapeutischen Lehr-CD, die ich mir anlässlich der jedes Jahr stattfindenden und traditionell von mir besuchten Lindauer Psychotherapiewochen einmal kaufte, wurde folgender, anschaulicher Vergleich (sinngemäß) dargelegt: Man besucht eine Vorstellung von »Romeo und Julia«, aber irgendwie ist es seltsam. Der eigentliche Held der Vorstellung kauert hilflos in der Ecke und ist blind, an einer Stelle brennt es plötzlich, und an einigen Stellen der Bühne sind die Planken lose, sodass die Schauspieler drohen hineinzustürzen. Mit anderen Worten: Man kann sich überhaupt nicht auf die Geschichte konzentrieren, weil die Rahmenbedingungen nicht stimmen und man von einer Katastrophe in die andere stürzt. Und genauso verhält es sich tatsächlich bei der Borderline-Persönlichkeitsstörung: In der Behandlung dieses Störungsbildes kämpft man unaufhörlich mit der Einhaltung der Rahmenbedingungen durch die Patientinnen.

Auch ist es schwer, als Psychotherapeut die Contenance zu bewahren. Die Patientin zwingt den Therapeuten ständig in eine Art der therapeutischen Beziehung, die genauso instabil wie die Innenwelt der Patientin selbst ist.

Einmal stritt ich mich mit meiner früheren Oberärztin, da wir in einer therapeutischen Gruppe eine Borderline-Patientin hatten, die die ganze Gruppe in Aufruhr brachte. Beziehungsweise: Es war gar nicht klar, ob die Patientin eine Borderline-Persönlichkeitsstörung hatte, aber meine damalige Oberärztin hatte in der Gegenübertragung den Eindruck, ihr würde »der Boden unter den Füßen weggezogen«. Das war für sie das Diagnostikum, zu entscheiden, dass die Patientin wohl eine Borderlinerin sei. Ich hielt eine solche Einschätzung – ich glaube zurecht – für gefährlich. Natürlich kann dies ein Hinweis sein, ist aber nicht beweisend, da die momentane Verfassung des Therapeuten, seine eigene Vorgeschichte, aber auch temporäre Verfassungen des Patienten diesen Eindruck erwecken können. Auch die Gruppendynamik mag dazu beigetragen haben, auch mag es noch zahlreiche weitere Einflussfaktoren geben.

Ich halte scheinbare absolute Gewissheit über die Einschätzung der Patientin grundsätzlich für zweifelhaft. Aber der wahre Kern dieser Anekdote ist, dass Borderline- und generell strukturell schwer gestörte Patienten auch den Therapeuten selbst in Irritation und Aufruhr bringen können und dass dies eine der Hauptschwierigkeiten in der Behandlung ist. Es ist oft kompliziert, den therapeutischen Fokus aufrechtzuerhalten, man bedarf immer der Rückmeldung durch das Behandlungsteam und benötigt einen guten Supervisor im Hintergrund, sonst überfordert einen die Aufgabe.

Eine weitere Geschichte mag das übliche Problem illustrieren, welches sich oft zeigt:

Ich untersuchte in der Notaufnahme eine Patientin mit Borderline-Störung, die sich kürzlich erneut schwer selbst verletzt hatte.

Ich bemühte mich, besonders auf die Patientin einzugehen und ihr mit besonderer Empathie zu begegnen. Schon nach wenigen Minuten hatte ich den Eindruck, dass sich die Patientin bei mir sehr gut aufgehoben fühlte. Ich saß letztlich länger als üblich bei Neuaufnahmen bei der Patientin und glaubte, es bestünde bereits ein erstes zartes Pflänzlein eines guten therapeutischen Arbeitsbündnisses. Zudem hatte ich mit ihr einen gemeinsamen Therapieplan entworfen und ihr schon einiges zum Störungsbild erklärt. Ich ging daher hochzufrieden aus dem Gespräch und fühlte mich prima. Eine Stunde später erfuhr ich, dass sich die Patientin überhaupt nicht von mir verstanden gefühlt, auf mich geschimpft und bereits die Klinik verlassen hatte.

Abgesehen davon, dass all dies auch Folge meines schlechten Ausbildungsstandes oder eigener therapeutischer Schwächen sein könnte, passiert so etwas nicht nur mir, sondern vielen Therapeuten in ähnlicher Weise bei Borderline-Patienten. Es kommt generell zu therapeutischen Missverständnissen. Woher das kommt und wie man das Behandlungsergebnis verbessern kann, davon handelt dieses Buch. Ich wünsche viel Freude bei der Auseinandersetzung mit der Materie. Gendertechnisch sei noch erwähnt, dass meist in diesem Buch für Borderline-Patienten die weibliche Form verwendet wurde, weil die überwiegende Mehrzahl der Borderline-Patienten, die mir im klinischen Kontext begegnet sind, weiblich sind.

MERKE

Fortwährende Missverständnisse in der Behandlung sind neben dem Leitsymptom der Borderline-Persönlichkeitsstörung, der mehrfach täglich plötzlich einschießenden aversiv erlebten inneren Anspannung, m. E. das Hauptcharakteristikum der Behandlung von Borderline-Patientinnen und prinzipiell unvermeidbar (so etwa wie man, aus der Physik bzw. der Heisenberg'schen Unschärferelation bekannt, aus prinzipiellen Gründen nicht gleichzeitig Ort und Impuls eines Teilchens bestimmen kann).

1 Allgemeines zur Borderline-Persönlichkeitsstörung

1.1 Symptomatik

Die emotional instabile Persönlichkeitsstörung

Die Borderline-Störung gehört zu den Persönlichkeitsstörungen, heißt daher auch, genauer, »Borderline-Persönlichkeitsstörung«. Was ist überhaupt eine Persönlichkeitsstörung? Sind wir nicht alle oder wenigstens viele ein bisschen »persönlichkeitsgestört«? Nein, in der Psychiatrie ist mit einer Persönlichkeitsstörung ein spezifisches Störungsbild gemeint, welches seinen Ursprung in Kindheit und Jugend nimmt und insbesondere zu fortwährenden Schwierigkeiten in den sozialen Beziehungen der betroffenen Personen führt. Es gibt eine ganze Reihe an Persönlichkeitsstörungen innerhalb der internationalen Krankheitsklassifikation ICD-10, und die Borderline-Persönlichkeitsstörung ist nur eine davon. Die allgemeinen Kriterien einer Persönlichkeitsstörung sind in der Übersicht zu sehen.

MERKE Allgemeine Kriterien einer Persönlichkeitsstörung (ICD-10: F60 Schwere Störungen der Persönlichkeit und des Verhaltens)

- G1. Dauerhafte Abweichung von Normen in Bezug auf Kognition, Affektivität, Impulskontrolle und Bedürfnisbefriedigung, Handhabung zwischenmenschlicher Beziehungen
- G2. Allgemein unflexibles, unangepasstes, unzweckmäßiges Verhalten
- G3. Hoher Leidensdruck und nachteiliger Einfluss auf die soziale Umwelt, bedingt durch G2
- G4. Stabile Abweichung von langer Dauer mit Beginn im späten Kindesalter oder Adoleszenz
- G5. Nicht erklärbar durch andere psychische Störung. Aber Überlagerung durch andere Störungsbilder möglich
- G6. Nicht bedingt durch organische Erkrankung, Verletzung oder anderweitige Funktionsstörung

Im Folgenden wird die Borderline-Persönlichkeitsstörung in der Regel als »BPS« abgekürzt. Die BPS (Internationale Krankheitsklassifikation ICD-10: F60.31) ist eine Unterform der sogenannten **emotional instabilen Persönlichkeitsstörung** (ICD-10: F60.3), von der es auch einen impulsiven Typus (ICD-10: F60.30) gibt. Die Unterschiede kann man den folgenden Übersichten entnehmen. Der impulsive Typus ist vor allem charakterisiert durch emotionale Instabilität und reduzierte Impulskontrolle. Hier kommt es gehäuft zu Ausbrüchen von gewalttätigem Verhalten, insbesondere wenn die Patientin kritisiert wird. Die BPS hingegen zeigt noch eine Reihe weiterer Symptome, die in der Folge eingehend dargelegt werden.

Seit 2022 grundsätzlich einsetzbar, aber erst ab 2027 verbindlich ist das ICD-11, was die Schwerpunkte bei der Borderline-Persönlichkeitsstörung verschiebt: Die BPS wird nun durch ein dimensionales Modell definiert anstatt durch ein kategoriales

Modell. Dies bedeutet, dass die BPS nicht mehr als eine Störung angesehen wird, die entweder vorhanden oder nicht vorhanden ist, sondern als eine Störung, die auf einem Kontinuum liegt. Die Schwere von Persönlichkeitsstörungen wird nun anhand der Ausprägung einzelner Symptome bestimmt, die eine Person erfüllt. Die bisher vertrauten Persönlichkeitsstörungen (zwanghafte PS, dissoziale PS usw.) sind verschwunden, nur aufgrund der besonderen klinischen Relevanz kann man weiterhin zusätzlich einen Borderline-Qualifier vergeben. Bis jetzt ist diese Klassifikation noch wenig verbreitet, auch sind hier vermutlich noch einige Veränderungen bzw. Modifikationen zu erwarten, sodass das Modell hier nicht im Detail dargelegt wird.

MERKE F60.30 Emotional instabile Persönlichkeitsstörung – Impulsiver Typus

Drei der folgenden Verhaltensweisen, darunter Punkt 2.:

1. Unerwartetes Handeln ohne Berücksichtigung der Konsequenzen
2. Streitereien und Konflikte mit anderen, wenn impulsive Handlungen unterbunden oder getadelt werden
3. Wut-/Gewalt-Ausbrüche mit Unfähigkeit zur Kontrolle explosiven Verhaltens
4. Schwierigkeiten bei Beibehaltung von Handlungen, die nicht unmittelbar belohnt werden
5. Unbeständig-unberechenbare Stimmung

MERKE F60.31 Emotional instabile Persönlichkeitsstörung – Borderline-Typus

Mindestens drei von fünf Kriterien des impulsiven Typus, dazu zwei der folgenden:

- Unsicherheit bezüglich Selbstbild, Zielen und »inneren Präferenzen«

- Neigung, sich in intensive/instabile Beziehungen einzulassen
- Übertriebene Bemühungen, das Verlassenwerden zu vermeiden
- Häufig Drohungen/Handlungen mit Selbstbeschädigung
- Anhaltende Leeregefühle

Kernsymptome

Bei der BPS findet man die Kernsymptome

- affektiver Instabilität (die Gefühlslage schwankt den ganzen Tag über, vor allem zeigen sich immer wieder heftige unerträgliche Anspannungszustände),
- emotionaler Dysregulation (die Gefühlslage läuft sozusagen aus dem Ruder, die Patientin bekommt es nicht hin, halbwegs in ausgeglichener Stimmung über den Tag zu kommen) sowie
- eines schlechten interpersonellen Funktionsniveaus (mit anderen Worten, die Beziehungen zu anderen gestalten sich meist überaus problematisch und anstrengend) (Lieb et al. 2004).

Besonders problematisch ist, dass die Suizidraten erhöht sind (6–8 %) und bis zu 90 % der Patienten selbstverletzendes Verhalten zeigen, welches nicht primär suizidal ausgerichtet ist, sondern anderen Funktionen dient (z.B. Abbau von Spannung, Selbstbestrafung, das Bedürfnis, sich zu spüren, usw.) (Zanarini et al. 2008). Typisch ist auch das Auftreten von Hochrisikoverhalten und impulsiver Aggression. Man findet eine dysfunktionale Emotionsverarbeitung und soziale Interaktion als psychologische Hauptmechanismen (Witt et al. 2017). Das typische Symptomenbild offenbart → Abb. 1-1.

»Du darfst Dich nicht trennen! Dann bring ich mich halt um!«

»Du bist der beste Mann für mich. Nie war ich so glücklich!«
Zwei Stunden später:
»Du Miststück! Ich hasse Dich! Du willst mich zerstören!«

»Ich bin auf einem guten Weg! Bald werde ich alles überwunden haben!«
Zwei Stunden später:
»Ich bin nichts wert! Ich muss mich umbringen!«

Therapeut: »Wie war ihr Tag?« – Pat.: »Ich bin mit 200 über die Autobahn gerast, weil ich so angespannt war. Dann habe ich in der Stadt, weil ich so gut drauf war, 10 CDs gekauft. Am Abend hab ich jemand kennengelernt. Wir sind rasch miteinander im Bett gelandet.«

Therapeut: »Haben Sie sich schon mal selbst verletzt?« –
»Ja, schon 10 x in diesem Jahr. Zuletzt gestern, als ich mich über meinen Freund geärgert habe.«

Therapeut: »Wechselt Ihre Stimmung oft?« – »Ja, den ganzen Tag. Ein Wechselbad der Gefühle. Erst bin ich angespannt, könnte alles zusammenschlagen. Dann habe ich furchtbare Angst. Später gehts wieder, abends könnte ich mich schneiden.«

Therapeut: »Fühlen Sie sich manchmal leer?« – »Eigentlich fühle ich mich immer leer, als sei da gar nichts an Gefühl.«

»Ich war so wütend über den Pfleger, da habe ich ihm einfach in die Fresse geschlagen. Ich hab da nicht lange nachgedacht.«

»Dann hatte ich Stress mit meinem Freund und dachte, aus der Wand heraus würden mich zwei Augen anstarren.«

Abb. 1-1: Kernsymptome der Borderline-Persönlichkeitsstörung

Probleme der Emotionsregulation

Stiglmayr et al. (2017) vergleichen die Emotionalität des BPS-Patienten mit eine Ferrari: Dieser reagiere sensibler auf Berührungen des Gaspedals. Da die BPS-Patientin den »emotionalen Ferrari« aber als nicht regelbar erlebt, vermeidet sie phobisch ihre Emotionen in Bezug auf sämtliche abgrenzbaren Emotionen wie Scham, Schuld usw. oder verwendet z.B. selbstverletzendes Verhalten oder Substanzkonsum zur Regulation.

BPS-Patientinnen können zwar Emotionen differenzieren und modulieren, mit zunehmender Anspannung geht diese Fähigkeit aber verloren (Ebner-Priemer et al. 2007; Stiglmayr et al. 2017). Stiglmayr benennt die Anspannung des BPS-Patienten als eine Art »Hintergrundrauschen«, welches die Entschlüsselung emotionaler Signale erschwere (Stiglmayr et al. 2008). Bei der BPS kommt es zu Schwierigkeiten bei der Verarbeitung emotionaler Stimuli (Yeomans et al. 2017). Die Patienten können negative Stimuli nicht angemessen verarbeiten oder durch Neubewertung dämpfen (Koenigsberg et al. 2009). Intensive Affekte werden häufig durch interpersonelle Probleme ausgelöst, durch z.B. Trennungen oder Erleben von Zurückweisung.

Besonderheiten der Gesichtserkennung Interessant ist in dem Zusammenhang, dass BPS-Patientinnen Schwierigkeiten haben, den Ausdruck von Gesichtern richtig zu interpretieren. Als Beleg sei folgende Studie erwähnt: Matzke et al. (2014) untersuchten, ob sich BPS-Patienten signifikant in Bezug auf die eigene emotionale Reaktion auf Gesichter unterscheiden. Zu diesem Zweck erhielten 28 weibliche BPS-Patienten im Vergleich zu 28 4gesunden Personen eine Gesichtserkennungsaufgabe mit dynamischen Gesichtsbildern, wobei die Aktivität verschiedener Gesichtsmuskeln erfasst wurde. Außerdem bewerteten die Teilnehmer die emotionale Intensität der gezeigten

Gesichter und die Intensität ihrer subjektiven Gefühle. Im Vergleich zu den Kontrollen zeigten BPS-Patienten eine verstärkte Antwort des M. corrugator supercilii (»Augenbrauenrunzler-Muskel«) in Bezug auf ärgerliche, traurige oder Ekelausdrücke und abgeschwächte Antworten des Levator labii superioris (»Oberlippenheber«) in Bezug auf glückliche und überraschte Gesichtsausdrücke. Diese Untersuchung belegt, dass die Gesichtserkennung bei BPS-Patienten nicht generell schlechter ist und dass Borderline-Patienten in Bezug auf die emotionale Verfassung anderer auch nicht generell überreagieren. Stattdessen zeigten sie eine reduzierte Gesichtsreaktion auf positive soziale Signale und eine gesteigerte Gesichtsreaktion auf negative soziale Signale. Dieses Muster könnte zu den Schwierigkeiten beitragen, die BPS-Patienten in ihren sozialen Interaktionen zeigen.

Negatives Selbstbild

Laut Winter et al. (2017) sind negative Selbstbewertungen bei Patientinnen mit BPS sehr häufig, aber erstaunlich wenig untersucht. Auch Santangelo et al. (2017) betonen, welche große Rolle die Instabilität des Selbstbildes bei der BPS spielt und wie eng dies mit der affektiven Instabilität bei BPS-Patientinnen zusammenhängt.

Interpersonelle Schwierigkeiten

Während Gesunde es schaffen, vertrauensvolle Beziehungen, auf die sie sich verlassen können, aufzubauen, gelingt dies BPS-Patientinnen extrem schlecht (Krueger et al. 2007). Sie können vor dem Hintergrund individueller Faktoren, häufig in Verbindung mit Misshandlungs- oder Missbrauchserfahrungen in der Vorgeschichte, soziale Interaktionen schlecht emotional regulieren. Sie fühlen sich oft vom Gegenüber abgelehnt, unabhängig davon, ob dies auch real zutrifft (Renneberg et al. 2012; Staebler et al. 2011). Die Patientinnen reagieren feindselig auf drohende Zurückweisung (Berenson et al. 2011) und reagieren eher reflexhaft statt reflektiert. BPS-Patientinnen sind zudem im Sinne der Bowlby'schen Bindungstheorie überzufällig häufig »unsicher gebunden« (Barone 2003).

Hyperaktivierungsstrategien   Um ihre Innenwelt und die Interaktionen mit anderen zu regulieren, benutzen BPS-Patientinnen häufig sogenannte Hyperaktivierungsstrategien. So baut die BPS-Patientin unangemessen enge Bindungen zu anderen auf, was auch neuronale Kreisläufe beeinträchtigt, die der Überprüfung der Vertrauenswürdigkeit anderer dienen. Diese Patientinnen idealisieren ihre Therapie und den Therapeuten und neigen dazu, natürliche Grenzen der Beziehung zu überschreiten. Wenn die eigenen Bedürfnisse dann nicht wie erwünscht erfüllt werden, kippt die Stimmung rasant, und sie werden entwertend und feindlich gesinnt. Gerade in stationären Einrichtungen, die ja schnell die Aufnahme einer vertrauensvollen Bindungsatmosphäre stimulieren, kann es schnell dazu kommen, dass das Bindungssystem der Patientin rapide hyperaktiviert wird. Therapien, die die Aufnahme einer zu frühen intensiven Bindung stimulieren sind daher nicht ohne Risiko. Daher intensiviert beispielsweise die Mentalisierungsbasierte Therapie (MBT), eine der etablierten Verfahren zur Behandlung der BPS, die Therapeutenbeziehung erst in späteren Therapiephasen, wenn die Patientin gelernt hat, besser unter Stress zu mentalisieren, d.h. sich in die eigene seelische Innenwelt und die eines anderen einzufühlen, was diesen Patientinnen üblicherweise unter Stress nicht so gut gelingt (Bateman und Fonagy 2013).

Deaktivierungsstrategien Andere BPS-Patientinnen nutzen eher Deaktivierungsstrategien, d.h., sie neigen dazu, im Fall von emotionalem Stress sich innerlich emotional zu distanzieren. Je höher der Stress allerdings wird, desto schwieriger wird es, diese Maske aufrechtzuerhalten – Gefühle von Unsicherheit und negative Selbstrepräsentationen nehmen zu. Sie haben physiologische Auffälligkeiten, etwa erhöhte Blutdruckwerte, erscheinen aber äußerlich relativ ruhig und geben auch an, nicht gestresst zu sein. Dies kann bei nichttolerablem Stress dann in plötzliches Schwitzen und Schwindelgefühle umschlagen. Einen plötzlichen Anstieg des Stresslevels attribuieren sie selbst dann eher äußeren Umständen als dem Thema (z.B. mit der Behauptung, zu schlecht geschlafen zu haben). Ihre Mentalisierungsfähigkeit ist limitiert. Sie neigen dazu, intellektualisierende und rationalisierende Erklärungen abzugeben, was man als »Als-ob-Modus« (»Pretend-mode«) bezeichnet, ein zentraler Begriff, auf den ich noch zu sprechen kommen werde (Bateman und Fonagy 2013).

Mischstrategien Andere Patientinnen, und zwar solche mit eher desorganisiertem Bindungsverhalten, zeigen sowohl Schwierigkeiten beim Mentalisieren als auch eine Tendenz zum Hypermentalisieren, benutzen aber deaktivierende Strategien, wenn die hyperaktivierenden scheitern. Die hyperaktivierenden Strategien führen oft letztlich zu einem Verlust der Mentalisierungsfähigkeit, während die deaktivierenden Strategien dazu führen, dass die wesentlichen emotionalen Inhalte vermieden werden. Diese Patientinnen verlieben sich z.B. rasch, fühlen sich dann genauso schnell vernachlässigt oder betrogen, können aber auch ihren Eigenanteil an dieser Entwicklung nicht reflektieren – aufgrund ihres Mangels an Mentalisierungsfähigkeit.

MERKE

Patientinnen, die eher deaktivierende Strategien verwenden, ziehen sich häufig aus den Beziehungen zurück und beschäftigen sich allein; wenn man versucht, ihre Innenwelt zu explorieren, langweilen sie einen mit sachlichen Schilderungen ohne Gefühlsinhalt. Man sollte dann in der Therapie genau herausarbeiten, welche Situationen jeweils das hyperaktivierende und welche das deaktivierende Verhaltensmuster triggern, sodass man besser herausfinden kann, was sensible Felder sind, die in der Therapie zu Problemen führen könnten (Bateman und Fonagy 2013).

Die bereits erwähnte MBT, die noch eingehend im Verlaufe dieses Buchs dargestellt wird, fokussiert daher auf die Stabilisierung des Selbsterlebens. So soll die kontinuierliche Fähigkeit zur Mentalisierung während interpersoneller Kontexte sichergestellt und der Patientin geholfen werden, ein optimales »Arousal« (Erregungsniveau) während ihrer Interaktionen aufrechtzuerhalten.

Die Patientinnen sind ständig in ihren Interaktionen vom Verlust ihrer Mentalisierungsfähigkeit bedroht. Währenddessen sind die eigenen Erfahrungen entweder überreal oder aber erscheinen bedeutungslos. Diese verzerrten subjektiven Zustände sind jeweils von reißendem psychischem Schmerz begleitet, den andere oft nicht nachvollziehen können. Daher ist ein wichtiges Therapieziel, Affekte bei sich und anderen richtig zu identifizieren und eigene auszudrücken. Dies ist so wichtig, weil sonst oft die therapeutische Beziehung wegen permanenter Missverständnisse in der Therapie nachhaltig gefährdet ist.

Alexithymie New et al. (2012) untersuchten die Rolle der Alexithymie (Unfähigkeit, Gefühle zu lesen) bei BPS (da man annahm, dass Borderlinerinnen diese häufiger zeigen). Die Untersuchung hatte 79 BPS-Patientinnen, 76 gesunden Kontrollen und 39 Patienten mit vermeidender Persönlichkeitsstörung zur Grundlage, wobei es darum ging, den Einfluss der Alexithymie und ihren Einfluss auf das interpersonelle Funktionieren zu beurteilen. Dazu wurden u.a. die Reaktionen auf emotional gefärbte Bilder mittels einer Computeraufgabe gemessen, wo sich die Probanden entweder auf die Erfahrung des im Bild gezeigten Individuums oder auf die eigene vorgestellte Erfahrung fokussieren sollten. Patienten mit BPS hatten große Schwierigkeiten, einen Perspektivwechsel vorzunehmen, und zeigten zugleich ein hohes Stresslevel. Sie offenbarten ein intaktes »empathisches Besorgtsein«. Die klarsten Unterschiede zu Kontrollen bei der Computeraufgabe zeigten sich während selbstbezogener Antworten auf negatives Bildmaterial. Die BPS-Patientinnen reagierten stark auf die Gefühle anderer, waren aber darin beeinträchtigt, die Gefühle und die Perspektive anderer zu beschreiben.

Sexualität

Es gibt einige Belege dafür, dass sexuelle Kindheitstraumata ein nichtspezifischer Risikofaktor für die Entwicklung einer BPS sind (Frías et al. 2016). Außerdem zeigen BPS-Patientinnen höhere sexuelle Identitätsstörungsraten und homosexuelle Beziehungen als Nicht-BPS-Patientinnen. Auch zeigen sie höhere sexuelle Impulsivität. Gesteigertes sexuelles Risikoverhalten bei BPS-Patientinnen führt zu höheren Raten sexuell übertragener Krankheiten, unerwünschten Schwangerschaften, Raten an Vergewaltigungen.

Die Dialektisch-behaviorale Therapie (DBT), auf die wir noch zu sprechen kommen, ist eine mögliche Psychotherapieform der BPS und hat sich als effektiv bei der Verminderung von PTBS-Symptomen in Bezug auf Kindheitstraumata bei BPS herausgestellt (PTBS = Posttraumatische Belastungsstörung; ein Syndrom, das einige Patientinnen nach Traumatisierungen entwickeln und mit Übererregung, Vermeidungsverhalten und Flashbacks/Intrusionen einhergeht).

Invalidierende Entwicklungsumgebung

Sozial ist die typische BPS-Patientin oft in einem nichtvalidierenden (also bestätigend-unterstützenden) Umfeld aufgewachsen. Es handelt meist um eine soziale Umgebung, in der eigene Gefühle eher in Abrede gestellt werden und das Kind nicht lernt, eigene Gefühle zu benennen und zu regulieren. In diesen Familien kommt es häufig zu Gewalt- oder Missbrauchserfahrungen, sodass viele BPS-Patientinnen daher an einer PTBS-Komorbidität leiden, und zwar bis zu 60 % (Zanarini et al. 1998).

Epidemiologie

Die BPS ist insgesamt, wie das bisher Gesagte schon nahelegt, ein sehr komplexes neuropsychiatrisches Störungsbild, dessen Lebenszeitprävalenz bei ungefähr 3 % liegt. Die BPS gehört damit zu den häufigsten Persönlichkeitsstörungen. Unbehandelt zeigt sie oft einen chronischen, die Patientin schwer beeinträchtigenden Verlauf, und man findet sie bei ca. 20 % der stationären psychiatrischen Patienten (Witt et al. 2017). Das Störungsbild führt zu einem erhöhten Inanspruchnahmeverhalten (erhöhte Nutzung des Gesundheitssystems) und führt gesundheitsökonomisch zu einer erheblichen sozioökonomischen Last (Bohus und Schmahl 2007; Lieb et al. 2004).

Untergruppen der BPS Es wurden zahlreiche Versuche unternommen, Subtypen der BPS herauszufinden, um besser differenzialtherapeutische Überlegungen anstellen zu können, d. h. zu entscheiden, welche Therapien welchen Patientinnen wohl helfen mögen. Dass es Subtypen geben muss, wurde mir im stationären Kontext rasch klar. Es gibt »schwerste« BPS-Fälle – Patientinnen, die höchst instabil sind, ständig in Konflikte geraten und sich fortwährend »schneiden« (z. B. sich an den Armen »ritzen«, häufig zum Spannungsabbau) –, während andere sich eher zurückziehen, passiv verhalten, dennoch aber alle Diagnosekriterien erfüllen. Der jüngste Klassifizierungsversuch in dieser Richtung stammt von der Arbeitsgruppe um Smits (Smits et al. 2017), die drei Cluster identifizieren konnte:

- Der größte Cluster (n = 145) bestand aus Patientinnen mit zentralen BPS-Eigenschaften, ohne besondere Auffälligkeiten in anderen Persönlichkeitsstörungsdimensionen.
- Ein zweiter Cluster (»extravertiert/externalisierend«) (n = 27) zeichnete sich durch histrionische, narzisstische und antisoziale Eigenschaften aus.

- Der »schizotype/paranoide« Cluster (n=15) hingegen bestand aus Patientinnen mit besonders schizotypen und paranoiden Zügen.

Diese Cluster unterschieden sich deutlich in Bezug auf demographische und klinische Faktoren. Es ist wichtig, solche Subtypen zu identifizieren, um die Ergebnisse verschiedener Psychotherapien besser vergleichen zu können, weil das, was im psychiatrischen Zentrum gilt, wo einige sich selbst verletzende Patientinnen befinden, nicht unbedingt für jene gilt, die im ambulanten Setting behandelt werden.

In der genannten Veröffentlichung von Smits et al. zeichnete sich die größte Gruppe mit der »Kern-BPS« dadurch aus, dass sich in dieser 92 % Frauen befanden, die Gruppe die niedrigste Lebensqualität und das höchste Ausmaß an Symptomschwere zeigte. Hier offenbarten sich besonders affektive Instabilität und Identitätsprobleme sowie interpersonelle Probleme wie Selbstunsicherheit und soziale Gehemmtheit.

Die erheblich kleinere »extravertiert/externalisierende« Gruppe war zu 37 % männlich, zeigte eine höhere Lebensqualität, das geringste Ausmaß von Symptomschwere und die niedrigste Prävalenz von sogenannten Achse-I-Störungen. Die Symptomschwere war global viel geringer, auch in Bezug auf affektive Instabilität und Identitätsprobleme. Diese Patienten zeigten auch weniger interpersonelle Probleme.

Der »schizotyp/paranoide« Subtypus hingegen (zu 13 % männlich) zeigte die größte Prävalenz an Achse-I-Störungen (= besonders relevante klinische Störungen laut DSM, dem amerikanischen Krankheitsklassifikationssystem) und ein mittleres Level an Symptombelastung. Die Patienten fühlten sich am gesündesten, zeigten aber ebenfalls, wie die Kern-BPS-Gruppe, interpersonelle Probleme wie Selbstunsicherheit und soziale Gehemmtheit.

Gemeinsam war allen Gruppen eine Vorgeschichte von Gewalterfahrungen, sexuellem Missbrauch oder Vernachlässigung sowie ein ängstliches Bindungsverhalten (Smits et al. 2017).

FALLBEISPIEL Das mysteriöse Wiedererkennen

Wie oft ist mir das Folgende passiert? Ich gehe in den völlig verqualmten Raucherraum. Wie durch ein Wunder sitzen die beiden einzigen Borderline-Patientinnen am selben Tisch. Sie können kaum von ihren Diagnosen wissen, sind erst gerade aufgenommen worden. Sie verstehen sich augenscheinlich und unterhalten sich lebhaft. Meine Vermutung ist, dass Patientinnen von gleicher struktureller Reife sich in ihrer Art des Beziehungsaufbaus so ähnlich sind, dass sie sich oft sofort unbewusst »erkennen«.

Komorbiditäten

Auffällig ist das hohe Maß des Auftretens von Komorbiditäten. Das sind Störungsbilder, die parallel zu der BPS zusätzlich vorhanden sind, z.B. von Depressionen, Angststörungen (McGlashan et al. 2000). Im Einzelnen zeigen die Patientinnen affektive Störungen (80 %), Angststörungen (80 %), Essstörungen (70 %), Substanzmissbrauch (60 %), PTBS (60 %), weitere Persönlichkeitsstörungen (80 %), häufig auch dissoziative Störungen (50–80 %) (Sipos und Schweiger 2003; Priebe et al. 2013).

Ängste Häufig entwickeln BPS-Patientinnen auch diverse Ängste. Bulbena-Cabré et al. (2017) verweisen darauf, dass man Angst als klinisches Phänomen bei der BPS ernstnehmen soll. Viel zu wenig sei dies untersucht, und es gebe eine deutliche neurobiologische Überlappung mit Auffälligkeiten im limbi-

schen System, der HPA-Achse und in Serotonintransporter-
und Glukokortikoidtransportergenen sowie atypischen Regula-
tionsvorgängen im autonomen Nervensystem (zur Erklärung
der vorstehenden Begriffe sei auf die gängigen Lehrbücher der
Physiologie und Neurophysiologie verwiesen). Man solle auch
die somatischen Beschwerden der Patientinnen ernstnehmen
und seinen Blick für neuere Therapieansätze erweitern. Sinnvoll sei etwa die Gabe von Medikamenten wie Syntocinon
(Wirkstoff: Oxytocin), aber auch die Rolle der »nutritional psychiatry« (Auswirkungen von Ernährung) und insbesondere die
Rolle des Mikrobioms (die Gesamtheit der den Menschen besie-
delnden Mikroorganismen) seien beachtenswert.

Brück et al. (2018) zeigten, dass die weit überwiegende Mehrzahl der Patientinnen unter Gelotophobie leiden, d. h. der Angst,
ausgelacht zu werden – ein Phänomen, das bisher viel zu wenig
untersucht sei.

Psychosen Die Bedeutung psychotischer Phänomene bei BPS-
Patientinnen scheint im Allgemeinen unterschätzt zu werden.
In einer Untersuchung von Schroeder et al. (2017) berichteten
36 % der Patientinnen über vielgestaltige und lange anhaltende
Wahrnehmungsveränderungen sowie 21 % von Wahnvorstellungen. Es besteht nach Ansicht der Autoren die Gefahr der Trivialisierung dieser Phänomene durch Begriffe wie »Pseudohal-
luzinationen«, was die Behandlung erschweren könnte.

Bassett et al. (2017) diskutierten die Gemeinsamkeiten und
Unterschiede zwischen bipolarer Störung, die auch zu den Psychosen zählt, und BPS. Es gibt viele neurobiologische und klinische Gemeinsamkeiten dieser Störungsbilder. Manche Forscher
meinten sogar, dies als eigenständige »Mood disorder« definieren zu müssen (»Fluoxothymia«), aber im Augenblick hat sich
doch eher die Erkenntnis durchgesetzt, dass die BPS ein eigenständiges Störungsbild darstellt.

Diagnostik

Diagnostizieren kann man die BPS nicht nur durch klinische Untersuchung und Befragung, sondern auch durch Zuhilfenahme verschiedener Hilfsmittel: Zum einen gibt es das IPDE (International Personality Disorder Examination; Loranger 1999), das SKID-II (Strukturiertes Klinisches Interview) und das DIB-R (revidierte Version des Diagnostischen Interviews für Borderline-Patienten; Stiglmayr et al. 2017). Zum anderen gibt es die BSL (Borderline-Symptom-Liste; Bohus et al. 2007), die sich zur Selbstbeurteilung und Verlaufsbeobachtung eignet.

Diagnosestellung nach ICD-10 Zur Diagnose der BPS müssen nach ICD-10 die allgemeinen Kriterien einer Persönlichkeitsstörung erfüllt sein. Das bedeutet, dass sich charakteristische und dauerhaft ausgeprägte Abweichungen von kulturell erwarteten und akzeptierten Normen in Bezug auf unterschiedliche Bereiche zeigen, verbunden mit deutlichem Leidensdruck. Zur Diagnosestellung müssen mehrere Symptome zusammentreffen (Habermeyer et al. 2008), u. a.:

- wechselnde, instabile Stimmung,
- Neigung zu Ausbrüchen intensiven Ärgers (gewalttätiges Verhalten wird bei dieser Patientengruppe leicht ausgelöst, wenn impulsive Handlungen behindert werden),
- Störungen und Unsicherheiten bezüglich des Selbstbildes, der Ziele und der inneren Präferenzen,
- chronische Leeregefühle,
- Neigung zu intensiven, aber unbeständigen Beziehungen,
- übermäßige Anstrengungen, nicht verlassen zu werden,
- Neigung zu Suiziddrohungen oder selbstschädigenden Handlungen.

Kernproblem ist aber die Affektregulationsstörung, gekennzeichnet durch maladaptive (schlecht ans Problem angepasste) Verhaltensweisen. Schon auf geringe Auslöser reagieren die Patientinnen mit überwältigenden negativen Gefühlen. Es kommt, und das ist das **Leitsymptom des Störungsbildes, zu heftigen Anspannungszuständen, die mehrfach am Tag auftreten** (Habermeyer et al. 2008; Stiglmayr et al. 2001). Die Patientinnen fühlen sich oft innerlich leer, wie abgestorben oder innerlich tot, geraten in gedankliche Teufelskreise von Selbstverachtung, einhergehend mit Scham- und Schuldgefühlen. Auch können dissoziative Derealisationszustände auftreten.

DEFINITION

Dissoziation ist ein vielgestaltiges Phänomen, wo z. B. Teile des Erlebens gleichsam ausgeblendet werden. Es kommt besonders häufig im Zusammenhang mit Psychotraumata vor, ist aber grundsätzlich zunächst einmal unspezifisch.

Interpersonell löst das Erleben von Nähe und Geborgenheit sehr widersprüchliche Gefühle aus. Es kommt oft zu Missverständnissen in den persönlichen Beziehungen, was dann zu Kontaktabbrüchen führen kann. Die Patientinnen wechseln häufig zwischen Idealisierung und Entwertung in Bezug auf Beziehungspersonen, es zeigt sich also eine sehr instabile Beziehungsgestaltung. Auch kommt es zu Selbstverletzungen oder parasuizidalen Handlungen (z. B. neben den Gleisen entlanggehen). Das selbstverletzende Verhalten neigt zur Chronifizierung, da die Patientinnen sich oft danach ruhig und entspannt fühlen – dissoziatives Erleben wird gemindert (die Patientinnen spüren sich wieder).

Im Rahmen des selbstschädigenden Verhaltens kann z. B. auch bulimisches Essverhalten auftreten. Drogen- oder Alkoholmissbrauch, Hochrisikoverhalten, übermäßiges Geldausgeben, promiskuitives Verhalten sowie aggressive Durchbrüche können vorkommen, obwohl BPS-Patientinnen oft vom Grundcharakter her eher unsichere Persönlichkeiten sind (Habermeyer et al. 2008). Die Kognition ist durch stabile dysfunktionale Grundannahmen gekennzeichnet, z. B. von der, dass die Welt feindselig, die Patientin aber selbst machtlos sei. Auch neigen sie zu Schwarz-weiß-Denken. Sie zeigen eine ausgeprägte Identitätsunsicherheit, können schlecht ihre eigene Innenwelt und auch die anderer reflektieren. Sie empfinden sich selbst oft als grundsätzlich nicht liebenswert und haben Angst vor Trennungssituationen (Habermeyer et al. 2008).

> **FALLBEISPIEL Mehrere Kinder von mehreren Vätern**
>
> Immer wieder beunruhigend ist die Instabilität einiger Patientinnen in Bezug auf ihre privaten Beziehungen. Ich habe es nicht selten erlebt, dass eine Patientin auf die Station kommt, die derart instabile Beziehungen führt, dass sie mehrere Kinder von mehreren Vätern hat und beinahe jedes davon ans Jugendamt abgeben musste. Kein Wunder – zuerst wird der Partner idealisiert, später aufgrund des brüchigen Bildes vom Gegenüber als Bedrohung wahrgenommen und fortgejagt.
>
> Daher ist es so wichtig, dass alles getan wird, diese Patientinnen in Psychotherapie zu bringen, um Schaden von sich und von ihren Kindern abzuwenden (wenngleich es auch die denkbar liebevollsten und fürsorglichen Borderline-Mütter gibt, mit größeren Problemen in anderen Bereichen).

Im Allgemeinen sagt man aber, dass Borderline-Patientinnen nicht instabile Beziehungen im Sinne von kurz dauernd führen, sondern durchaus längere, die aber extrem turbulent verlaufen, da sie von den häufigen Stimmungsumschwüngen, Trennungsdrohungen, Wiederversöhnungen und ähnlichen Wechselfällen ihrer Beziehungswelt geprägt sind.

Diagnosestellung nach DSM-5® Im DSM-5® (APA; Falkai et al. 2015), dem vorrangig in der Forschung verwandten System der American Psychiatric Association, werden neun Kriterien angeführt, in den Hauptkategorien Störungen der Affektregulation, der Identität sowie der sozialen Interaktion. Die beobachtbare Störung der Affektregulation zeichnet sich dadurch aus, dass überschießende emotionale Zustände rasch auslösbar sind und dann übermäßig stark ausfallen und sehr lange anzuhalten. Sie werden zudem von der Patientin als undifferenziert und unkontrollierbar erlebt. Die undifferenzierten Emotionen werden eher als diffuse Anspannung erlebt und gehen oft mit dissoziativem Erleben einher (Stiglmayr et al. 2017; Stiglmayr 2005). Die beobachtbare Identitätsstörung zeigt folgende Facetten (Wilkinson-Ryan und Westen 2000; Stiglmayr et al. 2017):

- Aufgehen in einer einzigen Rolle (Rollen-Absorption),
- Gefühl innerer Zerrissenheit (Inkohärenz),
- in Abhängigkeit von der Bezugsperson wechselnde Identität (Inkonsistenz),
- Schwierigkeiten in der Übernahme einer sozialen Rolle (fehlende Rollenakzeptanz).

Die DSM-Kriterien sind in der folgenden Übersicht dargestellt.[1] Bohus soll übrigens das Beziehungsverhalten von Borderline-Patienten als das »chronisch Pubertierender auf hohem Niveau« charakterisiert haben (Stiglmayr et al. 2017).

---

1 Abdruck erfolgt mit Genehmigung vom Hogrefe Verlag Göttingen aus dem Diagnostic and Statistical Manual of Mental Disorders, Fifth Edition, © 2013 American Psychiatric Association, dt. Version © 2018 Hogrefe Verlag.

Diagnostische Kriterien F60.3
Ein tiefgreifendes Muster von Instabilität in zwischenmenschlichen Beziehungen, im Selbstbild und in den Affekten sowie von deutlicher Impulsivität. Der Beginn liegt im frühen Erwachsenenalter, und das Muster zeigt sich in verschiedenen Situationen. Mindestens fünf der folgenden Kriterien müssen erfüllt sein:

1. Verzweifeltes Bemühen, tatsächliches oder vermutetes Verlassen- werden zu vermeiden. (Beachte: Hier werden keine suizidalen oder selbstverletzenden Handlungen berücksichtigt, die in Kriterium 5 enthalten sind.)
2. Ein Muster instabiler und intensiver zwischenmenschlicher Bezie- hungen, das durch einen Wechsel zwischen den Extremen der Ide- alisierung und Entwertung gekennzeichnet ist.
3. Identitätsstörung: Ausgeprägte und andauernde Instabilität des Selbstbildes oder der Selbstwahrnehmung.
4. Impulsivität in mindestens zwei potenziell selbstschädigenden Bereichen, (Geldausgaben, Sexualität, Substanzmissbrauch, rück- sichtsloses Fahren, »Essanfälle«). (Beachte: Hier werden keine sui- zidalen oder selbstverletzenden Handlungen berücksichtigt, die in Kriterium 5 enthalten sind.)
5. Wiederholte suizidale Handlungen, Selbstmordandeutungen oder -drohungen oder Selbstverletzungsverhalten.
6. Affektive Instabilität infolge einer ausgeprägten Reaktivität der Stimmung (z. B. hochgradige episodische Dysphorie, Reizbarkeit oder Angst, wobei diese Verstimmungen gewöhnlich einige Stun- den und nur selten mehr als einige Tage andauern).
7. Chronische Gefühle von Leere.
8. Unangemessene, heftige Wut oder Schwierigkeiten, die Wut zu kontrollieren (z. B. häufige Wutausbrüche, andauernde Wut, wie- derholte körperliche Auseinandersetzungen).
9. Vorübergehende, durch Belastungen ausgelöste paranoide Vor- stellungen oder schwere dissoziative Symptome.

Resilienzstörung

Peter Fonagy ist Mitbegründer der MBT und fokussiert zunehmend auf Gedanken wie Salutogenese und Resilienz. In einem aktuellen Paper erklärt er (Fonagy et al. 2017), dass bei vielen Persönlichkeitsstörungen vor allem ein Fehlen von Resilienz charakteristisch ist.

DEFINITION

Resilienz meint die psychische Widerstandsfähigkeit, die uns Krisen bewältigen lässt und zu einer weiteren Persönlichkeitsreifung beiträgt.

1.2 Die Entstehung der Borderline-Persönlichkeitsstörung

Winsper et al. (2017) fassen in einem aktuellen Review die Entwicklung gängiger Theorien zur Entwicklung der Borderline-Störung zusammen: Sie stellen dar, wie die defiziente Koregulation (zwischen Mutter und Kind) und die defiziente soziale Interaktion in der Kindheit emotionale Dysregulation und Defizite der sozialen Kognition im Rahmen der Entwicklung bedingen und wie über positive Feedback-Schleifen maladaptive soziale Erfahrungen diese Abläufe verschlimmern. Die Autoren beschreiben einen Wandel des Verständnisses des Störungsbildes im Laufe der letzten Jahrzehnte.

Die Trauma-Hypothese

So habe man zunächst angenommen, die Borderline-Persönlichkeitsstörung wäre mit Kindheitstraumata assoziiert. Dieses vor allem in den 80er-Jahren propagierte Modell sei aber eine zu simplizistische Herangehensweise an das Problem. So komme wahrhaft schwerer Missbrauch nur in einer Minderzahl der Patienten vor, während Misshandlung in der Kindheit ein nicht-spezifischer Risikofaktor für eine ganze Bandbreite psychopathologischer Erscheinungen sei (Winsper et al. 2017; Paris 2009).

Linehans biosoziale Theorie

In den 90er-Jahren habe sich dann vor allem Marsha Linehans biosoziale Theorie etabliert, die multifaktorielle Interaktionen zwischen Diathese (das ist die Neigung des Körpers zur Entwicklung einer bestimmten Krankheit) und Stressoren beschreibt. Die Theorien dieser Zeit betonten allesamt die Bedeutung psychosozialer Risikofaktoren (Winsper et al. 2017; Paris und Zweig-Frank 1992; Linehan 1993; Millon 1993).

In letzter Zeit konzentriere man sich mehr auf Besonderheiten der Entwicklung bei der BPS: Im Rahmen eines entwicklungspsychopathologischen Modells betrachte man mögliche ätiologische Pfade auf verschiedenen Ebenen der Entwicklung in Bezug auf genetischer, neuronaler, Verhaltens-, familiärer und sozialer Ebene (Winsper et al. 2017). Die heutigen Theorien könne man grob unterteilen in solche, die entweder die emotionale Dysregulation oder aber maladaptive soziale Wahrnehmungsprozesse in den Fokus der Ätiologie rücken.

Biosoziales Entwicklungsmodell (BDM)

Das BDM (Biosoziales Entwicklungsmodell; Crowell et al. 2009) bleibt nicht bei Linehans Hypothese stehen, die die BPS vor allem als Störung der emotionalen Dysregulation begreift, entstehend aus maladaptiven Transaktionen zwischen biologischen Vulnerabilitäten und einer invalidierenden Entwicklungsumgebung. Das BDM geht stattdessen davon aus, dass Impulsivität und emotionale Dysregulation sich unabhängig und in einer geordneten Abfolge von Entwicklungsschritten herausbilden und durch Umweltrisikofaktoren potenziert werden. So könne ein Kind mit besonderer Impulsivität als Persönlichkeitseigenschaft in einer Hochrisikoumgebung unfähig sein, extreme Emotionen im Lichte unsteten Elternverhaltens zu regulieren. Maladaptive Regulationsprozesse könnten dann zu negativen sozialen und kognitiven Folgen führen, bis dann, in der Mitte der Adoleszenz, maladaptive Coping-Strategien einsetzen (Winsper et al. 2017). Dies verschärft das Risiko des Auftretens einer BPS, indem es zu weiteren invalidierenden Reaktionen der Umwelt führe und die soziale Entwicklung weiter behindere.

Selbys Emotionale-Kaskaden-Modell

Selbys Emotionale-Kaskaden-Modell (Emotional Cascades Model, ECM; Selby und Joiner 2009) ergänzt das BDM-Modell. Es nimmt an, dass emotionale Dysregulation durch Ruminieren (Grübeln, Nachsinnen) in einer positiven Feedback-Schleife verschärft wird, was zu »Kaskaden der Emotion« führe und die negativen Affekte so stark verstärke, dass nur starke Ablenkungstechniken wie Selbstverletzung noch helfen. Dieser Prozess

wird durch verschiedene Faktoren verstärkt. So führe Kindesmissbrauch zu verzerrten Kognitionen, die zu den dysregulati-
ven Kaskaden beitrügen. Die Verhaltensauffälligkeiten führten
dann zu invalidierenden Reaktionen anderer, die die Kaskaden
gewissermaßen weiter anheizten.

Die Sicht der MBT

Fonagy et al. (2017) sehen »epistemisches Vertrauen« und soziale Kommunikation als zentrale Faktoren der Entwicklung in
Richtung BPS an. (Epistemisch heißt etwa: auf die Erkenntnis-
lage des Einzelnen mit seinem persönlichen Wissen in der aktuellen Situation bezogen; verkürzt: Urvertrauen.) So könne sich
kein nachhaltiges Urvertrauen entwickeln, wenn die primäre
Bezugsperson keinen Augenkontakt und Zuwendung leisten
könne. So werde das Kind hypervigilant (überwachsam) und
ausgeschlossen von der Kommunizierung sozialen Wissens. In
Familien mit missbräuchlich agierenden oder feindlich gesinn-
ten Pflegepersonen hingegen würde sich ein »epistemic mis-
trust« entwickeln, also ein Ur-Misstrauen, was dann zur Über-
interpretation bzw. Hypermentalisierung der Motive anderer
führe. Es ergebe sich ein selbst aufrechterhaltender Zyklus
von sozialer Dysfunktion und Mentalisierungsschwierigkeiten.
Mentalisierungsschwierigkeiten würden dann zu emotionaler
Dysregulation führen, was die Fähigkeit zur Mentalisierung
weiter behindere (Winsper et al. 2017).

Hughes' Sicht

Schließlich haben Hughes et al. (2012) ein Entwicklungsmodell der BPS entwickelt, welches einen anderen Schwerpunkt beschreibt: Sie nehmen an, dass Emotionsregulation ein sowohl individueller als auch interpersoneller Prozess sei und dass Beziehungen eine wichtige Rolle dabei spielten, Biologie und Verhalten im Lebensverlauf zu regulieren. Hier wird weniger der Schwerpunkt auf die Vermittlung sozialer Fertigkeiten gelegt, sondern auf die »Koregulation« von Emotionen (d. h., wie es gelingt, Emotionen im Zusammenspiel mit anderen Menschen gemeinsam zu regulieren). Eine sichere Koregulation während der Kindheit, die sich z. B. in sicheren Bindungsverhältnissen abbilde, lege die Grundlage für eine spätere gelingende Koregulation, indem die neuronalen Verbindungen gefestigt werden, die die Grundlage für genügende Selbstregulationsfähigkeiten legen. Kinder hingegen, die sich schlechter regulieren können, würden von ihren primären Bindungspersonen weniger akzeptiert, was zum Verlust von Koregulationsquellen im Entwicklungsverlauf führe. Diese zukünftigen BPS-Patientinnen müssten sich dann immer mehr auf ihre eigene Selbstregulation verlassen, was dazu beitrage, dass Ressourcen des präfrontalen Kortex im Verlauf überfordert würden, was ineffektive und impulsive Emotionsregulationsstrategien bedinge.

Letztlich bleibt immer noch unklar, in welcher Reihenfolge schädliche Prozesse und Umweltfaktoren ineinandergreifen, sodass sich eine BPS entwickelt (unangemessene Beelterung im Zusammenspiel mit individuellen Vorgängen, z. B. sich im Verlauf verschlechternder Selbstkontrolle). Auch kann eine schlecht verlaufende Mutter-Kind-Interaktion (z. B. der Wechsel von Ablehnung und überprotektivem Verhalten) zur Weitergabe von BPS-Symptomen von der Mutter zum Adoleszenten führen. In einer Studie von Stepp et al. (2014) zeigte sich allzu hartes Bestrafungsverhalten der Eltern als Risikofaktor. Hallquist et al. (2015) zeigten, dass hartes Bestrafen, das die Entwicklung einer adoleszenten BPS nach sich ziehen kann, teilweise vermittelt war durch die wechselseitigen Effekte von hartem Verhalten der Eltern und schlechter Selbstkontrolle.

Diese Studien bestätigen zum Teil das biosoziale Entwicklungsmodell (BDM). Sie offenbaren, dass der Teufelskreis aus hartem Verhalten der Eltern und reduzierter Selbstkontrolle die Verbindung zwischen Umweltrisiko und folgender BPS erklären. Winsper et al. (2017) zeigten in der Avon Longitudinal Study of Parents and Children (ALSPAC), dass Mobbing-Erfahrungen in der späten Kindheit die Assoziation zwischen früher Kindheitsdysregulation und der Entwicklung einer adoleszenten BPS begünstigen. Mobbing kann Hypermentalisieren begünstigen, was zu emotional instabilen Interaktionsmustern führt. Durch Mobbing verursachter sozialer Stress beeinträchtigt die schon vulnerable Stressantwort, was weiter zu emotionaler und Verhaltensdysregulation führt.

Passend zum Emotionale-Kaskaden-Modell (ECM) fand man auch einen Entwicklungspfad, der Albträume mit BPS-Symptomen verknüpfte. Albträume potenzieren die Dysregulation über physiologische Prozesse, z. B. gesteigerte Amgydala-Reaktivität und kognitive Prozesse (etwa fortwährendes Grübeln). Bornovalova et al. (2013) zeigten, dass emotionale Dysregulation in der Kindheit die Assoziation zwischen Missbrauch in der Kindheit und BPS-Persönlichkeitseigenschaften im erwachsenen Alter vermittelt. Die Studien zeigen, dass emotionale Dysregulation teilweise das Verbindungsglied zwischen frühen maladaptiven Erfahrungen und der späteren Entwicklung einer BPS ausmachen könnte. Schließlich fanden Carlson et al. (2009) in einer besonders belasteten Mutter-Kind-Population, dass Störungen der Selbstrepräsentation während der früheren Adoleszenz in signifikanter Weise die Assoziation zwischen Bindungsdesorganisation in der Kindheit und BPS-Symptomen im Alter von 28 Jahren vorhersagten. Kinder, die frühe Beziehungsstörungen erfahren hatten, zeigen später Probleme mit der Selbstregulation und entwickeln in der Folge ein gesteigertes BPS-Risiko.

Man beginnt also allmählich besser zu verstehen, wie Umweltfaktoren und individuelle Faktoren zusammenwirken, um eine BPS zu erzeugen. Es zeigen sich wechselseitige Verknüpfungen zwischen maladaptiven Erfahrungen (wie hartes Elternverhalten und Mobbing) oder Störungen der Selbstrepräsentation und folgenden BPS-Symptomen. In der Forschung wird allerdings vor allem der emotionalen Dysregulation bei der BPS Beachtung geschenkt, während andere wichtige Eigenheiten wie Identitätsstörung und Leeregefühle bisher wenig Beachtung fanden.

Zukünftiges

Interessant wird auch die weitere Forschung bezüglich genomweiter Analyse (GWAS) (Prados et al. 2015; Witt et al. 2017) sein. Anscheinend sind viele verschiedene Gene dabei beteiligt, die Auswirkungen früher Stresserfahrungen auf die Entwicklung einer BPS zu vermitteln. Epigenetische Untersuchungen könnten vielleicht Klarheit schaffen, wie Kindheitstraumen die Genexpression beeinflussen und somit die BPS-Vulnerabilität (Verletzlichkeit) erhöhen.

1.3 Kritik des Persönlichkeitsstörungskonzepts

Ein grundsätzliches Problem der Persönlichkeitsdiagnostik ist, dass die bisherigen, aus verschiedenen Kriterien zusammengesetzten Diagnosen falsche Wissenschaftlichkeit suggerieren. Man glaubt, es gäbe eine klar abzugrenzende BPS-Diagnose, was oft zu einer Stigmatisierung der Betroffenen führt. Das führte in der Vergangenheit auch zu einer inflationär zunehmenden Diagnosehäufigkeit. Seit 2022 ist nunmehr die neue Klassifikation ICD-11 erschienen, in der nun der Tatsache Rechnung getragen werden soll, dass die Persönlichkeit eher ein Kontinuum zwischen Normalität und Pathologie darstellt (Herpertz 2018). In der neuen Ausgabe der internationalen Krankheitsklassifikation geht es mehr um die genauen Funktionseinschränkungen in den Kernproblemen wie Beziehungsgestaltung und Selbstwahrnehmung, auch um die Frage, welche genauen Auswirkungen im Alltagsleben zu erwarten sind. Im Grunde werden voraussichtlich die bisher abgegrenzten Persönlichkeitsdiagnosen komplett aufgegeben – mit einer Ausnahme: Die Diagnose Borderline-Persönlichkeitsstörung kann optional angegeben werden – weil man wohl vermeiden wollte, dass alle spezifischen und wirksamen Programme, die für die Borderline-Störung entwickelt wurden, auf einmal ihre Existenzberechtigung verlieren würden bzw. z.B. deren Finanzierung schwierig sein könnte.

Jedenfalls wird man in Zukunft wie üblich die allgemeinen Kriterien einer Persönlichkeitsstörung zunächst abfragen. Anschließend wird man nur noch drei Schweregrade einer Persönlichkeitsstörung definieren können (leicht, mittelschwer, schwer) – so ähnlich wie bei depressiven Störungen. Dies wird festgelegt anhand folgender psychopathologischer Auffälligkeiten und Funktionsbeeinträchtigungen:

- Funktionsbeeinträchtigungen des Selbst in Bezug auf Identität, Selbstwert, Selbstbild und Selbstlenkungsfähigkeit,
- Funktionsbeeinträchtigungen in den interpersonellen Beziehungen in Bezug auf Interesse, Empathie, Vertrauen und Wechselseitigkeit in Beziehungen,
- Konfliktbewältigung,
- emotionale, kognitive und Verhaltensmanifestationen der Funktionsbeeinträchtigung und schließlich
- Ausmaß an Leiden und Einschränkungen im privaten und beruflichen Kontext.

Schließlich können sogenannte Trait-Domänen festgelegt werden, als Personality Inventory (PICD) in Bezug auf negative Emotionalität, Dissozialität, Enthemmung, Anankasmus, Distanziertheit, was dann eine aussagekräftige Kurve ergibt (Herpertz 2018). So zeichnet sich z.B. die BPS vor allem durch negative Affektivität und Enthemmung aus, wohingegen die histrionische Persönlichkeit durch Enthemmung, negative Affektivität, Distanziertheit und Dissozialität auffällt (Bach et al. 2017). Die rein kategoriale Diagnostik wurde durch die WHO deswegen verworfen, weil weltweit kaum Persönlichkeitsstörungsdiagnosen gestellt werden – und wenn doch, dann im Wesentlichen nur die Borderline-Persönlichkeitsstörung als Diagnose (Conway et al. 2017).

Die genannten Traits (etwa: Persönlichkeitseigenschaften) sind insofern hilfreich, als einige als Risikofaktoren für Suizidalität gelten müssen. So sind Schadensvermeidung (»harm avoidance«) und Neurotizismus unabhängige relevante Risikofaktoren für Suizidideen und -versuche (Su et al. 2018).

Zunehmend wird untersucht, ob es auch einen Zusammenhang zwischen Persönlichkeitsmerkmalsdomänen und anderen Erkrankungen gibt, z.B. Alzheimer-Demenz, und ob z.B.

hoher Neurotizismus und niedrige Gewissenhaftigkeit Risiko-faktoren sind (Terracciano et al. 2017).

1.4 Neurobiologie

Die folgenden Ausführungen wenden sich vor allem an Ärzte und neurobiologisch Interessierte jedweder Provenienz. Grundlegende Kenntnisse in Neuroanatomie und -physiologie müssen für die Lektüre vorausgesetzt werden. (Wer diese bisher nicht besitzt, sollte diesen Abschnitt beherzt überspringen.) Bei der BPS finden sich zahlreiche neurobiologische Auffälligkeiten. An dieser Störung ist ja vor allem auffällig, dass die Emotionsregulation nachhaltig beeinträchtigt ist. Wo zeigt sich das im Gehirn?

Die Amygdala (der Mandelkern) ist von besonderer Bedeutung in Bezug auf die Einschätzung von Stimuli (ob diese gut oder schlecht sind), was bei der BPS gestört ist. Hazlett et al. (2012) zeigten, dass bei der Borderline-Störung die Amygdala stärker auf Bilder emotionalen Inhalts reagiert, im Gegensatz z. B. bei Patientinnen mit sogenannter schizotyper Störung. Borderline-Patientinnen zeigen ein ungewöhnlich starkes und lange anhaltendes Ansprechen der Amygdala bei emotional bewegenden Bildern. Hazlett et al. mutmaßten, dass die Patientinnen besonders von Therapien profitieren dürften, die auf eine Verbesserung der Emotionserkennung fokussieren, da sich die physiologische Reaktion und die vom Patienten berichtete Reaktion nicht decken.

BPS-Patientinnen dissoziieren häufig. So gelingt es ihnen, die Überaktivität der Amygdala zu reduzieren (was allerdings auf Kosten der Arbeitsgenauigkeit geht). Was passiert bei der

Dissoziation bei der BPS? Angenommen wurde aufgrund der Forschung über Depersonalisation und den dissoziativen Subtypus der PTBS, dass Dissoziation Veränderungen in kortiko-limbischen Netzwerken mit sich bringt. Bisherige Bildgebungsstudien zeigen nun, dass das veränderte Wechselspiel von fronto-limbischen Regionen (Amygdala, anteriorem Cingulum, inferiorem frontalen Gyrus, medialem und dorsolateralem frontalen Kortex) und temporoparietalen Regionen (superiorer temporaler Gyrus, inferiorer parietaler Lobulus, fusiformer Gyrus) zu gestörtem affektiv-kognitivem Prozessieren während der Dissoziation führt (Krause-Utz und Elzinga 2018).

Neurofunktionelle Korrelate abnormer Emotionsregulation

Herpertz et al. (2001) interessierten sich für neurofunktionelle Korrelate abnormer Emotionsregulation, was zu diesem Zeitpunkt noch nicht intensiv erforscht war. Sie untersuchten sechs weibliche BPS-Patienten im Vergleich zu sechs altersgematchten weiblichen Kontrollpatienten mit fMRT (funktionelles MRT), um regionale zerebrale hämodynamische Unterschiede beim Betrachten von zwölf standardisierten emotionell aversiver Folien im Vergleich zu zwölf Folien neutralen Inhalts zu messen, die in zufälliger Reihenfolge präsentiert wurden. Hierbei zeigte sich, dass BPS-Patienten im Gegensatz zu den Kontrollprobanden erhöhte sauerstoffspiegelabhängige fMRT-Signale in der Amygdala beidseitig zeigten. Außerdem bestand eine Aktivierung des medialen und inferolateralen präfrontalen Kortex. Beide Gruppen zeigten eine Aktivierung im temporo-okzipitalen Kortex – inklusive des Gyrus fusiformis, dies aber nur bei den BPS-Patienten.

Hier zeigte sich also vornehmlich eine stärkere Amygdala-Aktivierung als Ausdruck der intensiven Emotionen, die BPS-Patientinnen schon bei relativ geringen Stressoren zeigen. Der perzeptuelle Kortex wiederum scheint bei BPS-Patienten durch die Amygdala in der Weise moduliert zu werden, dass verstärkte Aufmerksamkeit auf emotional relevante Umweltstimuli gerichtet wird (Herpertz et al. 2001).

In einer Arbeit von Schulze et al. (2011) wurden die Schwierigkeiten der Borderline-Patientinnen, ihre Affekte zu regulieren, genauer untersucht: 15 unmedizierte Borderline-Patientinnen wurden im Vergleich zu 15 gesunden Kontrollpersonen mittels fMRT untersucht. Die hämodynamischen Veränderungen wurden untersucht beim Betrachten aversiver Bilder und dann drei weiteren Zuständen: beim Versuch, die initiale emotionale Reaktion abzuschwächen, zu verstärken oder beizubehalten. Bei den Patientinnen zeigte sich eine verstärkte Aktivierung der linken Amygdala und der rechten Insula beim Zeigen der aversiven Bilder. Beim Versuch, diese abzuschwächen, zeigten die Patientinnen eine abgeschwächte Aktivierung des linken orbitofrontalen Kortex und eine verstärkte Aktivierung der bilateralen Insula. Der Versuch, negative Emotionen zu verstärken, führte zu verstärkter Aktivität in Amygdala und Insula, wobei sich hier keine Unterschiede zwischen den Gruppen fanden. Man schloss daraus, dass es bei der BPS zwei unterschiedliche Typen gestörter emotionaler Regulation gibt: zum einen den Typus, der durch eine verstärkte emotionale Reaktivität geprägt ist, zum anderen jenen, der Defizite dabei aufweist, durch kognitive Neubewertung willentlich aversive Emotionen zu unterdrücken. Das präfrontale Netzwerk könnte also bei der BPS im weitesten Sinne dysfunktional arbeiten (Schulze et al. 2011).

Emotion und Kognition

Prehn et al. (2013) untersuchten 15 männliche Rechtsbrecher mit Antisozialer Persönlichkeitsstörung und Borderline-Persönlichkeitsstörung im Vergleich zu 17 gesunden Probanden. Alle wurden mittels fMRT in Bezug auf eine Aufgabe untersucht, die das Arbeitsgedächtnis forderte – einmal mit geringer, einmal mit hoher Beanspruchung. Um das Wechselspiel zwischen Emotion und Kognition zu untersuchen, wurden dann zusätzlich Szenen in den Hintergrund der Aufgabe geblendet, die entweder emotional neutral, wenig oder stark aufregend waren. Bei Durchführung der Gedächtnisaufgaben ohne Bilder unterschieden sich beide Gruppen bei der Ausführungsleistung und bei der neuronalen Repräsentation dieser Arbeitsgedächtnisprozesse. Wenn die Gedächtnisaufgaben aber mit emotional gefärbten Hintergrundbildern kombiniert wurden, zeigten die Patienten mit Antisozialer und Borderline-Persönlichkeitsstörung verzögerte Antworten und eine verstärkte Aktivierung der linken Amygdala – unabhängig von der Belastung des Arbeitsgedächtnisses.

Empathiestörung

Dziobek et al. (2011) untersuchten ebenfalls die Defizite der Emotionsregulation und der interpersonellen Schwierigkeiten bei der BPS. Zum einen wurden Empathie und soziale Kognition untersucht, zum anderen die psychophysischen Eigenschaften und funktionellen Korrelate von Empathie bei 51 BPS-Patienten und 50 alters- und geschlechts-gematchten Kontrollen. In der Verhaltensstudie wurde der Multifaceted Empathy Test (MET) angewendet, ein Test, um kognitive und emotionale

Empathie zu erfassen. In einer zweiten Studie erhielten die Teilnehmer eine scanneradaptierte Version des MET, dann wurden MRI- und Hautleitfähigkeitsmessungen durchgeführt. Patienten mit BPS zeigten Beeinträchtigungen bei kognitiver und emotionaler Empathie. Die Antworten während kognitiver Empathie waren signifikant reduziert bei Patienten, verglichen mit Kontrollen im linken superioren temporalen Sulcus und Gyrus (STS/STG), wo diese Reduktion mit dem Ausmaß intrusiver Symptomatik in der BPS-Gruppe assoziiert war. Während emotionaler Empathie zeigten Patienten mit BPS eine größere Aktivierung als Kontrollen im rechten mittleren insularen Kortex, eine Antwort, die assoziiert war mit Hautleitfähigkeitsveränderungen bei den Patienten. Die Ergebnisse zeigen, dass die veränderte Funktion von STS/STG und Insula pathophysiologische Mediatoren repräsentieren für reduzierte Empathie bei der BPS, mit einer wichtigen Rolle für intrusive Symptome und das Ausmaß an Arousal. Die Ergebnisse unterstützen so die Konzeptualisierung der BPS als ein Störungsbild, welches Defizite sowohl beim Ziehen von Schlüssen aus den mentalen Zuständen anderer und bei der emotionalen Abstimmung auf andere beinhaltet.

Unterscheidung seelischer Zustände

Frick et al. (2012) untersuchten die Instabilität in den interpersonellen Beziehungen von BPS-Patienten. Sie untersuchten Verhaltensreaktionen und neurophysiologische (fMRI)-Antworten von BPS-Patienten und gesunden Kontrollpersonen während des »Reading the mind in the eyes test (RMET)«. Hier zeigte sich, dass in Bezug auf affektgetönte Blicke die Unterscheidung und Abgrenzung unterschiedlicher seelischer Zustände den BPS-Patienten schneller und besser gelang als den gesunden Kontrollprobanden. Dies wurde durch eine stärkere Aktivierung der Amygdala und eine größere Aktivität des medialen frontalen Gyrus, des linken Temporalpols und des mittleren temporalen Gyrus während der affektgetönten Blicke deutlich. Im Gegensatz dazu zeigten die gesunden Kontrollpersonen eine größere Aktivierung in Insula und superiorem temporalen Gyrus, was belegen könnte, dass BPS-Patienten hochwachsam sind in Bezug auf soziale Reize, vielleicht weil sie intuitiv mit mentalen Zuständen anderer mitschwingen.

Impulsivität

Herpertz (2018) weist auf zwei aktuelle Studien hin, die versuchten, die bei der BPS typischerweise auftretende Impulsivität näher zu charakterisieren (Turner et al. 2017; McHugh und Balaratnasingam 2018). Hierbei zeigte sich für die BPS impulsives Verhalten im Kontext negativer Emotionen, bei Mangel an Planungsfähigkeit, reduzierter Aufmerksamkeit bei Desinteresse sowie bei Problemen im Belohnungsaufschub. Zusätzlich waren eine hohe Interferenzanfälligkeit kognitiver Prozesse durch emotionale Distraktoren (Ablenker) sowie eine eingeschränkte Inhibitionsfähigkeit unter Stress erkennbar.

Bertsch et al. (2018) fanden: Die Kontrolle emotionaler Impulse scheint verbunden mit verstärkter Aktivierung im anterolateralen und dorsolateralen präfrontalen Kortex. Gesunde zeigen eine negative Kopplung zwischen dem linken dorsalen präfrontalen Kortex mit rechter Amygdala, während dies bei BPS-Patientinnen nicht der Fall ist (ebd.).

Wie wirkt nun Psychotherapie? Die meisten Interventionen versuchen die Emotionsregulation zu verbessern. Studien legen nahe, dass der präfrontal-limbische Kreislauf hierbei eine wichtige Rolle spielen könnte. Effektive psychotherapeutische Behandlungen wirken wohl über

- die Modulation von Funktion und Struktur von Amygdala, Insula und dorsalem anterioren cingulären Kortex,
- die Modulation von präfrontalen Arealen, die bei der kognitiven Regulation von Emotionen beteiligt sind, und
- durch Verbesserung der Kopplung von limbischen und präfrontalen Regionen.

Oxytocin ist interessant als pharmakologischer Ansatz, da es z. B. nach Einwirkung emotionaler Stimuli die Amygdala-Aktivität dämpfen kann (Herpertz 2018).

FALLBEISPIEL Die drei Wütenden oder der chaotische Aufschaukelungsprozess

Wie oft ist mir das Folgende passiert? Mehrere Patientinnen schreien einander kreuz und quer auf der allgemeinpsychiatrischen Station über den Flur hinweg an. Sie verfluchen sich gegenseitig und natürlich auch Teile des Personals. Was war passiert? Wie so oft nichts Besonderes. Es ging darum, wer einen bestimmten alltäglichen Dienst (z. B. Blumengießen) auf der Station durchführen sollte. Eine Patientin brach sofort, eine weitere in der späteren Folge ab. Borderline-Patientinnen können erstaunlich dünnhäutig sein, meist, wenn sie denken, dass jemand sie ungerecht behandelt hat oder etwa nicht ernstnimmt. Es mischen sich allerlei Gefühle, z. B. aus traumatischen Situationen herrührend, von Hilflosigkeit usw. Daher ist es wichtig, den Stationsablauf so zu stukturieren, dass man auf Eskalationen dieser Art vorbereitet ist. Es kann auch erforderlich sein, die Anzahl der Borderline-Patientinnen pro Station zu begrenzen, sofern es sich nicht um ein spezialisiertes Setting handelt.

Neurobiologie selbstverletzenden Verhaltens

Niedtfeld et al. (2010) befassten sich mit dem selbstverletzenden Verhalten von BPS-Patienten. Selbstverletzendes Verhalten wird von den Patienten genutzt zur Reduktion emotionaler Anspannung, was zur Reduktion neuronaler Aktivität der Amygdala und im anterioren cingulären Kortex führen könnte. Niedtfeld et al. untersuchten dieses Phänomen mit fMRI. Sie präsentierten ein im Vergleich zu neutralem Bildmaterial negatives Bild und riefen durch Applikation von Wärmereizen bei 20 BPS-Patienten im Vergleich zu 23 gesunden Kontrollen einen Wärmeschmerz hervor. Hierbei zeigte sich, dass das Bildermaterial, sei es negativ, sei es neutral, zu einer stärkeren Amygdala-Aktivierung führte, aber auch zu einer starken Aktivierung der Insula und des ACC (anteriorer cingulärer Kortex) (im Vergleich zu den gesunden Kontrollen). Je stärker die Amygdala-Aktivierung ausfiel, umso stärker war das selbst berichtete Emotionsregulationsdefizit. Nach Stimulation durch Wärmereize reduzierte sich die Aktivität von Amygdala und ACC (anteriorer cingulärer Kortex), egal wie schmerzhaft der Reiz war. Schmerzreize scheinen bei BPS-Patienten zu einer lindernden Aufmerksamkeitsverschiebung zu führen.

Interpersonelle Stile im Vergleich zu anderen Persönlichkeitsstörungen

Persönlichkeitsstörungen gehen mit deutlichen Unterschieden in interpersonellen Stilen einher. In einer größeren Übersichtsarbeit, die 127 Studien zusammenfasst (Wilson et al. 2017), zeigte sich, dass Antisoziale, Narzisstische und Histrionische Persönlichkeitsstörungen assoziiert waren mit dominanten Persönlichkeitsmerkmalen. Außerdem zeigten die Borderline-Störung und die Dependente Persönlichkeitsstörung eine Assoziation mit Persönlichkeitsmerkmalen aller vier Achsen (Herpertz 2018). Besonders bedeutsam ist hier, dass alle Persönlichkeitsstörungen in signifikanter Weise assoziiert waren mit Rachegefühlen, sodass vermutet wird, dass alle Persönlichkeitsstörungen Misstrauen gegenüber anderen beinhalten und einen Mangel an der Fähigkeit, sich in die Bedürfnisse anderer einzufühlen.

Eine weitere wichtige aktuelle Arbeit zeigte, dass die meisten Persönlichkeitsstörungen (PS) ein typisches Muster neurokognitiver Veränderungen zeigen, was eine Störung in präfrontalen Arealen beinhaltet (Garcia-Villamisar et al. 2017; Herpertz 2018). So zeigten sich für die BPS Störungen in präfrontalen Arealen (Defizite im Planen, Arbeitsgedächtnis, Impulsinhibition, Entscheiden, Problemlösen), bei der zwanghaften PS hingegen Defizite im Planen, Entscheiden und der Flexibilität (frontale Areale, Basalganglien). Bei der Antisozialen PS zeigten sich Störungen im orbitofrontalen und im dorsolateralen präfrontalen Kortex, bei der Narzisstischen PS liegen Defizite im Entscheiden vor, was fronto-paralimbisch/striatal zu lokalisieren ist.

Soziale Kognition

Mier et al. (2013) untersuchten die gravierenden Probleme von BPS-Patienten in Bezug auf soziale Interaktionen, was auch verursacht wird durch Defizite in der sozialen Kognition. Da die Ergebnisse in Bezug auf sozialkognitive Fähigkeiten bei der BPS inhomogen sind – mit einer Spannbreite von Defiziten bis zu überlegenen Fähigkeiten –, sollte hier die neuronale Grundlage der sozialen Kognition erforscht werden. Es wurden 13 Patienten mit BPS untersucht, im Vergleich zu 13 gesunden Vergleichskontrollpersonen. Den Patienten wurden drei soziale Kognitionsaufgaben gestellt, die sich in ihrer Komplexität unterschieden:

- basales Prozessieren von Gesichtern mit einem neutralen Gesichtsausdruck,
- Erkennung von Emotionen und
- Zuschreibung emotionaler Absichten (affektive Theory of Mind).

Es zeigte sich, dass die BPS-Patienten keine Defizite in der sozialen Kognition auf der Verhaltensebene zeigten. Jedoch: Während die gesunden Kontrollen eine verstärkte Aktivierung in Arealen des Spiegelneuronensystems bei ansteigender Komplexität in den sozialkognitiven Aufgaben zeigten, zeigten BPS-Patienten eine Hypoaktivität in diesen Arealen und eine Hyperaktivierung in der Amygdala. Dieses Aktivierungsmuster scheint eine verstärkt emotionale Herangehensweise beim Prozessieren sozialer Stimuli bei BPS-Patienten widerzuspiegeln, was eine gute Leistung in standardisiert sozial-kognitiven Aufgaben bewirkt, aber gleichzeitig die Basis sozial-kognitiver Defizite in »real-life«-sozialen Interaktionen darstellt. Hier zeigte sich also ein gewisses Mentalisierungsdefizit bei den BPS-Patienten, was der zentrale Anknüpfungspunkt der MBT, der Mentalisierungsbasierten Therapie ist, zu der ich in diesem Buch noch kommen werde. (Mentalisierung meint vor allem die Reflexion über die psychische Innenwelt und die des Gegenübers.)

Auswirkungen von Psychotherapie

Beeindruckend ist zu sehen, wie konkret sich Psychotherapie im Gehirn auswirkt. Alles, was wir in der Borderline-Therapie tun, findet unmittelbar seinen neurobiologischen Niederschlag: Schmitt et al. (2016) maßen, inwieweit sich nach einer Therapie die Fähigkeit zu einer adaptiven Affektregulation verbessert. Es ging also um das Ziel, dass man es z. B. angemessen schafft, sich in einer affektbeladenen Situation wieder herunterzuregulieren, d. h. um genau das, was den Borderline-Patientinnen die allergrößten Probleme bereitet. Schmitt et al. konnten zeigen, dass sich bei diesen Patientinnen die Amygdala-Hyperreagibilität zurückbildet und sich auch die Kopplung von limbischen und präfrontalen Regionen im Verlauf bessert. Dies sind sehr ermutigende Ergebnisse.

> **MERKE**
>
> Die Amygdala fungiert u. a. als eine Art »Feuermelder« des Gehirns, der z. B. eine akute Gefahr signalisiert.

Eine weitere sehr wichtige Studie, die Herpertz (2018) anführt, zeigt, dass DBT dazu führt, dass sich die Strategie, die Borderline-Patientinnen häufig anwenden, nämlich durch Zufügung starken Schmerzes negative Emotionen zu vermeiden (»Gefühlsvermeidung«, wie es die DBT wohl nennen würde), nach der Therapie zurückbilde. Die Amygdala ist nicht mehr deaktiviert, auch verbessert sich die präfronto-limbische Konnektivität zu einem Areal der Aufmerksamkeitskontrolle (Niedtfeld et al. 2017).

1.5 Psychopharmakologische Behandlung

Borderline-Patienten erhalten typischerweise zu viel Medikation, auch hochdosiert (Zanarini et al. 2004; Lieb et al. 2004). Dennoch muss man sagen, dass psychopharmakologische Behandlungen bisher zu keinen konsistenten Ergebnissen führten und es keine offiziell zugelassene Medikation für die Behandlung der BPS gibt (Choi-Kain et al. 2017). Ziel der Behandlung könnte sein, kognitive Symptome, emotionale Dysregulation und impulsive Verhaltensmuster positiv zu beeinflussen. Die medikamentöse Therapie könnte dazu beitragen, die Patientin zum Nachdenken zu bringen, bevor sie handelt. Nach Besserung könnte man die Medikamente dann später wieder ausschleichen (Lieb et al. 2004). Starcevic und Janca (2017) empfehlen, entweder auf Medikamente ganz zu verzichten oder sie nur zielgerichtet kurzzeitig für einzelne Symptome zu verwenden. Polypharmazie sollte in jedem Fall vermieden werden (was leider meist die Regel ist). Sehen wir uns die verschiedenen Optionen an.

Antipsychotika

Antipsychotika könnten Aspekte wie Misstrauen, Beziehungserleben und das Auftreten vorübergehender Halluzinationen bessern (Lieb et al. 2004). Es gab in der Vergangenheit ermutigende offene Studien in Bezug auf Clozapin, Risperidon und Olanzapin. So zeigte eine placebokontrollierte Studie Verbesserungen in allen Hauptstörungsbereichen der BPS, während Haloperidol hier weniger erfolgreich war (ebd.; Chengappa et al. 1999).

Rohde et al. zeigten kürzlich (Rohde et al. 2017), dass Clozapin eine effektive Behandlung sei, welches in ihrer Untersuchung

zu reduzierten psychiatrischen Einweisungen und Kranken-
haustagen führte, auch zu signifikant reduzierter Abnahme von
Selbstverletzungen und Überdosierungen.

Antidepressiva

Bezüglich emotionaler Dysregulation, inklusive depressiver
Symptome, Angst und Leeregefühlen, könnte man sich vorstellen, dass Antidepressiva nützlich sein könnten (Lieb et al. 2004).
Moderate Effekte zeigten sich in der Vergangenheit für Substanzen wie Amitriptylin oder Phenelzin (einem Monoamino-
oxidasehemmer). Placebokontrollierte Studien zeigten auch
Effekte für SSRIs (selektive Serotonin-Wiederaufnahmehem-
mer) in Bezug auf Stimmungsschwankungen, Wut und Angst
(ebd.; Rinne et al. 2002, Salzman et al. 1995). Aufgrund des
Nebenwirkungsprofils scheinen hier SSRI letztlich am besten
geeignet (Lieb et al. 2004).

Stimmungsstabilisierer

Auch Stimmungsstabilisierer sind eine interessante Therapie-
option. In vier placebokontrollierten Studien zeigten sich unterschiedliche Ergebnisse für Carbamazepin und Valproinsäure,
wobei Valproinsäure eher für Patientinnen mit komorbider
bipolarer Störung geeignet sein könnte (Lieb et al. 2004). Für
Lamotrigin gibt es eine positive Fallserie (Pinto et al. 1998), auch
positive Effekte in einer offenen Studie (Sierra et al. 2001), aber
auch negative in einer placebokontrollierten Studie (Sierra et al.
2003).

Zwei kleinere randomisierte Studien über Lamotrigin verliefen wie folgt: In der ersten bekamen im Vergleich zu Placebo 24 Frauen bis zu 200 mg Lamotrigin täglich, diese hatten dann acht Wochen später niedrigere Level an Wut (Tritt et al. 2005). In der zweiten (Reich et al. 2009) wurden 28 Männer und Frauen über Fernseh- und Radioanzeigen rekrutiert. Die zufällig auf 225 mg Lamotrigin Eingestellten hatten zwölf Wochen später niedrigere Level an affektiver Instabilität und Impulsivität.

Oxytocin

Bertsch et al. (2013) untersuchten, ob Oxytocin einen Einfluss auf die interaktionellen Besonderheiten der BPS zeigt. BPS-Patienten neigen dazu, Wut doppeldeutigen Gesichtsausdrücken zuzuschreiben, und zeigen eine verstärkte und verlängerte Reaktion auf bedrohliche soziale Hinweisreize, verbunden mit einer verstärkten und verlängerten Amygdala-Antwort.

Weil die intranasale Verabreichung des Neuropeptids Oxytocin die Gesichtserkennung verbessert und dabei hilft, die Aufmerksamkeit weg von negativer sozialer Information zu lenken, untersuchten die Autoren, ob BPS-Patienten von einer Oxytocingabe profitieren würden. In einem randomisierten, placebokontrollierten doppelblinden Gruppendesign nahmen 40 nicht-medizierte erwachsene weibliche BPS-Patienten und 41 gesunde Kontrollprobanden an einer Emotionale-Klassifikation-Aufgabe teil, und zwar 45 Minuten nach intranasaler Verabreichung von 26 IU Oxytocin oder einem Placebo. Untersucht wurden Latenzen und die Anzahl anfänglicher reflexiver Augenbewegungen – gemessen durch Eye-tracking, manuelle Antwortlatenzen und blutsauerstoffspiegelabhängige Antworten der Amygdala auf ärgerliche und ängstliche im Vergleich zu glücklichen Gesichtsausdrücken.

Die BPS-Patientinnen zeigten im Vergleich mit der Kontrollgruppe mehr und raschere initiale Fixierbewegungen auf ärgerliche Gesichtsausdrücke, verbunden mit einer Amygdala-Aktivierung in Reaktion auf ärgerliche Gesichter. Diese abnormen Muster normalisierten sich nach Oxytocingabe. BPS-Patienten zeigen also eine Hypersensitivität auf soziale Bedrohung in frühen, reflexiven Stadien der Informationsverarbeitung. Oxytocin könnte die Hypersensitivität auf soziale Bedrohung und somit Ärger und aggressives Verhalten bei der BPS oder anderen psychiatrischen Störungsbilder mit verstärkter bedrohungsgetriggerter reaktiver Aggression vermindern.

Da die bisherigen pharmakologischen Ansätze nicht zu überzeugen vermögen, bedarf es neuer Wege. Hierzu gehört z. B. die weitere Erforschung von intranasaler Oxytocingabe. Es wurden bereits einige Studien dazu unternommen. Die Untersuchung des oxytocinergen Systems bietet sich an, weil es eine wesentliche Rolle bei der Modulation sozialer Kognition und interpersonellen Funktionierens spielt (Amad et al. 2015). Oxytocin fördert im Allgemeinen prosoziales Verhalten, d. h. Vertrauen auf die Gruppe und Kooperation, und verbessert sozial-kognitive Fähigkeiten wie Emotionserkennung und Wahrnehmung mentaler Zustände (Amad et al. 2015; Bakermans-Kranenburg und Van IJzendoorn 2013). Der genaue Wirkmechanismus von Oxytocin bleibt bisher im Dunkeln, könnte jedoch vermittelt sein durch einen Anstieg bei der Aufmerksamkeit auf soziale Stimuli und Belohnungseigenschaften sozialer Stimuli, durch Interaktion mit dem dopaminergen Belohnungssystem (Love 2014). Die positiven Effekte könnten auch durch eine stärkere Reduktion der Stressantwort in sozialen Situationen bedingt sein (Amad et al. 2015).

In den bisherigen Studien zeigten sich widersprüchliche

Ergebnisse bezüglich des Oxytocins bei Patienten mit BPS. So führte die Oxytocin-Applikation zu reduzierter emotionaler Antwort auf Stress (Simeon et al. 2011), reduzierten Vermeidungsverhalten auf ärgerliche Gesichtsausdrucksstimuli (Brüne et al. 2013) und verbesserte die Hypersensitivität auf soziale Bedrohungssituationen (Bertsch et al. 2013). Auf der anderen Seite gab es auch negative Resultate, mit verschlechterter interpersonaler Angst und verschlechtertem kooperativen Verhalten, besonders bei denjenigen Patientinnen, die emotional in der Kindheit vernachlässigt worden waren oder mit ängstlichem Bindungsverhalten (Ebert et al. 2013; Bartz et al. 2011).

Zur Erklärung des Umstands, dass Oxytocin nicht nur positive, sondern auch negative soziale Verhaltensweisen und Emotionen vermittelt, gibt es zwei Modelle:

Shamay-Tsoory et al. (2009) schlugen die »Soziale-Salienz«-Hypothese vor (Salienz = Hervorspringen). Diese besagt,

- dass Oxytocin soziale Emotionen durch Verstärkung der wahrgenommenen Salienz sozialer Hinweisgeber moduliert und
- dass Oxytocin die Salienz sowohl von positiv als auch von negativ konnotierten sozialen Emotionen und entsprechenden Verhaltensweisen als eine Funktion des die soziale Situationen charakterisierenden Kontextes vermittelt (Amad et al. 2015).

Das interaktionelle Modell von Bartz et al. (2011) legt nahe,

- dass Oxytocin soziale kognitive Funktionen nur bei Patienten mit sozial-kognitiven Defiziten verbessert.

Das letzte Wort ist hier noch nicht gesprochen, es bedarf weiterer Forschung.

Weitere Substanzen

Selbst Omega-3-Fettsäuren wurden in der Behandlung erprobt und zeigten sich in der Wirkung Stimmungsstabilisierern vergleichbar, bei besserer Compliance (Lieb et al. 2004). Studien, die spezielle Einzelsymptome wie innere Anspannung und Dissoziation fokussierten, haben zum Teil positive Resultate für Clonidin (ein Antihypertensivum) und Naltrexon (ein Opiatantagonist) erbracht (Lieb et al. 2004; Bohus et al. 1999). Naltrexon ist insofern eine interessante Substanz, als dass die Pathophysiologie der BPS mit Anomalien des endogenen Opioidsystems in Verbindung gebracht wurde (Bandelow et al. 2010; Stanley und Siever 2010; Schmahl et al. 2012).

Schmahl et al. (2012) verglichen in einem gründlichen Studiendesign Naltrexon und Placebo; unter Naltrexon zeigten sich darin sowohl von der Intensität als auch von der Dauer her weniger dissoziative Symptome, aber die Ergebnisse waren zu schwach ausgeprägt, um statistische Signifikanz zu erreichen. Fluoxetin und Paroxetin reduzierten dissoziative Symptome in einigen Studien, es gab aber auch negative Resultate (ebd.; Ratliff und Kerski 1995; Simeon et al. 2004).

Das Problem vieler BPS-Studien ist aber vor allem, dass sie oft nur an moderat erkrankten Patienten durchgeführt wurden, was nichts mit der Versorgungsrealität zu tun hat. Auch gibt es hohe »Drop-out«-Raten zu beklagen, was ja störungstypisch ist. Außerdem wurden in vielen Studien nur Frauen untersucht (Lieb et al. 2004).

Verschreibungspraxis

Bis jetzt gibt es keine Medikation, die die Hauptsymptome, also interpersonelle Auffälligkeiten und funktionelle Einschränkungen, adressiert. Dennoch erhalten die Patientinnen die gesamte Bandbreite an verfügbarer Medikation, sieht man einmal von trizyklischen Antidepressiva und Monoaminooxidasehemmern ab (Choi-Kain et al. 2017; Zanarini et al. 2015).

Nach 16-jähriger prospektiver Beobachtung nehmen 18,6 % der Patienten mehr als vier und 6,9 % sogar mehr als fünf psychotrope Medikamente (Choi-Kain et al. 2017; Zanarini et al. 2014). In ähnlicher Weise wird oft ein exzessiver Gebrauch von Bedarfsmedikation gemacht, ohne dass dieses Vorgehen irgendeine evidenzbasierte Absicherung hätte. Offensichtlich ist man versucht, angesichts der eindrucksvollen Symptomatik, die die Patientinnen präsentieren – Agitation, Angst, Schlaflosigkeit und dergleichen mehr – irgendetwas zu tun (Martinho et al. 2014; Choi-Kain et al. 2017). Die American Psychiatric Association (APA) empfiehlt, je nach Symptomatik zu behandeln: So sollen SSRI bei affektiver Dysregulation und Impulsivität verwendet werden, niedrig dosierte Antipsychotika für kognitive Symptome, wie stressinduzierte Paranoia und Dissoziation. Gegen dieses Vorgehen gibt es zahlreiche Einwände, u. a. das Fehlen von ausreichend gepowerten RCTs (randomisiert kontrollierten Studien) (Kendall et al. 2010). Das englische National Institute for Clinical Excellence (NICE) empfiehlt in seinen Leitlinien, aufgrund der fehlenden Evidenz ganz auf Medikamente zu verzichten, es sei denn bei Vorliegen echter Komorbiditäten oder im Falle einer echten akuten Krise (ebd.).

Metaanalysen In einem Cochrane-Review von Lieb et al. (2010) zeigte sich einerseits, dass die Medikamente untereinander kaum in der Wirkung differierten und es bestenfalls moderate

Effekte gab, andererseits, dass psychopharmakologische Behandlung in allen Symptombereichen Effekte zeigte. Affektive Dysregulation konnte mit Haloperidol, Aripiprazol, Olanzapin, Lamotrigin, Valproat und Topiramat gebessert werden – ohne signifikante Unterschiede untereinander –, während sich Kontrollverlust und Impulsivität mit Aripiprazol, Topiramat und Lamotrigin besserten, kognitive Symptome hingegen mit Aripiprazol und Olanzapin. SSRIs hingegen waren wirkungslos. Medikamente hatten keine positiven Effekte auf Angst vor dem Alleinsein, chronische Leeregefühle, Identitätsstörung und Dissoziation (Choi-Kain et al. 2017; Lieb et al. 2010).

Im Allgemeinen ist Folgendes anzuraten:
- Minimierung der Schäden durch Medikation durch prioritäre Anwendung von Psychotherapie (wann immer möglich),
- Vermeidung von Polypharmazie,
- Verbesserung der Mitarbeit der Patientin durch Psychoedukation und
- gemeinsames Abwägen von Vorteilen und Risiken.

Benzodiazepine und ähnliche Substanzen sollten vermieden werden, weil sie zu Missbrauch und Abhängigkeit führen können (Choi-Kain et al. 2017).

1.6 Repetitive transkranielle Magnetstimulation (rTMS)

Ebenfalls von Interesse sind nichtpharmakologische Ansätze, z. B. die repetitive transkranielle Magnetstimulation (rTMS). Eine mexikanische Studie (Reyes-López et al. 2018) untersuchte die klinische Verbesserung bei BPS-Patienten nach Anwendung von rTMS über dem rechten oder linken dorsolateralen Präfrontalkortex (DLPFC). Dieser Therapieansatz fußt auf den verschiedenen neurobiologischen Ansatzpunkten (Reyes-López et al. 2018): beobachtete Veränderungen im

- fronto-limbischen Netzwerk inklusive Hyperaktivität der Amygdala und Hypofunktionalität in präfrontalen Strukturen wie dem orbitofrontalen Kortex (OFC),
- ventromedialen Präfrontalkortex (VMPFC) und
- dorsolateralen Kortex (DLPFC).

Besonders der letzteren Struktur kommt eine Schlüsselrolle bei der Top-down-Regulation emotionaler Kontrolle und Impulsivität zu (ebd.). Bei der rTMS nun wird über elektromagnetische Induktion der zerebrale Kortex fokal stimuliert – dies hat relativ wenige Nebenwirkungen (Kobayashi und Pascual-Leone 2003; García-Anaya et al. 2011).

Mittlerweile ist die rTMS in vielen Ländern zur Depressionsbehandlung zugelassen, wobei meist hohe Frequenzen über dem linken DLPFC oder niedrige Frequenzen über dem rechten verwendet werden. Positive Effekte wurden aber auch bei Impulskontrollstörungen und Angstsymptomen berichtet (Reyes-López et al. 2018). In der Studie von Reyes-Lopez et al. waren zwei unterschiedliche Stimulationsprotokolle bei der Reduktion von BPS-Symptomschwere und verschiedenen Symptomen wie Angst vor dem Alleinsein, Impulsivität, emotionaler Instabilität und Ärger effektiv. Dies könnte in der Folge auch eine positive Auswirkung auf selbstverletzendes und suizidales Verhalten haben und sich aufgrund des besseren sozialen Funktionierens auch auf familiäre und interpersonelle Beziehungen auswirken (ebd.). Allerdings fehlte bei dieser Untersuchung die Kontrollgruppe, und die Stichprobe war klein.

1.7 Psychotherapie

Die Forschung zeigt ganz klar, dass speziell für die BPS entwickelte Psychotherapien die wirksamste Behandlung darstellen. Allerdings sind diese Methoden bisher lang und teuer, was dazu führt, dass die meisten Patienten aufgrund meist langer Wartelisten überhaupt keinen Zugang dazu bekommen.

Die bisherige Forschung hat aber nicht gezeigt, dass BPS-Psychotherapie notwendigerweise über Jahre fortgesetzt werden muss. Insgesamt sollten die Therapien kürzer, weniger kostenintensiv und für Betroffene zugänglicher werden. Eine Langzeittherapie scheint nicht notwendigerweise für alle Patienten erforderlich, insbesondere wenn man berücksichtigt, dass die Routinenutzung längerer Therapien zu Zugangsproblemen führt. Es zeigt sich auch, dass z.B. bei der DBT die größten Veränderungen bzw. Behandlungserfolge in den ersten sechs Monaten auftraten. So berichteten Linehan et al. (1991), dass parasuizidales Verhalten während der DBT in den ersten 4–6 Monaten auf etwa die Hälfte abnimmt, wohingegen danach die Kurve flacher verläuft. Und sobald ein Gesundungsprozess angestoßen wurde, ist ein Rückfall selten (Paris 2015). Es gibt keine Hinweise darauf, dass Langzeitbehandlung besser abschneidet als kürzere Behandlungen. Es könnte sinnvoll sein, eher auf Stepped-care-Modelle (»stepped care« = gestuftes Vorgehen) auszuweichen, d.h. mit kürzeren Interventionen zu beginnen, und längere nur für diejenigen Patienten zu verwenden, die nicht auf erstere ansprechen. Auch ist die Evidenz bezüglich der meistuntersuchten Therapien DBT, MBT, TFP, SFT und STEPPS letztlich immer noch begrenzt (Stoffers et al. 2012).

Allerdings kann auch ein allgemeines psychiatrisches Management der Erkrankung von erfahrenen Psychiatern, die sich gut mit der BPS auskennen, die Symptomatik deutlich reduzieren

(McMain et al. 2009). Auch können nur teilweise Hospitalisierung bzw. tagesklinische Modelle genauso effektiv oder sogar stationärer Behandlung überlegen sein. So zeigte sich in einer entsprechenden randomisiert-kontrollierten Studie bezüglich der Behandlung mit MBT (sogenannte MBT-PH) von Bateman und Fonagy (1999) ein besserer Erfolg bei nur teilweiser Hospitalisierung, mit den größten Fortschritten zwischen dem 6. und 18. Monat der Behandlung.

Wer Therapie erhält

Ein wesentliches Problem der Psychotherapie bei BPS ist, dass wenigstens 20 % der Patienten, die nach einer spezifischen Therapie suchen, diese nicht beginnen. Insgesamt gibt es hier je nach Studie eine riesige Bandbreite, variierend zwischen 17,6 und 63,6 % (Lana und Fernández-San Martín 2013). Welche Gemeinsamkeiten und Unterschiede zwischen diesen bestehen, untersuchten Rentrop et al. (2010). Die 58 untersuchten Nichtteilnehmer zeigten ein niedrigeres Funktionsniveau (im Global Assessment of functioning score), lebten häufiger alleine und hatten schon mehr ambulante Therapieversuche. Es zeigten sich allerdings keine Unterschiede zur Kontrollgruppe in Bezug auf Suizidversuche, stationäre Vorbehandlungen, Substanzmittelmissbrauch und Traumavorgeschichte. Während spätere Teilnehmer an einer BPS-Behandlung eher Essstörungen zeigten, zeigten spätere Nichtteilnehmer eher affektive oder Angststörungen, sodass man also annehmen kann, dass Patientinnen mit niedrigem psychosozialen Funktionsniveau und mit komorbiden affektiven oder Angststörungen ein höheres Risiko haben, letztlich nicht an einer Behandlung teilzunehmen.

Wie man BPS-Patientinnen in Therapie bringt

Ben-Porath (2004) beschrieb die sieben wichtigsten Techniken, die nützlich sein können, um Patientinnen zu einer Therapie zu bewegen, was ein grundsätzliches Problem bei Borderline-Patientinnen ist. Dies sind:

- »collaborative assessment«, also eine gemeinschaftliche Bewertung des Falls,
- Gebrauch von Therapieverträgen (diese haben in Deutschland keine rechtliche Bedeutung, können aber dazu beitragen, dass die Patientin sich in der Therapie daran gebunden fühlt),
- Motivational Interviewing,
- Verknüpfen von Behandlungszielen mit persönlichen Zielen des Patienten,
- Commitment-Strategien (also Strategien, die Patientin zu einer Selbstverpflichtung zu bewegen),
- Validierung,
- Gebrauch von Metaphern bzw. die Anwendung einer metaphorischen Sprache.

Komplizierte Organisation einer Behandlung

Die Implementierung und Organisation komplizierter, oft teambasierter spezifischer Psychotherapien ist eine schwierige Aufgabe. Das erfolgreiche Management derselben basiert auf komplizierten Management-Erfordernissen auf Organisations-, Team- und individueller Therapeutenebene. Eine schlechte Organisation der Therapie führt zu Kommunikationsproblemen, Adhärenzproblemen und Problemen auf Teamebene (Hutsebaut et al. 2012). Von größter Wichtigkeit ist es, zu betonen, dass für eine erfolgreiche BPS-Therapie gute Rahmenbedingungen nötig sind.

Die Psychotherapie ist vor allem dann wirksam, wenn

- die gesamte Organisation sich vollständig auf die spezifische Patientenpopulation ausrichtet,
- das entsprechende Behandlungsprogramm ausreichend mit den notwendigen Ressourcen ausgestattet ist,
- die Therapie in funktionierenden Teams mit klarer Verteilung der Verantwortlichkeiten durchgeführt wird und
- eine Ausrichtung auf eine offene, zur Reflexion fähige Teamkultur besteht.

Auch müssen die Therapeuten kompetent und gut ausgebildet sein, begleitet von kontinuierlicher Supervision. Überdies muss allen das Prinzip des therapeutischen Vorgehens bekannt sein (Bales et al. 2017).

Evidenzlage der großen Therapien

Evidenzbasiert wirksam sind die DBT, die Schema-Therapie, TFT (Transference focused psychotherapy) und die Mentalisierungsbasierte Therapie. Diese Therapieformen bezeichnet man auch gern als »Big four«. Neu hinzugekommen, aber noch nicht so verbreitet (also wären es dann streng genommen »Big five«) ist das Systems Training for Emotional Predictability and Problem Solving (STEPPS; Bales et al. 2017; Leichsenring et al. 2011; Stoffers et al. 2012) (→ Abb. 1-2). Trotz erwiesener Wirksamkeit bekommen z. B. in den Niederlanden nur 23 % der BPS-Patienten überhaupt Psychotherapie, evidenzbasierte Therapie erhalten sie aufgrund von Kapazitäts- und Organisationsproblemen meist erst recht nicht (Hermens et al. 2011).

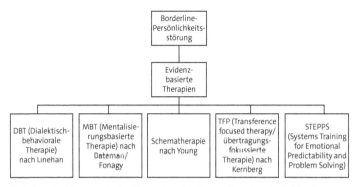

Abb. 1-2: Evidenzbasierte Therapien der Borderline-Persönlichkeits-störung

Ökonomischer Nutzen von Psychotherapie

Obwohl sich mittlerweile gezeigt hat, dass selbst die spezifischen Therapien nur kleine bis mäßige Effektstärken der Wirksamkeit haben, fragt man sich, ob spezifische Therapien denn wenigstens ökonomisch irgendeinen Nutzen haben. Ansonsten ließe sich der riesige damit verbundene Aufwand wohl kaum rechtfertigen. Es gibt diverse spezialisierte Zentren, die ja gerade besonders bei der DBT mittlerweile bereits recht zahlreich sind (vgl. www.dbt-dachverband.de). Dies wurde mittlerweile untersucht, wobei sich herausstellte, dass spezifische Behandlungen tatsächlich zu ganz erheblichen Kosteneinsparungen führen. Und dieser Unterschied bleibt hoch selbst im Vergleich zu einer banalen »Treatment as usual«-Behandlung. Meuldijk et al. (2017) untersuchten das Verhältnis aus Kosten und Nutzen anhand 30 vorliegender ökonomischer Auswertungen. Diese Untersuchung hat sicherlich eine gute »Power«, da diese Auswertungen 135 000 Patienten umfassten. Hier zeigte sich, dass man pro Jahr im Vergleich vor/nach Therapie 2489 € einsparen kann, und selbst im Vergleich zum »Treatment as usual« zeigt sich noch ein Vorteil von 1077 € pro Jahr. Die spezifischen Therapien haben also trotz nur leichter Wirksamkeitsvorteile durchaus ihre Berechtigung (Herpertz 2018).

Patientinnen, die sich nicht bessern

Leider gibt es immer noch Patienten, deren Krankheitsverlauf chronisch und instabil verläuft, die eher eine Verschlechterung erfahren, in eine Eskalation selbstverletzenden Verhaltens münden und von unserer bisherigen Therapie nicht ausreichend profitieren (van Luyn et al. 2007). In jedem Behandlungssetting finden sich einige schwere Fälle, die nicht ausreichend auf die Therapie ansprechen, Patientinnen, die schon viele Therapeuten und Therapien »verschlissen« haben, häufig Notfallbehandlungen aufsuchen und sich schwer selbstverletzen. Diese sind oft ohne Beschäftigung, und es ist ihnen nicht gelungen, ein funktionierendes Hilfenetzwerk zu etablieren (ebd.). Es ist schwierig, für diese ein funktionierendes Therapiekonzept zu erstellen, hier gibt es noch großen Forschungsbedarf.

Man muss wohl den Fokus bei der therapierefraktären BPS wechseln. Sie zeigt alle Eigenschaften einer chronischen Erkrankung: Sie beginnt früh, hat einen deutlichen genetischen Einschlag und verschlechtert das psychosoziale Funktionsniveau über viele Jahre hinweg. Die psychosozialen Faktoren wiederum begünstigen, dass die Krankheit bestehen bleibt. Normale Psychotherapien, wie wir sie kennen und die häufig entwickelt wurden für eine eher höher strukturierte Patientenklientel, nutzen vor so einem Hintergrund häufig wenig bzw. werden diesen Bedürfnissen nicht gerecht. Wie auch bei anderen chronischen Erkrankungen wie Diabetes oder Tumorerkrankungen geht es daher häufig nicht um eine Heilung. Das Ziel muss sein, die durch die Erkrankung hervorgerufenen Einschränkungen zu reduzieren und den Patientinnen zu ermöglichen, sich besser an die bestehenden Handicaps und Defizite anzupassen. Es muss im Grunde eine kontinuierliche Versorgung der Erkrankung bzw. der Störung geben, mit variabler Intensität, den wechselnden Erfordernissen des Störungsbildes angepasst. Außerdem muss von einer proaktiven Grundhaltung aus die Therapie aktiv angeboten werden.

Smartphones und Internet

BPS-Patientinnen neigen dazu, die Therapie abzubrechen. Martin Bohus stellte jüngst eine Smartphone-Anwendung vor, die Daten sammelt und dazu dienen soll, frühe Abbrüche vorherzusagen. Das scheint ein sehr lohnendes neues Konzept zu sein (Bohus et al. 2017). Eine spanische Forschungsgruppe um Suñol (Suñol et al. 2017) entwickelte eine Web-Plattform und eine App für Patientinnen und Therapeuten mit vielleicht großem Potenzial.

Prognose stationärer Behandlung

Zanarini et al. (2012) untersuchten 290 stationäre Patientin mit BPS und 72 Vergleichspersonen mit anderen Achse-II-Störungen. Hier zeigte sich, dass BPS-Patienten langsamer eine Remission oder »Recovery« erreichten als die Vergleichspersonen. (»Recovery« bedeutet ein gutes soziales und berufliches Funktionsniveau nebst Remission in Bezug auf die Symptomatik.) Im 16-Jahres-Follow-up zeigten beide Gruppen hohe Remissionsraten, aber nicht bezüglich der »Recovery«, denn diese zeigten BPS-Patientinnen nur zwischen 40 und 60 % (im Vergleich zu 75–85 % bei der Kontrolle). Allerdings zeigte sich auch, dass ein Rückfall selten ist, falls einmal ein »Recovery«- bzw. Gesundungsprozess in Gang gesetzt worden ist.

Integrierte Behandlung

Lana et al. (2015) untersuchten die Effektivität einer integrierten Behandlung für schwere Persönlichkeitsstörungen. Hierbei zeigten sich signifikante Besserungen nach einer 6-monatigen integrierten Behandlung, die DBT- und MBT-Elemente enthielt. Diese umfasste DBT-basierte Skillsgruppen, »Relationship therapy« (MBT-orientiert), Stressmanagement- und psychoedukative Gruppen, einmal wöchentlich stattfindende Einzeltherapie sowie entweder DBT oder supportive psychodynamische Psychotherapie – je nach Ausbildung des Therapeuten. Zusätzlich wurden eine Medikamentensprechstunde, eine Pflegevisite und eine Telefonsprechstunde angeboten. Die Gruppenpsychotherapie wurde hier durch Pflegekräfte und Psychotherapeuten gemeinsam durchgeführt. Die Einzeltherapien wurden durch vier Psychotherapeuten mit langjähriger Erfahrung durchgeführt, einmal pro Woche gab es eine Supervision. Die erreichten Verbesserungen blieben über 36 Monate stabil.

Collaborative Care Programs (CCP)

Auf dem Vormarsch sind auch Programme nach Art der »Collaborative Care Programs« (CCP, Stringer et al. 2011). Dies sind strukturierte Interventionsprogramme, die durch psychiatrische Pflegemitarbeiter vorgehalten werden. Sie sind nach den Prinzipien von »Collaborative care«-Programmen strukturiert, die es im somatischen Bereich gibt. Deren Effektivität wurde bereits für depressive und bipolare Störungen gezeigt. Hierbei geht es darum, »Shared decision making«, also das Prinzip der partizipativen Entscheidungsfindung zu berücksichtigen und die Selbstmanagementfähigkeiten chronischer Patienten zu stärken. Patienten, informelle Helfer und Fachkräfte tauschen sich aus, entwickeln gemeinsame Ziele und ein wechselseitiges Verständnis ihrer Rollen, Erwartungen und Verpflichtungen. Ein »Collaborative care team (CCT)« besteht somit aus Patienten, informellen Helfern, Krankenschwestern sowie Psychiatern und Psychologen. Die Gesamtsteuerung wird von psychiatrischen Schwestern übernommen. Solche integrierten Programme sind eine aussichtsreiche Option, um ein funktionierendes Hilfesystem für den BPS-Erkrankten zu etablieren.

Intermittent-continous eclectic therapy

Mehr als einem Viertel der BPS-Patienten gelingt es, an fortlaufender Therapie teilzunehmen. Allerdings neigen sie dazu, intermittierend teilzunehmen, d.h., sie verpassen immer mal wieder Sitzungen (Lana und Fernández-San Martín 2013). Ein auf das typische sprunghafte Verhalten der Borderline-Patienten und deren mitunter bei der Wahrnehmung von Terminen unzuverlässige Verhalten zugeschnittene Therapieansatz wurde von Menchaca et al. (2007) entwickelt. Bei ihrer »Intermittent-continous eclectic therapy« können Patientinnen an Gruppensitzungen immer dann teilnehmen, wenn sie es für nötig halten – solange sie sich verpflichten, an wenigstens zehn Sitzungen teilzunehmen, und zwar jedes Mal, wenn sie in die Gruppe zurückkommen. Nach zehn Sitzungen werden die Patientinnen zu zehn weiteren Sitzungen eingeladen oder können stoppen und nur im Bedarfsfall erneut dazustoßen. Bei den wöchentlichen Gruppensitzungen werden 1,5-stündige Sitzungen durchgeführt, inklusive einer 10-minütigen Pause. In den ersten 55 Minuten können die Patientinnen sich relativ strukturlos austauschen, in den anschließenden 25 Minuten werden Skills zum Umgang mit Aggression, Angst und interpersonellen Beziehungen vermittelt. Man wünschte sich noch mehr praktikable Ansätze wie diese.

Literatur

Literatur zu Abschn. 1.1

Barone L (2003). Developmental protective and risk factors in borderline personality disorder. A study using the Adult Attachment Interview. Attachment & human development; 5(1): 64–77.

Bassett D, Mulder R, Outhred T, Hamilton A, Morris G, Das P, Berk M, Baune BT, Boyce P, Lyndon B, Parker G, Singh AB, Malhi GS (2017). Defining disorders with permeable borders. You say bipolar, I say borderline! Bipolar disorders; 19(5): 320–323.

Bateman A, Fonagy P (2013). Mentalization-Based Treatment. Psychoanalytic inquiry; 33(6): 595–613.

Berenson KR, Downey G, Rafaeli E, Coifman KG, Paquin NL (2011). The rejection-rage contingency in borderline personality disorder. Journal of abnormal psychology; 120(3): 681–690.

Bohus M, Limberger MF, Frank U, Chapman AL, Kühler T, Stieglitz R-D (2007). Psychometric properties of the Borderline Symptom List (BSL). Psychopathology; 40(2): 126–132.

Bohus M, Schmahl C (2007). Psychopathologie und Therapie der Borderline-Persönlichkeitsstörung. Der Nervenarzt; 78(9): 1069–1081.

Brück C, Derstroff S, Wildgruber D (2018). Fear of Being Laughed at in Borderline Personality Disorder. Frontiers in psychology; 9: 4.

Bulbena-Cabre A, Mercedes Perez-Rodriguez M, Porges S, Bulbena A, Goodman M (2017). Understanding Anxiety in Borderline Personality Disorder. Current Treatment Options in Psychiatry; 4(4): 281–294.

Dilling H (Hrsg) (2008). Taschenführer zur ICD-10-Klassifikation psychischer Störungen. Mit Glossar und diagnostischen Kriterien ICD-10, DCR-10 und Referenztabellen ICD-10 vs. DSM-IV-TR. Bern: Huber.

Ebner-Priemer UW, Welch SS, Grossman P, Reisch T, Linehan MM, Bohus M (2007). Psychophysiological ambulatory assessment of affective dysregulation in borderline personality disorder. Psychiatry research; 150(3): 265–275.

Falkai P, Wittchen H-U, Döpfner M, Gaebel W, Maier W, Rief W, Saß H, Zaudig M (Hrsg) (2015). Diagnostische Kriterien DSM-5®. Göttingen: Hogrefe.

Fonagy P, Luyten P, Allison E, Campbell C (2017). What we have changed our minds about. Part 2. Borderline personality disorder, epistemic trust and the developmental significance of social communication. Borderline personality disorder and emotion dysregulation; 4: 9.

Frías Á, Palma C, Farriols N, González L (2016). Sexuality-related issues in borderline personality disorder. A comprehensive review. Personality and mental health; 10(3): 216–231.

Habermeyer V, Rudolf G, Herpertz SC (2008). Psychotherapie bei Borderline-Persönlichkeitsstörungen. In: Herpertz SC (Hrsg). Störungsorientierte Psychotherapie. Elsevier, Urban & Fischer: München; 469–489.

Herpertz SC (Hrsg) (2008). Störungsorientierte Psychotherapie. München: Elsevier, Urban & Fischer.

Koenigsberg HW, Siever LJ, Lee H, Pizzarello S, New AS, Goodman M, Cheng H, Flory J, Prohovnik I (2009). Neural correlates of emotion processing in borderline personality disorder. Psychiatry research; 172(3): 192–199.

Krueger F, McCabe K, Moll J, Kriegeskorte N, Zahn R, Strenziok M, Heinecke A, Grafman J (2007). Neural correlates of trust. Proceedings of the National Academy of Sciences of the United States of America; 104(50): 20084–20089.

Lieb K, Zanarini MC, Schmahl C, Linehan MM, Bohus M (2004). Borderline personality disorder. Lancet; 364(9432): 453–461.

Loranger AW (1999). International personality disorder examination. IPDE; DSM-IV and ICD-10; interviews. Lutz, Fla.: PAR.

Matzke B, Herpertz S, Berger C, Fleischer M, Domes G (2014). Facial reactions during emotion recognition in borderline personality disorder. A facial electromyography study. Psychopathology; 47(2): 101–110.

McGlashan TH, Grilo CM, Skodol AE, Gunderson JG, Shea MT, Morey LC, Zanarini MC, Stout RL (2000). The Collaborative Longitudinal Personality Disorders Study. Baseline Axis I/II and II/II diagnostic co-occurrence. Acta psychiatrica Scandinavica; 102(4): 256–264.

New AS, aan het Rot M, Ripoll LH, Perez-Rodriguez MM, Lazarus S, Zipursky E, Weinstein SR, Koenigsberg HW, Hazlett EA, Goodman M, Siever LJ (2012). Empathy and alexithymia in borderline personality disorder. Clinical and laboratory measures. Journal of personality disorders; 26(5): 660–675.

Priebe K, Schmahl C, Stiglmayr C (2013). Dissoziation. Theorie und Therapie. Berlin, Heidelberg: Springer.

Renneberg B, Herm K, Hahn A, Staebler K, Lammers C-H, Roepke S (2012). Perception of social participation in borderline personality disorder. Clinical psychology & psychotherapy; 19(6): 473–480.

Santangelo PS, Reinhard I, Koudela-Hamila S, Bohus M, Holtmann J, Eid M, Ebner-Priemer UW (2017). The temporal interplay of self-esteem instability and affective instability in borderline personality disorder patients' everyday lives. Journal of abnormal psychology; 126(8): 1057–1065.

Schroeder K, Schätzle A, Kowohl P, Leske L, Huber CG, Schäfer I (2018). Prävalenz und Phänomenologie fraglich psychotischer Symptome bei Borderline-Persönlichkeitsstörungen. Psychotherapie, Psychosomatik, medizinische Psychologie, E-Pub first. DOI:10.1055/s-0043-124473

Sipos V, Schweiger U (2003). Stationäre Behandlung von Frauen und Männern mit Borderline Persönlichkeitsstörung und weiterer Komorbidität. Verhaltenstherapie & Verhaltensmedizin; 24(3): 269.

Smits ML, Feenstra DJ, Bales DL, Vos J de, Lucas Z, Verheul R, Luyten P (2017). Subtypes of borderline personality disorder patients. A cluster-analytic approach. Borderline personality disorder and emotion dysregulation; 4: 16.

Staebler K, Helbing E, Rosenbach C, Renneberg B (2011). Rejection sensitivity and borderline personality disorder. Clinical psychology & psychotherapy; 18(4): 275–283.

Stiglmayr CE, Shapiro DA, Stieglitz RD, Limberger MF, Bohus M (2001). Experience of aversive tension and dissociation in female patients with borderline personality disorder – a controlled study. Journal of psychiatric research; 35(2): 111–118.

Stiglmayr CE, Grathwol T, Linehan MM, Ihorst G, Fahrenberg J, Bohus M (2005). Aversive tension in patients with borderline personality disorder. A computer-based controlled field study. Acta psychiatrica Scandinavica; 111(5): 372–379.

Stiglmayr CE, Ebner-Priemer UW, Bretz J, Behm R, Mohse M, Lammers C-H, Anghelescu I-G, Schmahl C, Schlotz W, Kleindienst N, Bohus M (2008). Dissociative symptoms are positively related to stress in borderline personality disorder. Acta psychiatrica Scandinavica; 117(2): 139–147.

Stiglmayr C, Gunia H, Bohus M, Förster J, Lieb K, Priebe K, Schmahl C (2017). Dialektisch-Behaviorale Therapie (DBT) zur Behandlung der Borderline-Persönlichkeitsstörung. Ein Manual für die ambulante Therapie. Göttingen: Hogrefe.

Wilkinson-Ryan T, Westen D (2000). Identity disturbance in borderline personality disorder. An empirical investigation. The American journal of psychiatry; 157(4): 528–541.

Winter D, Bohus M, Lis S (2017). Understanding negative self-evaluations in borderline personality disorder – a review of self-related cognitions, emotions, and motives. Current psychiatry reports; 19(3): 17.

Witt SH, Streit F, Jungkunz M, Frank J, Awasthi S, Reinbold CS, Treutlein J, Degenhardt F, Forstner AJ, Heilmann-Heimbach S, Dietl L et al. (2017). Genome-wide association study of borderline personality disorder reveals genetic overlap with bipolar disorder, major depression and schizophrenia. Translational psychiatry; 7(6): e1155.

Yeomans FE, Clarkin JF, Kernberg OF (2017). Übertragungsfokussierte Psychotherapie für Borderline-Patienten. Das TFP-Praxismanual. Online: Videos. Stuttgart: Schattauer.

Zanarini MC, Frankenburg FR, Dubo ED, Sickel AE, Trikha A, Levin A, Reynolds V (1998). Axis I comorbidity of borderline personality disorder. The American journal of psychiatry; 155(12): 1733–1739.

Zanarini MC, Frankenburg FR, Reich DB, Fitzmaurice G, Weinberg I, Gunderson JG (2008). The 10-year course of physically self-destructive acts reported by borderline patients and axis II comparison subjects. Acta psychiatrica Scandinavica; 117(3): 177–184.

Literatur zu Abschn. 1.2

Bornovalova MA, Huibregtse BM, Hicks BM, Keyes M, McGue M, Iacono W (2013). Tests of a direct effect of childhood abuse on adult borderline personality disorder traits. A longitudinal discordant twin design. Journal of abnormal psychology; 122(1): 180–194.

Carlson EA, Egeland B, Sroufe LA (2009). A prospective investigation of the development of borderline personality symptoms. Development and psychopathology; 21(4): 1311–1334.

Crowell SE, Beauchaine TP, Linehan MM (2009). A biosocial developmental model of borderline personality. Elaborating and extending Linehan's theory. Psychological bulletin; 135(3): 495–510.

Fonagy P, Luyten P, Allison E, Campbell C (2017). What we have changed our minds about. Part 1. Borderline personality disorder as a limitation of resilience. Borderline personality disorder and emotion dysregulation; 4: 11.

Hallquist MN, Hipwell AE, Stepp SD (2015). Poor self-control and harsh punishment in childhood prospectively predict borderline personality symptoms in adolescent girls. Journal of abnormal psychology; 124(3): 549–564.

Hughes AE, Crowell SE, Uyeji L, Coan JA (2012). A developmental neuroscience of borderline pathology. Emotion dysregulation and social baseline theory. Journal of abnormal child psychology; 40(1): 21–33.

Linehan M (1993). Cognitive-behavioral treatment of borderline personality disorder. New York: Guilford Press.

Millon T (1993). Borderline personality disorder: a psychosocial epidemic. In: Paris J (ed). Borderline personality disorder. Etiology and treatment. Washington, DC: American Psychiatric Press; 197–210.

Paris J (2009). The treatment of borderline personality disorder. Implications of research on diagnosis, etiology, and outcome. Annual review of clinical psychology; 5: 277–290.

Paris J, Zweig-Frank H (1992). A critical review of the role of childhood sexual abuse in the etiology of borderline personality disorder. Canadian journal of psychiatry. Revue canadienne de psychiatrie; 37(2): 125–128.

Prados J, Stenz L, Courtet P, Prada P, Nicastro R, Adouan W, Guillaume S, Olié E, Aubry J-M, Dayer A, Perroud N (2015). Borderline personality disorder and childhood maltreatment. A genome-wide methylation analysis. Genes, brain, and behavior; 14(2): 177–188.

Selby EA, Anestis MD, Bender TW, Joiner TE (2009). An exploration of the emotional cascade model in borderline personality disorder. Journal of abnormal psychology; 118(2): 375–387.

Stepp SD, Scott LN, Morse JQ, Nolf KA, Hallquist MN, Pilkonis PA (2014). Emotion dysregulation as a maintenance factor of borderline personality disorder features. Comprehensive psychiatry; 55(3): 657–666.

Winsper C, Hall J, Strauss VY, Wolke D (2017). Aetiological pathways to Borderline Personality Disorder symptoms in early adolescence. Childhood dysregulated behaviour, maladaptive parenting and bully victimisation. Borderline personality disorder and emotion dysregulation; 4: 10.

Witt SH, Streit F, Jungkunz M, Frank J, Awasthi S, Reinbold CS, Treutlein J, Degenhardt F, Forstner AJ, Heilmann-Heimbach S, Dietl L et al. (2017). Genome-wide association study of borderline personality disorder reveals genetic overlap with bipolar disorder, major depression and schizophrenia. Translational psychiatry; 7(6): e1155.

Literatur zu Abschn. 1.3

Bach B et al. (2017). ICD-11 and DSM-5 personality trait domains capture categorical personality disorders: finding a common ground. Aust N Z J Psychiatry. DOI:10.1177 %2F0004867417727867.

Braus DF (Hrsg) (2018). Handbuch Psychiatrie 2018. Psychiatrie Update 2018. Wiesbaden: med publico GmbH.

Conway CC, Tackett JL, Skodol AE (2017). Are Personality Disorders Assess in Young People? Am J Psychiatry; 174(10): 1000–1001.

Herpertz SC (2018). Persönlichkeits- und Anpassungsstörungen. In: Braus DF (Hrsg). Handbuch Psychiatrie 2018. Psychiatrie Update 2018. Wiesbaden: med publico GmbH; 1–31.

Su MH et al. (2018). Risk profiles of personality traits for suicidality among mood disorder patients and community controls. Acta Psychiatr Scand; 137(1): 30–38.

Terracciano A et al. (2017). Personality Change in the preclinical phase of Alzheimer disease. JAMA Psychiatry; 74(12): 1259–1265.

Literatur zu Abschn. 1.4

Bertsch K, Hillmann K, Herpertz SC (2018). Behavioral and Neurobiological Correlates of Disturbed Emotion Processing in Borderline Personality Disorder. PSP; 51(2): 76–82.

Dziobek I, Preißler S, Grozdanovic Z, Heuser I, Heekeren HR, Roepke S (2011). Neuronal correlates of altered empathy and social cognition in borderline personality disorder. NeuroImage; 57(2): 539–548.

Frick C, Lang S, Kotchoubey B, Sieswerda S, Dinu-Biringer R, Berger M, Veser S, Essig M, Barnow S (2012). Hypersensitivity in borderline personality disorder during mindreading. PloS one; 7(8): e41650.

Garcia-Villamisar D, Dattilo J, Garcia-Martinez M (2017). Executive functioning in people with personality disorders. Current opinion in psychiatry; 30(1): 36–44.

Hazlett EA, Zhang J, New AS, Zelmanova Y, Goldstein KE, Haznedar MM, Meyerson D, Goodman M, Siever LJ, Chu K-W (2012). Potentiated amygdala response to repeated emotional pictures in borderline personality disorder. Biological psychiatry; 72(6): 448–456.

Herpertz SC (2018). Persönlichkeits- und Anpassungsstörungen. In: Braus DF (Hrsg). Handbuch Psychiatrie 2018. Psychiatrie Update 2018. Wiesbaden: med publico GmbH; 1–31.

Herpertz SC, Dietrich TM, Wenning B, Krings T, Erberich SG, Willmes K, Thron A, Sass H (2001). Evidence of abnormal amygdala functioning in borderline personality disorder. A functional MRI study. Biological psychiatry; 50(4): 292–298.

Krause-Utz A, Elzinga B (2018). Current Understanding of the Neural Mechanisms of Dissociation in Borderline Personality Disorder. Current behavioral neuroscience reports; 5(1): 113–123.

Lieb K, Völlm B, Rücker G, Timmer A, Stoffers JM (2010). Pharmacotherapy for borderline personality disorder. Cochrane systematic review of randomised trials. The British journal of psychiatry; 196(1): 4–12.

McHugh C, Balaratnasingam S (2018). Impulsivity in personality disorders. Current views and future directions. Current opinion in psychiatry; 31(1): 63–68.

Mier D, Lis S, Esslinger C, Sauer C, Hagenhoff M, Ulferts J, Gallhofer B, Kirsch P (2013). Neuronal correlates of social cognition in borderline personality disorder. Social cognitive and affective neuroscience; 8(5): 531–537.

Niedtfeld I, Schmitt R, Winter D, Bohus M, Schmahl C, Herpertz SC (2017). Pain-mediated affect regulation is reduced after dialectical behavior therapy in borderline personality disorder. A longitudinal fMRI study. Social cognitive and affective neuroscience; 12(5): 739−747.

Niedtfeld I, Schulze L, Kirsch P, Herpertz SC, Bohus M, Schmahl C (2010). Affect regulation and pain in borderline personality disorder. A possible link to the understanding of self-injury. Biological psychiatry; 68(4): 383−391.

Prehn K, Schulze L, Rossmann S, Berger C, Vohs K, Fleischer M, Hauenstein K, Keiper P, Domes G, Herpertz SC (2013). Effects of emotional stimuli on working memory processes in male criminal offenders with borderline and antisocial personality disorder. Biological psychiatry; 14(1): 71−78.

Schmitt R, Winter D, Niedtfeld I, Herpertz SC, Schmahl C (2016). Effects of Psychotherapy on Neuronal Correlates of Reappraisal in Female Patients with Borderline Personality Disorder. Biological psychiatry. Cognitive neuroscience and neuroimaging; 1(6): 548−557.

Schulze L, Domes G, Krüger A, Berger C, Fleischer M, Prehn K, Schmahl C, Grossmann A, Hauenstein K, Herpertz SC (2011). Neuronal correlates of cognitive reappraisal in borderline patients with affective instability. Biological psychiatry; 69(6): 564−573.

Turner D, Sebastian A, Tüscher O (2017). Impulsivity and Cluster B Personality Disorders. Current psychiatry reports; 19(3): 15.

Wilson S, Stroud CB, Durbin CE (2017). Interpersonal dysfunction in personality disorders. A meta-analytic review. Psychological bulletin; 143(7): 677−734.

Zanarini MC, Frankenburg FR, Reich DB, Wedig MM, Conkey LC, Fitzmaurice GM (2014). Prediction of time-to-attainment of recovery for borderline patients followed prospectively for 16 years. Acta psychiatrica Scandinavica; 130(3): 205−213.

Literatur zu Abschn. 1.5

Amad A, Thomas P, Perez-Rodriguez MM (2015). Borderline Personality Disorder and Oxytocin. Review of Clinical Trials and Future Directions. Current pharmaceutical design; 21(23): 3311−3316.

Bakermans-Kranenburg MJ, van IJzendoorn MH (2013). Sniffing around oxytocin. Review and meta-analyses of trials in healthy and clinical groups with implications for pharmacotherapy. Translational psychiatry; 3: e258.

Bandelow B, Schmahl C, Falkai P, Wedekind D (2010). Borderline personality disorder. A dysregulation of the endogenous opioid system? Psychological Review; 117(2): 623–636.

Bartz J, Simeon D, Hamilton H, Kim S, Crystal S, Braun A, Vicens V, Hollander E (2011). Oxytocin can hinder trust and cooperation in borderline personality disorder. Social cognitive and affective neuroscience; 6(5): 556–563.

Bertsch K, Gamer M, Schmidt B, Schmidinger I, Walther S, Kästel T, Schnell K, Büchel C, Domes G, Herpertz SC (2013). Oxytocin and reduction of social threat hypersensitivity in women with borderline personality disorder. The American journal of psychiatry; 170(10): 1169–1177.

Bohus MJ, Landwehrmeyer GB, Stiglmayr CE, Limberger MF, Böhme R, Schmahl CG (1999). Naltrexone in the treatment of dissociative symptoms in patients with borderline personality disorder. An open-label trial. The Journal of clinical psychiatry; 60(9): 598–603.

Brüne M, Ebert A, Kolb M, Tas C, Edel M-A, Roser P (2013). Oxytocin influences avoidant reactions to social threat in adults with borderline personality disorder. Human psychopharmacology; 28(6): 552–561.

Chengappa KN, Ebeling T, Kang JS, Levine J, Parepally H (1999). Clozapine reduces severe self-mutilation and aggression in psychotic patients with borderline personality disorder. The Journal of clinical psychiatry; 60(7): 477–484.

Choi-Kain LW, Finch EF, Masland SR, Jenkins JA, Unruh BT (2017). What Works in the Treatment of Borderline Personality Disorder. Current behavioral neuroscience reports; 4(1): 21–30.

Ebert A, Kolb M, Heller J, Edel M-A, Roser P, Brüne M (2013). Modulation of interpersonal trust in borderline personality disorder by intranasal oxytocin and childhood trauma. Social neuroscience; 8(4): 305–313.

Kendall T, Burbeck R, Bateman A (2010). Pharmacotherapy for borderline personality disorder. NICE guideline. British journal of psychiatry; 196(2): 158–159.

Lieb K, Zanarini MC, Schmahl C, Linehan MM, Bohus M (2004). Borderline personality disorder. Lancet; 364(9432): 453–461.

Love TM (2014). Oxytocin, motivation and the role of dopamine. Pharmacology, biochemistry, and behavior; 119: 49–60.

Martinho E, Fitzmaurice GM, Frankenburg FR, Zanarini MC (2014). Pro re nata (as needed) psychotropic medication use in patients with border-line personality disorder and subjects with other personality disorders over 14 years of prospective follow-up. Journal of clinical psychophar-macology; 34(4): 499–503.

Pinto OC, Akiskal HS (1998). Lamotrigine as a promising approach to bord-erline personality. An open case series without concurrent DSM-IV major mood disorder. Journal of affective disorders; 51(3): 333–343.

Ratliff NB, Kerski D (1995). Depersonalization treated with fluoxetine. The American journal of psychiatry; 152(11): 1689–1690.

Reich DB, Zanarini MC, Bieri KA (2009). A preliminary study of lamotrigine in the treatment of affective instability in borderline personality disorder. International clinical psychopharmacology; 24(5): 270–275.

Rinne T, van den Brink W, Wouters L, van Dyck R (2002). SSRI treatment of borderline personality disorder. A randomized, placebo-controlled cli-nical trial for female patients with borderline personality disorder. The American journal of psychiatry; 159(12): 2048–2054.

Rohde C, Polcwiartek C, Correll CU, Nielsen J (2017). Real-World Effective-ness of Clozapine for Borderline Personality Disorder. Results From a 2-Year Mirror-Image Study. Journal of personality disorders: 1–15. DOI:10.1521/pedi_2017_31_328

Salzman C, Wolfson AN, Schatzberg A, Looper J, Henke R, Albanese M, Schwartz J, Miyawaki E (1995). Effect of fluoxetine on anger in sym-ptomatic volunteers with borderline personality disorder. Journal of clinical psychopharmacology; 15(1): 23–29.

Schmahl C, Kleindienst N, Limberger M, Ludäscher P, Mauchnik J, Dei-bler P, Brünen S, Hiemke C, Lieb K, Herpertz S, Reicherzer M, Berger M, Bohus M (2012). Evaluation of naltrexone for dissociative symptoms in borderline personality disorder. International clinical psychopharma-cology; 27(1): 61–68.

Shamay-Tsoory SG, Fischer M, Dvash J, Harari H, Perach-Bloom N, Levko-vitz Y (2009). Intranasal administration of oxytocin increases envy and schadenfreude (gloating). Biological psychiatry; 66(9): 864–870.

Sierra M, Phillips ML, Lambert MV, Senior C, David AS, Krystal JH (2001). Lamotrigine in the treatment of depersonalization disorder. The Jour-nal of clinical psychiatry; 62(10): 826–827.

Sierra M, Phillips ML, Ivin G, Krystal J, David AS (2003). A placebo-control-led, cross-over trial of lamotrigine in depersonalization disorder. Jour-nal of psychopharmacology; 17(1): 103–105.

Simeon D, Bartz J, Hamilton H, Crystal S, Braun A, Ketay S, Hollander E (2011). Oxytocin administration attenuates stress reactivity in borderline personality disorder. A pilot study. Psychoneuroendocrinology; 36(9): 1418–1421.

Simeon D, Guralnik O, Schmeidler J, Knutelska M (2004). Fluoxetine therapy in depersonalisation disorder. Randomised controlled trial. British journal of psychiatry; 185: 31–36.

Stanley B, Siever LJ (2010). The interpersonal dimension of borderline personality disorder. Toward a neuropeptide model. The American journal of psychiatry; 167(1): 24–39.

Starcevic V, Janca A (2018). Pharmacotherapy of borderline personality disorder. Replacing confusion with prudent pragmatism. Current opinion in psychiatry; 31(1): 69–73.

Tritt K, Nickel C, Lahmann C, Leiberich PK, Rother WK, Loew TH, Nickel MK (2005). Lamotrigine treatment of aggression in female borderline-patients. A randomized, double-blind, placebo-controlled study. Journal of psychopharmacology; 19(3): 287–291.

Zanarini MC (2004). Update on pharmacotherapy of borderline personality disorder. Current psychiatry reports; 6(1): 66–70.

Zanarini MC, Frankenburg FR, Bradford Reich D, Harned AL, Fitzmaurice GM (2015). Rates of psychotropic medication use reported by borderline patients and axis II comparison subjects over 16 years of prospective follow-up. Journal of clinical psychopharmacology; 35(1): 63–67.

Literatur zu Abschn. 1.6

García-Anaya M, González-Olvera J, Ricardo-Garcell J, Armas G, Miranda E, Reyes E, Otero GA (2011). Clinical and electrophysiological effect of right and left repetitive transcranial magnetic stimulation in patients with major depressive disorder. Salud Mental; 34(4): 291–299.

Kobayashi M, Pascual-Leone A (2003). Transcranial magnetic stimulation in neurology. Lancet Neurol; 2(3): 145–156.

Reyes-López J, Ricardo-Garcell J, Armas-Castañeda G, García-Anaya M, Arango-De Montis I, González-Olvera JJ, Pellicer F (2018). Clinical improvement in patients with borderline personality disorder after treatment with repetitive transcranial magnetic stimulation. Preliminary results. Rev Bras Psiquiatr; 40(1): 97–104.

Literatur zu Abschn. 1.7

Bales DL, Verheul R, Hutsebaut J (2017). Barriers and facilitators to the implementation of mentalization-based treatment (MBT) for borderline personality disorder. Personality and mental health; 11(2): 118–131.

Bateman A, Fonagy P (1999). Effectiveness of partial hospitalization in the treatment of borderline personality disorder. A randomized controlled trial. The American journal of psychiatry; 156(10): 1563–1569.

Ben-Porath DD (2004). Strategies for Securing Commitment to Treatment from Individuals Diagnosed with Borderline Personality Disorder. Journal of Contemporary Psychotherapy; 34(3): 247–263.

Bohus M, Deutschel T, Gimbel S, Görg N, Humm BG, Schüller M, Turan E (2017). Predicting Premature Termination of Treatment in Psychotherapy for Borderline Personality Disorder. Proceedings of the Collaborative European Research Conference, 22. 9. 2017, Karlsruhe.

Hermens MLM, van Splunteren PT, van den Bosch A, Verheul R (2011). Barriers to implementing the clinical guideline on borderline personality disorder in the Netherlands. Psychiatric services; 62(11): 1381–1383.

Hutsebaut J, Bales DL, Busschbach JJ, Verheul R (2012). The implementation of mentalization-based treatment for adolescents. A case study from an organizational, team and therapist perspective. International journal of mental health systems; 6(1): 10.

Lana F, Fernández-San Martín MI (2013). To what extent are specific psychotherapies for borderline personality disorders efficacious? A systematic review of published randomised controlled trials. Actas espanolas de psiquiatria; 41(4): 242–252.

Lana F, Sánchez-Gil C, Ferrer L, López-Patón N, Litvan L, Marcos S, Sierra AC, Soldevilla JM, Feixas G, Pérez V (2015). Efectividad de un programa terapéutico integrado para trastornos graves de la personalidad. Seguimiento pragmático de 36 meses. Revista de psiquiatria y salud mental; 8(1): 3–10.

Leichsenring F, Leibing E, Kruse J, New AS, Leweke F (2011). Borderline personality disorder. Lancet; 377(9759): 74–84.

Linehan MM, Armstrong HE, Suarez A, Allmon D, Heard HL (1991). Cognitive-behavioral treatment of chronically parasuicidal borderline patients. Archives of general psychiatry; 48(12): 1060–1064.

McMain SF, Links PS, Gnam WH, Guimond T, Cardish RJ, Korman L, Streiner DL (2009). A randomized trial of dialectical behavior therapy versus general psychiatric management for borderline personality disorder. The American journal of psychiatry; 166(12): 1365–1374.

Menchaca A, Pérez O, Peralta A (2007). Intermittent-continuous eclectic therapy. A group approach for borderline personality disorder. Journal of psychiatric practice; 13(4): 281–284.

Meuldijk D, McCarthy A, Bourke ME, Grenyer BFS (2017). The value of psychological treatment for borderline personality disorder. Systematic review and cost offset analysis of economic evaluations. PloS one; 12(3): e0171592.

Paris J (2015). Stepped Care and Rehabilitation for Patients Recovering From Borderline Personality Disorder. Journal of clinical psychology; 71(8): 747–752.

Rentrop M, Martius P, Bäuml J, Buchheim P, Döring S, Hörz S (2010). Patients with borderline personality disorder not participating in an RCT. Are they different? Psychopathology; 43(6): 369–372.

Stoffers JM, Völlm BA, Rücker G, Timmer A, Huband N, Lieb K (2012). Psychological therapies for people with borderline personality disorder. The Cochrane database of systematic reviews; 8: CD005652.

Stringer B, van Meijel B, Koekkoek B, Kerkhof A, Beekman A (2011). Collaborative Care for patients with severe borderline and NOS personality disorders. A comparative multiple case study on processes and outcomes. BMC psychiatry; 11: 102.

Suñol J, María Panisello J, Castell E, Juan Tárraga López P, Sánchez C, Pérez V (2017). Medtep DBT. A Dialectical Behavior Therapy Native App and Web Platform for Borderline Personality Disorder Patients and Their Therapists. ujph; 5(3): 110–118.

van Luyn JB, Akhtar S, Livesley WJ (eds) (2007). Severe personality disorders. Cambridge, New York: Cambridge University Press.

Zanarini MC, Frankenburg FR, Reich DB, Fitzmaurice G (2012). Attainment and stability of sustained symptomatic remission and recovery among patients with borderline personality disorder and axis II comparison subjects. A 16-year prospective follow-up study. The American journal of psychiatry; 169(5): 476–483.

2 DBT

2.1 Der Glaube an die Patientin

Die DBT dürfte die wohl verbreitetste Borderline-Therapieform sein und hat einen gewaltigen Siegeszug seit ihrer Erfindung, auch in Deutschland, hinter sich und soll daher die Ehre haben, in diesem Buch als erste besprochen zu werden. Der Erfolg fußt wohl darauf, dass sich diese Therapieform so klar (im Gegensatz zur Psychoanalyse) zum Anwalt der Patientinnen macht (neben ihren zahlreichen anderen Vorzügen wie der störungsspezifischen Ausrichtung).

DBT steht für Dialektisch-behaviorale Therapie. »Dialektisch« bezieht sich hier vor allem auf das Nebeneinander von Veränderungswunsch und Akzeptieren des gegenwärtigen Zustands, »behavioral« auf die Ableitung von der Verhaltenstherapie. Marsha Linehan (1996) weist in ihrem Manual auf den zentralen Punkt in der Behandlung hin: Man sollte nicht den Fehler machen, den Opfern (in diesem Fall den Borderline-Patientinnen) ständig die Schuld für das Versagen der Therapie zu geben. Die Zuweisung ist verlockend, und der Fehler unterläuft vielen Therapeuten und Therapeutinnen. Doch sie macht die Angelegenheit noch schlimmer, als sie es ohnehin schon ist: Egal, wie weit man in der Therapie ist, wie viele differenzierte Therapien man auch anwenden mag: Es bleibt die Hilflosigkeit, die sich zwangsläufig an bestimmten Punkten einstellt, wenn man mit dem oft unendlichen Leid der Patientinnen konfrontiert ist. Dies führt dann oft dazu, dass sich der Therapeut besonders ins Zeug legt, was an sich schon anstrengend genug ist. Dennoch kann es dann oft lange Zeit zu keiner Verbesserung kommen. Dann ist der Punkt gekommen, an dem der Therapeut oft dazu neigt, dem Patienten für das Misslingen der Therapie die Schuld zu geben. Offensichtlich macht der Patient etwas falsch, ist nicht engagiert oder motiviert genug – er ist somit selbst schuld am Misslingen. Anstatt also die Patientin zu validieren (also zu bestärken), wird sie zusätzlich invalidiert (also entmutigt). Nicht nur, dass dies der Patientin nicht hilft, es unterminiert auch das zarte Pflänzlein eines gedeihlichen Zusammenarbeitens und eines funktionierenden Arbeitsbündnisses. Es kommt zu einer Distanzierung von Therapeut und Patient, die Patientin fühlt sich alleingelassen und wiederholt somit die oft lebenslange Vorerfahrung, die in genau dieselbe Richtung weist. Linehan geht von einigen Grundannahmen aus: So nimmt sie einfach an, dass Patientinnen

- sich Mühe geben, sich ändern wollen, sich aber vermutlich noch mehr anstrengen müssen als andere, um das Ziel zu erreichen,
- letztlich ihre Probleme selbst lösen müssen,
- das Leben an sich kaum ertragen und sie in verschiedensten Kontexten neues Verhalten erst lernen bzw. aufbauen müssen,
- an sich nicht versagen können, höchstens die Therapie selbst.

Schließlich ist Linehan sicher, dass auch der Therapeut Unterstützung benötigt.

Therapeutische Grundhaltung Im Rahmen der DBT muss auch der Therapeut bestimmten »dialektischen« Anforderungen entsprechen. Linehan (1996) erwähnt folgende zentrale Punkte:

Annehmen versus Veränderung Einerseits müsse der Therapeut den gemeinsamen therapeutischen Prozess so annehmen, wie er sich gerade darstellt, andererseits aber auch wesentliche Veränderungsschritte anstoßen.

Zentriertheit versus Flexibilität Der Therapeut müsse an sich, die Therapie und den Patienten glauben, andererseits im therapeutischen Prozess flexibel bleiben und auch bereit sein, eigene Fehler einzugestehen.

Stützende versus fordernde Haltung Der Therapeut gibt Hilfestellung, wo erforderlich, übernimmt aber nicht Verantwortung für den Patienten, wo er es ebenso gut selbst könnte. (Anm. des Autors: Das erinnert mich fatal an meine Zivildienstzeit, als ich lernte, dass man alten, gebrechlichen Menschen nichts Gutes tut, wenn man ihnen die Tür aufhält, wenn sie sie noch selbst öffnen können.)

2.2 Validieren als Behandlungsprinzip

Von besonderer Bedeutung ist die Basistechnik des Validierens. Dem Prozess förderliche Verhaltensweisen der Patientin werden explizit gelobt und hervorgehoben. Das kann anfänglich für die Patientin verwirrend sein, da sie meist die Auffassung hat, alles falsch zu machen und zu nichts gut zu sein. Es kann zunächst einmal Misstrauen auslösen.

Linehan (1996) unterscheidet zwei Grundformen der Validierung: Zum einen geht es darum, Sinn, Richtigkeit und Wert der Reaktionen der Patientin anzuerkennen (während ja oft in den Familien der Patientin die basalsten Gefühle nicht existieren durften bzw. nicht anerkannt wurden). Die zweite Form des Validierens besteht darin, dass der Therapeut an die Patientin glaubt bzw. an deren Fähigkeit, ihren Zustand zu ändern. Es wird nicht um jeden Preis validiert, sondern ein Gleichgewicht hergestellt zwischen Validierung dessen, was schon jetzt gut funktioniert, und dem Blick auf das, was sich ändern muss. Die Validierung bezieht sich auf aktuelles Verhalten und macht der Patientin begreiflich, dass das nachvollziehbar ist, was sie an Verhalten zeigt. Wenn die Patientin z. B. meint, der Therapeut würde sie jetzt im Stich lassen, macht es keinen Sinn, der Patientin zu spiegeln, dass sie aufgrund ihrer Vergangenheit dies wohl so sehen müsse, sondern es wird zurückgespiegelt, dass man verstehen könne, dass sie sich derzeit im Stich gelassen fühlt.

Das Verhalten wird ihr auch nicht etwa als Projektion oder sonstige Abwehrbemühung gedeutet bzw. interpretiert. Die Validierung ist dreischrittig und besteht aus

- aktiver Beobachtung (dies beinhaltet auch das Lesen zwischen den Zeilen, also dessen, was die Patientin gerade nicht sagt, aber meinen könnte),
- Reflexion bzw. Spiegelung,
- direkter Validierung (der Therapeut erklärt, dass er die Reaktion nachvollziehbar findet, und auch, aufgrund welcher aktuellen Tatsachen er das Verhalten für nachvollziehbar hält).

Linehan vergleicht das Validieren damit, einen am Abgrund einer Steilküste stehenden Patienten wieder in Sicherheit zu ziehen. Das Validieren soll die Balance zwischen Veränderungsstrategie einerseits und die Anerkenntnis des Jetzt-Zustandes andererseits wahren. Ein Zuviel an Veränderung hingegen ängstige die Patientin. Man dürfe nicht über die Widerstände und Unsicherheiten der Patientin hinweggehen, sondern müsse diese zunächst ernstnehmen und Verständnis dafür äußern.

Validierung von Emotionen

In manchen Familien, besonders in jenen von Borderline-Patientinnen, ist es üblich, die »primären Gefühle« nicht anzuerkennen. Dieser Fehler soll dem Therapeuten nicht passieren, er ist in der DBT angehalten, die Gefühle der Patientin anzunehmen, wahrzunehmen und zu benennen und ihr vermitteln, dass die Gefühle stimmig sind.

Gelegenheit zur Emotionsäußerung geben Zunächst solle man die Gefühle der Patientin anhören und ernstnehmen, dafür auch Raum geben.

Emotionen wahrnehmen und bezeichnen Der Therapeut hat die schwierige Aufgabe, der Patientin zu helfen, ihre Selbstwahrnehmung zu schärfen, Emotionen und die damit verbundenen körperlichen Reaktionen zu spüren und zu benennen, Affekte zu differenzieren und auslösende Ereignisse von Interpretationen zu differenzieren. Das bessere Wahrnehmen von Emotionen hilft der Patientin auch bei der Regulation eigener emotionaler Befindlichkeiten.

Deuten von Emotionen Borderline-Patientinnen haben in der Regel Schwierigkeiten, ihre Emotionen richtig zu deuten. Der Therapeut muss sie dabei anfänglich unterstützen. Linehan bringt als Beispiel, dass Patientinnen mitunter plötzlich angeben, ihnen wäre die Bearbeitung eines bestimmten Themas auf einmal nicht mehr wichtig. Dies kann aber in Wirklichkeit für das Gefühl von Hilflosigkeit stehen. Der Therapeut könnte dies der Patientin deuten und so ein Weiterarbeiten ermöglichen. Geschieht dies aber zu oft, wird die Patientin es auch nicht lernen, ihre eigenen Gefühle richtig zu deuten und dies dem Therapeuten überlassen. Daher sollte der Therapeut beim Deuten der Gefühle nur in der Anfangsphase helfen – so lange, bis eine stabile therapeutische Beziehung entstanden ist und die Fertigkeiten der Patientin bereits so weit angestiegen sind, dass der Patientin die eigene Exploration und Deutung der eigenen Emotionen zumutbar ist. Manchmal kann es auch nützlich sein, bezüglich des Lesens der eigenen Gefühle (»Fühlen Sie sich ärgerlich, traurig, oder ...«) wie etwa in der Medizinerprüfung Multiple-choice-Fragen anzubieten (Linehan 1996).

Rückmeldung über Emotionsvalidität   Wichtig ist, der Patientin zurückzumelden, dass ihre primären Emotionen verständlich und normal sind. Wenn sich die Patientin z.B. erneut hilfesuchend an den Therapeuten wendet und sich im gleichen Augenblick schuldig fühlt, könnte man der Patientin sagen, dass sie sich nicht schuldig fühlen muss. Das ist aber invalidierend. Stattdessen ist es besser, mitzuteilen, dass das Gefühl nachvollziehbar ist, aber auch, dass man diese Gefühle nicht wegschieben braucht, sondern man im Gegenteil lernen muss, sie auszuhalten. Das ist etwas anderes als die Erfahrung, die Borderline-Patientinnen in ihrem Umfeld normalerweise machen.

Verhaltensvalidierung

Auch das Verhalten muss validiert werden. Dazu muss man es erstmal zur Kenntnis nehmen.

Verhalten wahrnehmen lernen   Patientin haben oft Schwierigkeiten, ihr Verhalten angemessen wahrzunehmen und zu beschreiben. Wenn eine Patientin z.B. die so wichtige Gruppentherapie verpasst hat, könnte sie sagen: »Ich habe mal wieder versagt« statt »Ich habe verschlafen, und danach die Gruppentherapie verpasst«. Es ist wichtig, der Patientin beizubringen, ihr Verhalten angemessen zu beschreiben, ohne dies zu werten oder zu deuten.

»Du sollst«-Sätze Patientinnen sind oft innerlich geleitet von unausgesprochenen »Du-sollst«-Sätzen, also quasi »Musturbations« im Sinne von Albert Ellis, dem Begründer der Rational Emotiven Therapie. Das heißt, sie verurteilen sich scharf und setzen sich unter gewaltigen Druck, weil sie irgendeinem inneren moralischen Leitsatz nicht folgen konnten, und bestrafen sich dann hart dafür. Es ist daher entscheidend, solche inneren Leitsätze erst einmal zu identifizieren, um sie dann zu hinterfragen.

Kognitionsvalidierungen

Auch gilt es herauszufinden, welche Art (dys-)funktionaler Überzeugungen, Leitsätze und innerer Sätze die Patientin verwendet.

Hat die Patientin z. B. etwas erlebt, das sie interpretiert als »Mein Freund will mich verlassen« (dabei kann diese Wahrnehmung auch verzerrt sein), dann muss man erst einmal herausfinden, was die Patientin erlebt oder beobachtet hat und aufgrund welcher Überzeugungen sie zu dem Schluss gekommen ist, dass ihre Vermutung nun wie befürchtet eintreten wird. Nun ist es wichtig, dass der Therapeut die mitunter verzerrte Wahrnehmung der Patientin nicht einfach invalidiert, sondern den »wahren Kern« herausfindet und diesen validiert. Der Therapeut versucht in dem Verhalten einen Sinn zu finden. Therapeutisch muss aber auch die Möglichkeit des **wissenden Zustands** berücksichtigt und in Betracht gezogen werden – eine persönliche Erkenntnis aufseiten der Patientin, die weder logisch noch emotional stimmig ist, aber die Wahrheit des Patientin ist. Dies muss der Therapeut erst einmal akzeptieren und validieren.

DEFINITION

»Wissender Zustand« ist ein wichtiger Begriff der DBT, der davon ausgeht, dass es eine Ebene emotional intuitiv richtigen Spürens gibt.

Unterschiedliche Auffassungen von Therapeut und Patientin müssen als solche erkannt und benannt werden, und der Therapeut muss in der Lage sein, den Standpunkt der Patientin erst einmal anzuerkennen und nicht vorschnell zu verurteilen.

2.3 Emotionsphobie

Ein besonders wichtiger Punkt ist es, an der regelhaft vorhandenen Emotionsphobie konfrontativ zu arbeiten. Viele Patientinnen vermeiden gewissenhaft ihre Gefühle bzw. drängen diese gleichsam sofort weg, weil sie gelernt haben, dass Gefühle schmerzhaft und oft unaushaltbar sind. Bezüglich der Emotionsregulation ist es nun aber zentral, die Emotionsphobie der Patientinnen zu bearbeiten, die ihrerseits gewohnt sind, schmerzhafte Gefühle zu vermeiden. Da die Patientinnen Schwierigkeiten haben, ihre Gefühle zu spüren und zu benennen, muss auch dies geübt werden. Sie sollen des Weiteren lernen, überhaupt erst einmal die Bedingungen zu schaffen, schwierige Situationen auszuhalten, indem sie sich angemessen ernähren, ausreichend schlafen, keine Drogen einnehmen etc. In Bezug auf die interpersonelle Kompetenz gilt es, daran zu arbeiten, dass die Patientinnen Kontakte nicht frühzeitig abbrechen und Konflikten nicht entweder komplett aus dem Weg gehen oder ständig in eine Angriffshaltung verfallen.

2.4 Dialektische Behandlungsstrategien

Die DBT fußt darauf, immer ein ausgewogenes Wechselspiel zwischen Akzeptanz des Zustands und Veränderungsbemühungen walten zu lassen. Es wird vermittelt, dass die therapeutische Wirklichkeit/Wahrheit erst gemeinsam zu konstruieren und der Therapeut nicht allwissend ist.

Dialektik in der therapeutischen Beziehung

Der Therapeut muss bei aller Akzeptanz immer etwas destabilisierend wirken – in dem Sinne, dass die Patientin nicht einfach ihre bisherigen festgefahrenen Muster weiterführt –, aber nicht so stark, dass sie »umfällt«. Linehan hat das verglichen mit einer Wippe, mit der Therapeut und Patientin über dem Grand Canyon schweben, oder mit einer Art Tanz. Der Therapeut reagiert sensibel und balanciert aus zwischen Akzeptanz und Veränderung, Konfrontation und supportivem Vorgehen, Beharren auf Grenzen und zu leichtem Aufweichen – immer gepaart mit konstanter Ermutigung im Sinne von: »Ich glaube an Sie, auch wenn der Weg schwer ist« (Linehan 1996). Natürlich ist dies aufgrund der Suizidalitätsneigung der Patientin nicht ganz ohne Risiko.

Dialektische Strategien im Einzelnen

Paradoxes Vorgehen Linehan sieht es als besonders wichtig an, zunächst die Aufmerksamkeit der Patientin zu erlangen, die ja oft ihre Gefühle komplett vermeidet. Dies scheint auch mir besonders wichtig angesichts der oft an chronischem »numbing« (emotionale Betäubung nach Traumata) leidenden Patientin, die vordergründig beteiligt an der Therapie zu sein scheinen, in Wirklichkeit aber Veränderungen aus dem Wege gehen. Linehan empfiehlt hier ein paradoxes Vorgehen, das die Patientin erstmal irritiert (z. B. »Wenn ich mich nicht um Sie sorgen würde, würde ich versuchen, Sie zu retten«; Linehan 1996, S. 151).

Metaphern Linehan empfiehlt auch den reichlichen Einsatz einer bildhaften Sprache, in Form von Metaphern. Die DBT ist voll von entsprechenden Vergleichen. Berühmt ist der Hinweis, die Therapie sei wie Schwimmenlernen unter Stress. Der Therapeut sei im Grunde wie ein Schwimmlehrer, der, in einem Ruderboot sitzend, eine Schwimmerin umfährt und sie coacht. Er darf nun nicht der Versuchung erliegen, die Patientin ins Boot aufzunehmen, weil sie so nichts lernt. Eine Gefährdung der Therapie hingegen entstünde dadurch, dass die Patientin sich am Boot festklammere oder unter Wasser schwimme. Der Therapeut kann auch die Therapie selbst gefährden, indem er der Patientin kein Ruder hinhält, angesichts der Gefahr zu versinken.

Advocatus-diaboli-Technik Bei der Advocatus-diaboli-Technik bringt der Therapeut eine extreme These, die sich von einer dysfunktionalen Überzeugung der Patientin ableitet, und sucht nach Argumenten, um die Patientin dazu zu bringen, die Gegenposition einzunehmen. So könnte der Therapeut gegen Veränderung und gegen die Therapie argumentieren, weil jede Veränderung auch ein schmerzhafter, steiniger Prozess ist, um die Patientin dazu zu bringen, Argumente für Veränderung zu entwickeln. Dies soll also die Therapiemotivation stärken.

Ausdehnen (»Extending«) Wenn die Patientin mit Suizidalität spielt, indem sie verstärkte Zuwendung einfordert (»Wenn Sie jetzt nicht noch 30 Minuten länger mit mir sprechen, bleibt mir wohl keine andere Wahl, als mich zu suizidieren«), kann der Therapeut diese Bedeutung entgegen der manipulativen Absicht der Patientin ernster nehmen als gedacht, indem er sagt: »Na, dann sollte ich Sie jetzt wohl einweisen. Vorher sollten wir über nichts anderes sprechen.« Das heißt: Der Therapeut nimmt die Drohung ernster als von der Patientin gedacht und übertreibt die Lage, worauf die Patientin möglicherweise einen Schritt zurückgeht und sagt: »Da habe ich mich wohl übersteigert ausgedrückt.« Linehan (1996) vergleicht das mit dem Aikido und dem »Blending«. Hierbei nimmt man beim Angriff die Energie des Gegners auf, um ihn zu Fall zu bringen. Wenn die Patientin z. B. den Therapeuten unter Druck setzt, indem sie, falls sich dieser nicht wie von ihr intendiert verhalte, mitteilt, die Therapie sei wohl nutzlos, dann solle der Therapeut die Energie dieses »Angriffs« aufnehmen, indem er sagt: »Na gut, dann müssen wir wohl über die Beendigung der Therapie nachdenken.« Der Therapeut macht sich so eine gewisse Naivität zu eigen, bleibt aber in seinen Aussagen logisch und transparent.

Aktivieren des »Wise mind« (Wissender Zustand) Die DBT unterscheidet den Zustand der Vernunft, den emotionalen Zustand und den »Wissenden Zustand«. Der Wissende Zustand soll eine Art Synthese aus emotionalem Zustand und Vernunftwissen darstellen, aber darüber hinausgehen. Die DBT geht davon aus, dass jeder Mensch eine Art intuitiven Wissens besitze, den man z.B. durch Zur-Ruhe-Kommen, Konzentration auf den Atem und Lenkung der Aufmerksamkeit nach innen erreichen könne. Dies soll dazu dienen, zu Lösungen zu gelangen, die jenseits tradierter Zusammenhänge liegt. Die DBT nimmt an, dass dies jeder könne. Es soll die Patientinnen ermutigen, zu unkonventionellen Lösungen und mehr innerer Freiheit zu gelangen.

Zitronen werden zu Limonade Im Schach bezeichnet man einen schlechten Zug als »Lemon« (Zitrone), so wie es z.B. der frühere Schachweltmeister Robert James Fischer, der vermutlich neben Magnus Carlsen stärkste Schachspieler aller Zeiten, tat. Linehan (1996) hat darauf hingewiesen, dass man manchmal scheinbare Schwächen der Patientin (»Zitronen«) zu Stärken »reframen« kann, also in einen neuen Kontext stellen kann. Das birgt die Gefahr, dass sich die Patientin nicht ernstgenommen fühlt, und sollte daher nur bei funktionierender therapeutischer Beziehung eingesetzt werden.

So könnte z.B. die gerade erhaltene Kündigung als Chance für einen Neubeginn gesehen werden, oder es könnte die regelmäßige Dekompensation der Patientin bei bestimmten Themen so betrachtet werden, dass sich in ihren Wutausbrüchen auch eine gewisse Stärke zeigt.

Natürliche Veränderungen akzeptieren Linehan weist darauf hin, dass Veränderungen Patientinnen üblicherweise Angst machen und man die Patientin darauf vorbereiten muss, sich Veränderungen zu stellen, indem auch die Therapie in allen Details nicht immer vorhersagbar ist. Sie unterliegt einem natürlichen Fluss. Nur das Prinzip der Verstärkung von Fortschritten/Validierung und Nichtverstärkung von problematischem Verhalten bleibt durchgehend konstant.

Anspornen und »Cheerleading«

Linehan (1996) vergleicht die Arbeit mit Borderline-Patienten mit der Tätigkeit eines Trainers, der eine Auszeit nimmt, weil die eigene Mannschaft hoffnungslos zurückliegt. Der Trainer würde auch in schlechter Lage die Mannschaft anspornen (»Cheerleading«) und versuchen, sie noch auf den Weg des Erfolgs zu bringen. Patientinnen sind schon bei ganz kleinen Rückschlägen schnell entmutigt. Dann ist es wichtig, immer wieder anzuspornen. Eine Haupthaltung des Therapeuten sei es, an die Patientin zu glauben und ihr das auch mitzuteilen. Dennoch können Patientinnen gelegentlich dies nur schwer annehmen. Die Patientin möchte sich nicht zu eigenen Leistungen anspornen lassen, sondern lieber passiv bleiben und vom Therapeuten gerettet werden. Der Therapeut sollte dann die Bedenken der Patientin validieren, aber gleichzeitig weiter anspornen.

Das Beste annehmen Linehan weist darauf hin, dass es besonders übel sei, wenn der Therapeut annimmt, die Patientin würde sich nicht genug bemühen. Dies sei besonders entmutigend. Die DBT nehme aber an, dass sich die Patientinnen in der Regel sehr anstrengen. Sie vergleicht die Situation mit einer Person, die verschüttet und in einem Gebäude eingeschlossen ist. Sie schreit verzweifelt, die Beine sind gebrochen, kann sich kaum bewegen, es gibt nur einen kleinen Spalt der Öffnung. Dann macht es keinen Sinn, sich über das Schreien der Patientin zu ereifern, man sollte stattdessen mit dem Anspornen weitermachen.

Für Ermutigung sorgen Man sollte als Therapeut sowohl allgemeine als auch spezifische Worte der Ermutigung finden. So kann man generell sprechen (»Eines Tages werden Sie die Probleme, die aus Ihrer Borderline-Störung resultierten, gewiss überwinden«) oder die Patientin ermutigen, spezielle Probleme zu lösen: »Ich bin ganz sicher, dass es Ihnen diesmal gelingen wird, die Wochenkarte auszufüllen, auch wenn Ihnen das bisher noch nicht gelungen ist.« Sowohl Patientin als auch Therapeut glauben oft zu wenig an die Kraft der Patientin.

Fähigkeiten der Patientin So kann man sich die systemische Sicht der Dinge auch in der DBT zu eigen machen, daran zu glauben, dass die Patientin im Grunde schon alles hat, was sie zur Lösung des Problems benötigt. Auch kann der Therapeut an die therapeutische Allianz zwischen Psychotherapeut und Patientin erinnern, die hilfreich sein kann, alle anstehenden Probleme gemeinsam zu meistern.

Kritik von außen relativieren Wenn die Patientin angibt, dass andere Personen Zweifel äußern bzw. sie entmutigen, muss der Therapeut geduldig die Patientin ermutigen, dass sie es dennoch schaffen könne, und Entmutigungsgedanken, die aufgrund externer Kritik auftreten können, wie üblich validieren.

Lob und Bestätigung Der Therapeut sollte nie aufhören, selbst kleine Verbesserungen ausdrücklich zu loben. Das kann auf Probleme stoßen, weil Patientinnen diese Art schwer aushalten können, weil sie eher die Invalidierung durch andere gewohnt sind.

Realismus Patientinnen können darauf hinweisen, dass sie die Ermutigung dem Therapeuten nicht abnehmen. Dann sollte der Therapeut dies als verständliche Reaktion angesichts der Lebensgeschichte sehen und validieren.

In der Nähe bleiben So wie ein Trainer, wenn es gut läuft, nicht direkt die Coachingzone verlässt, so soll der Therapeut bei ersten eintretenden Besserungen weiter verfügbar bleiben, da die Patientin ansonsten Angst vor der positiven Veränderung bekommt, weil dies Verlassenwerden bedeuten könnte.

Problemlösetechniken

Die DBT verwendet folgende Veränderungsstrategien: Kontingenzmanagement, Fertigkeitstraining, Kognitive Umstrukturierung und Exposition (Linehan 1996). Erster Schritt ist immer die Verhaltensanalyse, die in der Therapie gemeinsam erfolgen sollte. Sie darf auch nicht nur kurz angerissen werden, sondern muss sorgfältig und detailliert erfolgen, um Schlüsse daraus ziehen zu können.

Definieren des Problemverhaltens Als Erstes muss ein geeigneter Fokus, der bearbeitet werden soll, ausgewählt werden. Und Dabei greift man auf die hoffentlich bereits erstellte Liste der Therapieprioritäten zurück (z. B. Suizidalität als Erstes, selbstverletzendes Verhalten als Zweites, Probleme mit dem Partner als Drittes usw.). Man versucht zunächst, problematisches Verhalten zu identifizieren und zu verschriftlichen. Dann wird die Problemstellung so genau wie möglich erfasst. Anschließend erfolgt eine sogenannte Kettenanalyse.

FALLBEISPIEL Schlimmste Selbstverletzungen

Es gibt Patientinnen, die schon bei Kleinigkeiten zu heftigsten Maßnahmen greifen. Es wird dann zunächst eine Packung Nägel geschluckt, dann noch Rasierklingen etc. Zum Teil werden immer heftigere Varianten im Laufe der Zeit dazukommen. Aufgrund der teils vitalen Gefährdung ist hier eine besonders intensive interdisziplinäre Abstimmung nötig, wobei am ehesten die DBT in einem spezialisierten Setting förderlich sein müsste, und das Erlernen einiger »basic skills«.

Kettenanalyse   Zunächst sucht man eine ganz bestimmte Problematik zur Analyse aus und versucht sie in eine Abfolge von Verhaltensweisen aufzugliedern, die wie Glieder einer Kette ineinandergreifen. Besonders interessant ist in diesem Zusammenhang der »Point of no return«, an dem eine Umkehr (z. B. aus der Entwicklung in Richtung Suizidalität) nicht mehr möglich ist. Wichtig ist, dass die Analyse

- bis ins Kleinste geht,
- an einem spezifischen Beispiel orientiert ist,
- nicht an der Oberfläche stehenbleibt und
- mindestens 15 Minuten dauert.

Man benötigt einen definierten Anfang, eine definierte Mitte und ein definiertes Ende. Das Ziel der Analyse ist, Punkte in der Analyse zu finden, an denen die Patientin einen Änderungseinfluss hatte, den sie vorher vielleicht unterschätzt hat. Wichtig ist es, nicht nur nach den Gründen für das Verhalten zu fragen, sondern vielmehr nach auslösenden Faktoren oder Randbedingungen. Zu jedem Glied der Kette sind Emotionen und Empfindungen, Erwartungen und Annahmen genau auszuleuchten (Linehan 1996). Auftretende Lücken sollten durch Nachfragen geschlossen werde, z. B.: »Sie fühlten sich alleine und hilflos. Wie sind Sie dann zu dem Punkt gekommen, wo Sie mit 180 km/h die Landstraße entlanggerast sind?«

Der Therapeut beobachtet eher aus der Position eines naiven Zuschauers, hinterfragt und versucht nicht direkt zu suggerieren, er habe schon alle Aspekte verstanden. Außerdem richtet der Therapeut die Aufmerksamkeit darauf, was geeignet sein kann, das problematische Verhalten zu verringern. Man kann derartige Analysen in verkürzter Form auch in die Therapiestunden einfließen lassen. Beispielsweise kann der Therapeut bei Selbstmorddrohungen unterbrechen und durch Fragen herauszufinden versuchen, wie es dazu kam, aber auch, was man an jedem Punkt der Kette hätte anders machen können, welche Alternativen es gab, und dann zum eigentlichen Gespräch zurückkehren.

Man darf nicht aus Angst davor, die Patientin könnte suizidal werden oder aufgrund starken Widerstands der Patientin allgemein solche Analysen unterlassen, das wäre ein technischer Fehler. Man kann sagen, dass jede Patientin ein eigenständiges Verhaltensmuster zeigt, dessen Bedingungen jeweils ganz individuell und spezifisch für den Einzelfall untersucht werden müssen. Natürlich gibt es gewisse typische Konstellationen, aber nicht alle Borderline-Patientinnen sind gleich.

Einsicht und Interpretationsstrategien Die DBT wendet auch Einsichtsstrategien an (das ist nicht dasselbe wie eine Verhaltensanalyse). Hier geht es nicht um das Kriterium, die absolute Wahrheit herauszufinden, sondern nur, inwiefern es hilfreich im Alltag der Patientin ist. Zu der Frage, welches Thema interpretiert werden soll, gibt Linehan (1996) an, man solle sich hier gemäß der DBT-Hierarchie an dem jeweiligen Zielverhalten orientieren, z. B. am suizidalen Verhalten. Außerdem sollte man sich auf von außen beobachtbares Verhalten konzentrieren, entweder auf das, was der Therapeut bei der Patientin wahrnimmt, oder auf das, was die Patientin als Verhalten berichtet. Außerdem sollte vor allem gegenwärtiges Verhalten fokussiert werden. Retrospektiv besonders wirksam ist hier ein Verhalten, das sich in der Therapiestunde zu erkennen gibt.

Zur Frage, wie man interpretieren soll, gibt Linehan an, dass die Deutung auf der biopsychosozialen Theorie der Borderline-

Störung fußen soll und dass der Therapeut eine nicht-invalidierende Sprache finden muss – es sei denn, es ist gelegentlich ein provokatives Verhalten angezeigt, etwa wenn die Patientin zum wiederholten Mal einen vereinbarten Plan nicht umsetzt. Das Ausmaß der gegebenen Interpretationen muss auf die Einsichtsfähigkeit der Patientin abgestimmt sein. Zudem soll hier nicht zu vorsichtig vorgegangen werden und der Fokus je nach Vordringlichkeit der Bearbeitung auch wechseln. Linehan unterscheidet vier Einsichtsstrategien, die im Folgenden kurz erklärt werden.

Hervorheben Beim Hervorheben wird ein bestimmtes dysfunktionales Verhalten kurz angesprochen, was in der Therapiestunde auftritt (»Mir fällt auf, dass Sie mehrfach in der Stunde gegähnt haben«). Hierbei muss man sensibel vorgehen, da die Patientinnen dies als schwer aushaltbare Kritik erleben können. Daher ist es gut, eine Balance zwischen Validierung und Anmerkungen wie dieser zu finden.

Sich wiederholende Muster Der Therapeut versucht im Verhalten der Patientin wiederkehrende Muster oder Bezüge zu früheren Lebenssituationen zu finden, in den ähnlich gehandelt wurde, wobei die Patientin selbst befragt werden kann, ob sie ein Muster erkennt.

Verhaltenszusammenhänge Laut Linehan könnte der Therapeut z. B. äußern: »Ist es nicht ungewöhnlich, dass X und Y immer zusammen vorkommen?«, versucht also Zusammenhänge aufzuzeigen bzw. die Patientin zum Nachdenken darüber aufzufordern.

Schwierigkeiten beim Annehmen von Hypothesen untersuchen
Wenn Therapeut und Patientin unterschiedliche Sichtweisen

bezüglich der Interpretationen von Verhaltensmustern haben, sollte der Therapeut offen sein, von seiner Einsicht abzulassen und den Standpunkt der Patientin gelten zu lassen.

Didaktische Strategien als Problemlösestrategie Wichtig ist auch das, was Linehan »didaktische Strategien« nennt, gemeint ist im Wesentlichen das, was man heute als Psychoedukation bezeichnet. Der Patient soll Informationen über das Ändern von Verhalten erhalten, außerdem wird insbesondere parasuizidales Verhalten und Impulsivität jeder Art als missglückter Problemlöseversuch dargestellt und auch, wie das mit defizientem Problemlöseverhalten zusammenhängt. Es wird auch schriftliches Infomaterial zur Verfügung gestellt, insofern es die Patientin verarbeiten kann. Dieses Zur-Verfügung-Stellen von wesentlichen Informationen wirkt deeskalierend bzw. antikatastrophisierend, weil die Patientinnen oft glauben, sie würden nun komplett ausrasten, würden verrückt etc. Linehan meint, die Patientinnen hielten sich für »mad or bad«, also von schlechtem Charakter oder eben verrückt. Dem soll entgegengewirkt werden, indem der Patientin eine normalpsychologische Erklärung für ihr Verhalten an die Hand gegeben und von unnötigen Schuldgefühlen entlastet wird. Es geht darum, der Patientin ein Erklärungsmodell an die Hand zu geben, welches auch genetische und psychosoziale Faktoren beinhaltet. Auch hier muss wieder die Balance gefunden werden zwischen Akzeptanz (z. B. auch biologischer Faktoren) und Mut zur Veränderung bzw. Förderung.

Information der Familie Schon die systemische Therapie weiß, dass es sinnvoll ist, die Familie in die Therapie einzubeziehen, und das sieht Linehan auch so. Die Familie sollte umfassende Informationen – mündlich wie schriftlich – erhalten, um welches Störungsbild es sich bei der Borderline-Persönlichkeitsstörung handelt, wie es entstanden ist und was die Familie tun kann, um die Patientin zu entlasten. Diese Aufgabe ist nicht immer einfach, weil die Familie in vielen Fällen auch mit schmerzhaften Einsichten konfrontiert werden muss, da ja Missbrauch, Vernachlässigung und ein insgesamt dysfunktionales Milieu oft eine Rolle spielen – Faktoren also, die auch andere Familienmitglieder betreffen.

Lösungsanalyse Primärziel ist immer, das Leben insgesamt wieder lebenswert zu machen und suizidale Verhaltensweisen gemäß der schon bekannten DBT-Hierarchie seltener auftreten zu lassen. Als Nächstes geht es um die Reduktion parasuizidalen und therapiegefährdenden Verhaltens. Dann muss man immer wieder das Commitment der Patientin einholen, dass sie an der Lösung der Probleme arbeiten möchte. Es besteht sonst die Gefahr, dass die Patientin zwar den Therapeuten fortwährend mit irgendwelchen Beziehungs-»Kriegsschauplätzen« beschäftigt, aber gar keine Änderungsmotivation zeigt und der Therapeut sich an ihr »totarbeitet«. Häufig ist die Bereitschaft zur Verhaltensanalyse groß, aber sobald es ans Lösen geht, sind die Widerstände kaum überwindbar.

Ziele, Bedürfnisse, Wünsche Oft ist es so, dass die Patientinnen suizidale oder ähnliche Verhaltensweisen als Lösungsstrategie benennen und fest darauf beharren. Sie versuchen so die Erlaubnis vom Therapeuten einzuholen, sich selbst zu schädigen oder umzubringen. Diesem Ansinnen sollte man keinesfalls nachgeben – auch wenn das manipulative Potenzial der Patientin in dieser Weise oft sehr kreativ ist –, sondern suggerieren, dass das wahre Ziel vermutlich doch sei, dass es ihr besser gehe, und dass es sich hier wohl eher um eine Mitteilung handelt, dass es ihr sehr schlecht gehe. Dann könnte man wieder validieren und mitteilen, dass man den großen inneren Schmerz nachvollziehen kann, und sich dann wieder auf mögliche Lösungsstrategien fokussieren. Oder aber die Patientin wischt alle Bedenken beiseite (aus einer Überforderung heraus) und tut so, als ginge es ihr gut. Dann sollte dies in der Therapie angesprochen und bearbeitet werden. Bezüglich der Lösungssuche sollten mögliche Reaktionen auf belastende Situationen ersonnen und alle erdenklichen Ziele und Lösungen konstruiert werden, wobei man sich auf kurzfristig erreichbare Ziele fokussieren sollte. Hinderlich hierbei kann sein, dass Borderline-Patientinnen selbstentwertende Gedanken einstreuen und still oder auch offen glauben, dass sie nichts Gutes verdient hätten. Dann müssen mithilfe kognitiver Umstrukturierung diese Gedanken immer wieder hinterfragt werden.

Lösungen erarbeiten Das gemeinsame Erarbeiten von Lösungen ist ein mehrschrittiger Prozess.

Lösungsstufen Linehan verweist darauf, dass der erste Schritt zur Lösung schon gegangen ist, wenn eine Patientin sich überhaupt zur DBT entschließt und in der Therapie verbleibt. Es ist ja gerade das Wesen der Borderline-Störung, dass Patientinnen Therapien häufig abbrechen. Wenn es also gelingt, »bei der Stange« zu bleiben, ist das schon der erste Weg zur Besserung.

Dann werden die DBT-eigenen Verfahren auf die Problematik angewandt. Führte dies zu einer Besserung, können sich daraus neue Folgen ergeben, die dann wieder mit den DBT-eigenen Methoden bearbeitet werden.

Lösungen von Tag zu Tag erarbeiten Im Rahmen der Kettenanalyse fragt der Therapeut immer wieder, wie die Patientin von einem Glied der Kette zum nächsten gelangt ist. Danach muss man sich fragen, welche Alternativen jeweils bestehen, sodass nicht irgendwann der »Point of no return« erreicht wird, an dem z.B. eine Selbstverletzung (scheinbar) unvermeidlich ist. Wichtig ist es, die Analyse zum Abschluss zu bringen und sich nicht zu sehr in der Konstruktion zahlreicher unwahrscheinlicher Seitenlösungen zu verstricken.

Lösungsanalysen können separat ausgeführt werden oder auch in die Therapiestunde eingeflochten werden. Die Lösungsanalyse nach Kanfer, derer sich die DBT hier bedient, sieht vor, zunächst einmal sämtliche Lösungen zu konstruieren, seien sie auch noch so abwegig, dann zu gewichten und zu bewerten, sich dann für eine zu entscheiden und diese dann umzusetzen. Dies ist bei Borderline-Patientinnen ziemlich schwierig, da sie nicht nur dazu neigen, sich selbst zu entwerten, sondern auch dazu, sich mögliche Alternativen schon im Vorfeld zu verbieten oder als nicht gangbar zu diffamieren. Dann ist der Patientin in vielen kleinen Schritten darzulegen, dass es sich hierbei zunächst um eine Art Brainstorming handelt. Falls die Patientin selbst eine passende Lösung findet, wird diese wie üblich validiert, ansonsten muss weiter nach Alternativen gefahndet werden, da Patientinnen oft dysfunktionale Lösungen präsentieren. Manchmal muss der Therapeut auch eingreifen und die Patientin unterstützen, indem er selbst Alternativen vorschlägt, wenn die Patientin offensichtlich emotional überfordert ist oder durch dysfunktionale »Belief Systems«, die erst hinterfragt werden müssen, zu keiner vernünftigen Lösung kommt. Insgesamt muss der Therapeut, wie schon aus anderen Kontexten bekannt, bei Persönlichkeitsstörungen aktiver als üblich mitwirken und kann sich nicht darauf verlassen, dass die Patientin alles selbst findet. Je niedriger das Strukturniveau, desto mehr Hilfestellung ist erforderlich.

Lösungen evaluieren Es kann sein, dass die Patientin jede mögliche Lösung als nicht umsetzbar verwirft und jede Art von Vorschlag schlechtmacht. Dann heißt es, ruhig zu bleiben und dieses Detail der therapeutischen Interaktion zu thematisieren. Dies entspricht m. E. ein Stück weit der psychoanalytischen Widerstandsdeutung. Dann wird der Spielball an die Patientin zurückgespielt, indem man sie danach befragt, wie man dieses therapeutische Hindernis beseitigen könne (Linehan 1996). Wichtig ist, nicht der Patientin ihr Verhalten vorzuwerfen, sondern jede Form kleiner Schritte in die richtige Richtung zu validieren bzw. wertzuschätzen und auch die Not, die sich ja auch in solchen Situationen in der therapeutischen Beziehung manifestiert, zu validieren, ohne vorwurfsvoll zu reagieren.

Man ist als Therapeut freilich immer wieder versucht, sich über die Patientin aufzuregen, ihr die Schuld zu geben und sie als fehlend motiviert zu diffamieren. Dieses Gefühl ist normal und stellt sich regelmäßig ein, sollte dann aber nicht ungefiltert an die Patientin weitergegeben werden. Stattdessen sollte man sich das in der Selbsterfahrung näher ansehen.

Lösung auswählen Schließlich soll sich die Patientin für einen Lösungsweg entscheiden, wobei der Therapeut helfen sollte, dass die Patientin eine Lösung findet, die

- ihr auch langfristig etwas nützt,
- in dem Sinne brauchbar ist, dass sie objektiv effektiv ist, also geeignet, den Patientenzielen zu dienen,
- hilft, Linderung im Durcheinander der zwischenmenschlichen Beziehungen zu verschaffen,
- hilft, die Selbstachtung der Patientin zu verstärken.

In Bezug auf DBT-Techniken sollte der Therapeut bei der Auswahl unterstützen. Schließlich soll der Therapeut die Lösung auf die Probe stellen, indem er fragt, was jetzt noch dazwischenkommen bzw. wie man etwaige Hindernisse aus dem Weg räumen könnte (Linehan 1996).

Veränderungsverfahren

Kontingenzverfahren Kontingenz bedeutet, Konsequenzen für bestimmtes Verhalten einzurichten (Linehan 1996). So kann Parasuizidalität eine 24-stündige Kontaktsperre zum Therapeuten nach sich ziehen, und ein zu häufiges Anrufen in einem bestimmten Zeitraum kann den Verlust einer weiteren Therapiestunde bedeuten. Außerdem bedeutet es auch, dass das gewünschte Verhalten in dem Kontext erlernt werden soll, in dem man es auch benötigt wird. So soll die Patientin nicht ständig aus der Krise geholt werden, sondern vielmehr mitunter in dieser belassen werden, aber vorher mit den entsprechenden Werkzeugen ausgestattet werden, um diese Belastungssituation selbst meistern zu können und sich darin mit Aussicht auf Erfolg zu erproben.

Kontingenz basiert auf der Tatsache, dass die erwartete Konsequenz eines Verhaltens die Auftretenswahrscheinlichkeit des Verhaltens beeinflusst. So soll vor allem unerwünschtes Verhalten nicht verstärkt werden. Die Patientin soll z. B. nicht mit verstärkter Zuwendung belohnt werden, wenn sie sich erneut schneidet. Ein Verhalten wird dann »gelöscht«, wenn es nicht mehr verstärkt wird. (Zumindest ist dies gängige und ursprüngliche verhaltenstherapeutische Tradition – mittlerweile weiß man, dass es so etwas wie Löschung im eigentlichen Sinne nicht gibt, das Gehirn lernt nur etwas anderes.)

In diesem Zusammenhang bedeutet »Grenzen setzen«, dass bei therapieschädlichem Verhalten dieses nicht mehr verstärkt wird, sondern Verstärker sukzessive entzogen werden. Linehan verweist darauf, dass es zwei Arten von Kontingenzverfahren in der DBT gibt.

MERKE **Zwei Arten von Kontingenzverfahren in der DBT**

- Zum einen gibt es **Kontingenzmanagement** im Sinne dessen, dass »zielrelevante« Verhaltensweisen untersucht und verstärkt werden bzw. nicht dem Ziel dienliche nicht verstärkt werden. Dies bezieht sich also auf die in der DBT-Zielhierarchie festgelegten Themen, meist Suizidalität, selbstverletzendes Verhalten und nachgeordnete Themen. Patientinnen verpflichten sich zuvor, an diesen Themen zu arbeiten.
- Zum anderen gibt es das Thema **Grenzen beachten**. Gemeint sind hier die Grenzen des Therapeuten, die natürlich bei jedem Therapeuten unterschiedlich verlaufen. Auch hier soll natürlich Grenzüberschreitung nicht gefördert bzw. verstärkt werden, während die Wahrung der Grenzen nach Kräften verstärkt wird.

Bezüglich der Verstärkung von gewünschtem Verhalten und des Entzugs von Verstärkung ist das wirkungsvollste Instrument die therapeutische Beziehung. Die Patientinnen machen es dem Therapeut durch ihr oft ärgerlich machendes Verhalten nicht leicht, eine positive Beziehung zu ihnen aufzubauen. Doch diese ist absolut unerlässlich, damit die Patientin Fortschritte machen kann. Die Anwendung von Kontingenzverfahren kann erst funktionieren, wenn schon eine enge therapeutische Beziehung besteht. Sehr wichtig ist dabei, dass der Therapeut authentisch ist und bleibt, da sich auch die Patientin sonst nur eine Fassade zulegt. Außerdem muss der Therapeut einiges einstecken können bzw. in der Lage sein, auf Fehlverhalten der Patientin zwar klar, aber nicht überstreng zu reagieren. Der Therapeut sollte der Patientin idealerweise angesichts all der Stürme des Lebens Halt geben – wie ein Fels in der Brandung.

Neben den besprochenen Inhalten ist vor allem langfristig die kontinuierliche therapeutische Beziehung wichtig, die eine korrigierende emotionale Erfahrung ermöglichen sollen (dies gilt natürlich für die meisten anderen Störungsbilder auch, ist hier aber noch umso wichtiger).

Kontingenzmanagement Zunächst muss der Therapeut die Patientin informieren, was Kontingenz heißt und was dies für die Therapie bedeutet. Er muss ihr Informationen an die Hand geben, wie Lernen funktioniert, und ihr vermitteln, dass Lernen oft automatisch verläuft und wie Konsequenzen des Verhaltens funktionieren, wie man über Einsicht lernt, was Lösungen zu finden heißt usw. Kurz: Der Therapeut muss die Patientin über alle Themen, die zum Verständnis des Gesamtkonzepts und des Vorgehens im Allgemeinen erforderlich sind, in Kenntnis setzen und sie aufklären.

Zielrelevantes Verhalten verstärken Angemessenes zielrelevantes Verhalten soll immer direkt verstärkt werden.

Verstärkungstiming Verstärkung wirkt am besten, wenn sie direkt einsetzt, nachdem das zu verstärkende Verhalten gezeigt wurde. Linehan erwähnt die Sucht als Beispiel, bei der kurzfristige Folgen der Suchtmittelaufnahme so positiv von der Patientin erlebt werden, dass sie die langfristigen negativen Folgen in Kauf nimmt. Verstärkung in der Therapiestunde selbst ist besonders hilfreich.

Verstärkerplanung Anfänglich ist häufige rasche Verstärkung nötig, um ein Verhalten zu formen, später kann die Verstärkung allmählich verringert und ausgeblendet werden. Intermittierend verstärktes Verhalten ist besonders schwer zu löschen.

Validierung, Reaktionsbereitschaft, nichtfordernde Aufmerksamkeit als Verstärkerplan Es wurde ja bereits angesprochen, dass die therapeutische Beziehung der wirksamste Verstärker ist. Es muss aber auch der richtige Abstand gefunden werden. Einigen Patientinnen macht eine besonders empathische Zuwendung des Therapeuten aufgrund ihrer Vorgeschichte große Angst, sodass diese Nähe dann nicht mehr als stützend oder hilfreich erlebt werden kann.

Linehan beschreibt die Hitliste der für Borderline-Patienten verstärkend wirkenden Faktoren wie folgt: Ausdruck von Sich-Sorgen um die Patientin, auch Interesse und Anerkennung, Ausdrücken von Zuneigung, Versicherung eigener Verlässlichkeit, und dass der Fortgang der Therapie an sich nicht gefährdet ist, auch Validierungen verschiedenster Art sowie Beachten von Forderungen und Mitteilungen des Patienten sowie Aufmerksamkeit und in Kontakt bleiben, z. B. durch die Möglichkeit von Anrufen zwischen den Therapien.

Verhalten löschen Dazu muss innerhalb der vorgegebenen Hierarchie erst einmal ein Zielverhalten ausgewählt werden, welches gelöscht werden soll. Dieses darf dann gezielt nicht mehr verstärkt werden.

MERKE

Bei Borderline-Patientinnen ist es ungeheuer schwierig, dysfunktionales Verhalten zu löschen, da unwissentlich die gesamte Umgebung inklusive der meisten Therapeuten, dazu neigen, das Verhalten direkt oder auch nur intermittierend (und damit besonders wirkungsvoll) zu verstärken.

Suizidales Verhalten führt zu verstärkter Zuwendung, viele Behandler verstärken sofort ihre Aufmerksamkeit und setzen sich auf allen erdenklichen Ebenen mit dem Problem der Patientin auseinander. Auf Stationen ist dieser Teufelskreis besonders fatal, weil die Patientinnen oft noch mit in das »Spiel« einbezogen werden. Oft gelingt es den Patientinnen mit suizidalen

Anwandlungen auch, Unangenehmes, aber Notwendiges zu vermeiden – etwa die Teilnahme an wichtigen Therapien, das Vorstellungsgespräch bei der DBT-Einrichtung, die Prüfung einer möglichen Wohneinrichtung, der Besuch der Drogenberatung, das sinnvolle Familiengespräch, die Planung der beruflichen Ausrichtung.

Linehan beschreibt eindrucksvoll einige typische Situationen: So vermeiden Patienten oft unangenehme Themen, indem sie plötzlich dissoziieren (d.h. die Augen plötzlich verdrehen und abwesend erscheinen und gar nicht ansprechbar erscheinen) oder etwa den Therapeuten (verbal) attackieren. Dann trösten Therapeuten oft und wenden sich dem dissoziativen Verhalten zu. Das verstärkt aber unglücklicherweise das dissoziative und aggressive Verhalten, weil die Patientin sich so von der Bearbeitung des unangenehmen Grundthemas entlastet. Dem muss regelmäßig entgegengewirkt werden. Auch würden hilfloses Verhalten der Patientin oder unkontrollierte emotionale Ausbrüche belohnt und verstärkt, wenn der Therapeut jeweils sofort der Patientin hilft bzw. sie stationär einweist. Wenn der Therapeut das hingegen unterlässt, gelingt im Verlauf die Löschung, die Patientin steigert aber zunächst das dysfunktionale Verhalten. Dann könnte man als Therapeut verlockt sein, das Löschungsverhalten zu beenden, stattdessen der Patientin sofort zu helfen, sie bei Suizidalität einzuweisen etc. Langfristig ist das aber zum Nachteil der Patientin. Die Problematik wird noch schlimmer, wenn die Patientin nach dem verstärkten Aufflammen ihres dysfunktionalen Verhaltens belohnt wird und verstärkte Zuwendung erhält.

Der Therapeut verhält sich in dieser Form vor allem dann falsch, wenn er die Störung nur unzureichend klar diagnostiziert hat, Schuldgefühle hat, selbst erschöpft ist oder seine Grenzen nicht beachtet hat. Stattdessen sollte der Therapeut aktiv beruhigen und hilfreiche Verhaltensweisen ausfindig machen, gezielt verstärken und die Patientin für ein therapieförderliches Verhalten validieren.

MERKE

Wenn man hilfreiches Verhalten geduldig verstärkt, wird es irgendwann bedeutsamer als das bisherige dysfunktionale Verhalten.

Der Therapeut darf nicht den Fehler machen, sich selbst emotional nicht mehr mitzuteilen, sondern muss mitteilen, dass der Prozess schwierig ist, die Löschung aufrechtzuerhalten, und dass einem das selbst weh tut und dass der Therapeut sich nicht etwa aus Rache oder Missgunst zurückzieht. Man darf also Löschung nicht als Reglementierungs- und Bestrafungsprogramm einsetzen.

Aversion als letztes Mittel Ob etwas aversiv wirkt, kommt ganz auf den Kontext an und kann in einem bestimmten Kontext aversiv wirken, in einem anderen nicht. Linehan weist darauf hin, dass Löschung etwas ganz anderes ist als das Setzen aversiver Konsequenzen: Bei der Löschung fällt nur das Verstärkende weg, wohingegen bei der Bestrafung vom eigentlichen Geschehen unabhängige positive Konsequenzen wegfallen oder neu unangenehme Konsequenzen hinzutreten.

FALLBEISPIEL

Wenn die Patientin den Therapeuten laut beleidigt, könnte sie keine Beachtung mehr finden für eine Zeit lang, das wäre dann Löschung – wenn man ihr aber die Ergotherapie streicht oder vor versammelter Patientenrunde sagen würde: »Sie sind hier die einzige Patientin, die in der Therapie gar nichts leistet«, würde man sie öffentlich demütigen; das wäre dann eine aversive Konsequenz.

Laut Linehan werden aversive Konsequenzen dann eingesetzt, wenn der Therapeut keine Kontrolle über verstärkende Konsequenzen von Verhalten, welches hoch in der Prioritätenliste der Bearbeitung steht, hat, er z. B. nicht verhindern kann, dass die Patientin eingewiesen wird bei Borderline-typischem Verhalten. Eine weitere Möglichkeit ist, dass die Patientin keinerlei nützliches Verhalten zeigt, welches man überhaupt positiv verstärken kann.

FALLBEISPIEL

Wenn sich die Patientin beispielsweise in der Therapie bedrohlich zeigt, sodass der Therapeut Angst bekommt, sonst aber keinerlei förderwürdiges Verhalten auftritt, kann der Therapeut sagen: »Wenn das nicht binnen fünf Minuten aufhört, breche ich die Behandlung einfach ab.«

Zulässig im Rahmen der DBT ist es als Therapeut auch, als aversives Element missbilligend, konfrontativ und empathische Zuwendung reduzierend aufzutreten. Da schon eine relativ geringe Dosis dieses Verhaltens ausreichen kann, um die Patientin in große Ängste zu stürzen, muss dieses Mittel sparsam eingesetzt werden. Dies sollte transparent erfolgen, z. B.: »Wenn Sie sich erneut schneiden, werde ich Sie eine Zeit lang weniger mögen.« Wenn die Patientin nach dem bestraften Verhalten dann wieder, und seien es noch so kleine, Fortschritte bzw. Schritte in die richtige Richtung zeigt, muss der Therapeut sofort wieder umstellen auf Empathie, weil die Patientin sonst fühlt, dass sie nichts wert ist und es dem Therapeuten niemals wird recht machen können.

Insgesamt muss das Validieren in der Therapie immer langfristig überwiegen, weil die Patientinnen ansonsten nicht profitieren können. Aus meiner Sicht ist es aber ethisch fragwürdig, überhaupt aversive Konsequenzen einzusetzen. Zu groß ist die

Gefahr, dass Therapeuten hier überziehen und das ärztliche Gebot »Primum nil nocere« überschreiten.

2.5 Information der Patientin

Wichtig ist es, der Patientin immer wieder zu erklären, was DBT bedeutet und welches Therapiekonzept dahintersteckt. Zunächst muss der Therapeut genau erklären, wie die Rollen bei der Therapie verteilt sind. Auch müssen die gegenseitigen Erwartungen detailliert abgesteckt werden. Es sollte das Gleichgewicht zwischen Akzeptanz und Veränderungserwartung balanciert werden. Wichtig ist es nach all den Aufklärungen, nicht zu vergessen, auch zahlreiche Validierungen einzuknüpfen, um die Patientin nicht zu überfordern.

2.6 Verpflichtungsstrategien

Des Weiteren ist die Anwendung von Commitment-Strategien wichtig (Barthruff 2015). Das heißt: Es wird immer wieder das Commitment der Patientin eingeholt, also die Selbstverpflichtung, sich mit bestimmten Übungen zu beschäftigen (»Wollen Sie hieran etwas ändern? Wollen wir gemeinsam an ... arbeiten?«). Das ist wichtig, da Borderline-Patienten, die meist ja traumatisiert sind, gewohnt sind, sich dem Behandler zu unterwerfen und erst einmal Zustimmung zu suggerieren, in Wirklichkeit dann aber doch nicht mitarbeiten wollen (wobei ein solches Verhalten beileibe nicht nur auf Borderline-Patienten zutrifft).

Ebenen der Verpflichtung

Auf der ersten Ebene muss die Patientin zunächst einmal bereit sein, vor allem an ihrem suizidalen Verhalten zu arbeiten und Verhalten, welches nicht damit kompatibel ist, zu analysieren, zu hinterfragen und gegebenenfalls eine neue Verpflichtung zu erarbeiten. Auf zweiter Ebene muss sich die Patientin verpflichten, an den entsprechenden ausgewählten Behandlungsmaßnahmen mitzuarbeiten, seien es nun Expositionsaufgaben, Aufgaben zur kognitiven Umstrukturierung o. Ä. Auf dritter Ebene muss das Verhalten, das gemeinsam in der Lösungsanalyse erarbeitet wurde, auch umgesetzt werden.

Wiederholte Verpflichtung

Laut Linehan dreht sich ein Großteil der in der Therapie auftretenden Probleme um die Verpflichtung. Diese können ich nur aufseiten der Patientin, sondern auch aufseiten des Therapeuten auftreten. Sich zu verpflichten ist nicht nur einfach irgendeine Voraussetzung, sondern diese zu erzeugen ist Teil der mühseligen therapeutischen Arbeit. Nach einer anfänglich leichthin gegebenen Zustimmung muss man möglicherweise später stundenlang um die erneute Einwilligung ringen. Aber auch das Interesse des Therapeuten kann nach anfänglichen Fortschritten der Patientin erlahmen, oder der Therapeut ärgert sich so über Verhaltensweisen der Patientin, dass er sich weniger um die Patientin bemüht. Daher sind Supervisionen und Fallbesprechungen von großer Bedeutung.

Motivationstechniken

Oft haben Patientin und Therapeut unterschiedliche Auffassungen, wie man ein Ziel erreicht. Hier gilt es, flexibel zu bleiben und nicht der Patientin die eigenen Ideen aufzuzwingen. Natürlich gibt es Rahmenbedingungen, die die DBT vorgibt, aber abgesehen von einigen unveränderlichen Bedingungen muss der Therapeut flexibel auf die therapeutische Situation reagieren und die Patientin fortwährend motivieren, den langen Weg der therapeutischen Veränderung auf sich zu nehmen.

Pro-und-Kontra-Listen Wie stärkt man das Commitment (die Selbstverpflichtung zur Therapie) angesichts der hohen Behandlungsambivalenz vieler Patientinnen? Hier kann z. B. mit Pro-Kontra-Listen gearbeitet werden. Die Patientin trägt in ein einfaches vierfeldriges Schema ein, was für (Pro) und was gegen (Kontra) eine Therapie oder z. B. Selbstverletzungen spricht, was jeweils kurz- und/oder langfristig dafür oder dagegen spricht. Dies kann helfen, die Therapiemotivation zu stärken. Therapiegefährdendes oder gar -zerstörendes Verhalten muss systematisch mittels Verhaltensanalysen und dann mit der Suche nach alternativen Lösungsstrategien betrachtet werden, wobei auch sogenannte Wiedergutmachungen wichtig sind. So könnte man z. B. verlangen, die Selbstverletzungswunden besonders zu pflegen oder mit Heilsalbe einreiben etc. (Ludewig und von Auer 2015).

Advocatus diaboli Wenn die Patientin allzu leicht »Ja« zu einem Vorgehen sagt, kann der Therapeut Gegenargumente zur Lösung vortragen, um die Veränderungsmotivation zu stärken. Diese Argumente sollten idealerweise etwas leichter ausfallen als die Argumente für die Lösung, um die Patientin eher in Richtung Lösung zu führen.

Zwei Techniken: Fuß in der Tür und Tür im Gesicht   Linehan bezieht sich auf die Fuß-in-der-Tür-Technik (Freedman und Fraser 1966) und die Tür-im-Gesicht-Technik (Cialdini et al. 1975). Bei der Fuß-in-der-Tür-Technik wird die Mitarbeit gefördert, indem zunächst etwas Leichtes gefordert wird. Daran schließt sich dann Schwierigeres an (z. B. ein Telefonat fordern, dann fordern, am Telefon etwas neu im Zwischenmenschlichem auszuprobieren). »Tür und Gesicht« meint hingegen, dass erst Schwieriges, dann Leichteres gefordert wird (z. B. auf Ritzen, sprich: Selbstverletzung zu verzichten, sondern erst einmal anzurufen; Linehan 1996).

Es lohnt sich auch, diese Techniken zu kombinieren. In jedem Fall sind diese Kombinationstechniken wirkungsvoller als einfach Verpflichtungen einzuholen.

Momentane Verpflichtung mit früheren Verpflichtungen verknüpfen   Häufig kann es auch sinnvoll sein, die Patientin mit früher gegebenen Zusagen zu konfrontieren, wenn sie sich z. B. droht, selbst zu verletzen, obwohl sie früher zugesagt hatte, das nicht zu tun. Ansonsten muss man diese Verpflichtung nochmals überprüfen und neu erarbeiten, diese Verpflichtung einzuhalten.

Wahlfreiheit betonen   Falls die Patientin nicht mitmacht, kann der Therapeut sagen, dass die Patientin natürlich alle ihr Leben betreffende Entscheidungen völlig in ihrer Hand hat. Sie kann sich in die eine oder andere Richtung entscheiden. Dann wird aber gleichzeitig erwähnt, dass es doch im Grunde keine reale Alternative gibt. Denn dies würde bedeuten, dass sie sich eine andere Therapie suchen müsste (denn dauerhaftes Ritzen ist z. B. nicht vereinbar mit einer DBT-Behandlung), dass der Therapeut dann nicht mehr gern mit der Patientin zusammenarbeitet, usw.

2.7 Struktur der DBT

Die DBT kann man in verschiedene Phasen einteilen.

Erste Phase

In der ersten vorbereitenden Phase einigt man sich auf die Ziel-richtung der Behandlung. In der ersten Phase gibt es eine Hier-archie, die mit der Reduktion von Suizidalität beginnt, weitere Ziele sind die Reduktion therapiegefährdenden Verhaltens sowie von Verhalten, das die Lebensqualität vermindert. Des Weiteren der Aufbau von Fertigkeiten (Linehan 1996). Hier geht es auch darum, vorzeitige Therapieabbrüche unwahrscheinli-cher zu machen, die bei BPS-Patientinnen sehr häufig vorkom-men. Auch sollte man sich darüber verständigen, welche Prob-lembereiche bearbeitet werden sollten.

Zweite Phase

In der zweiten Phase geht es darum, PTBS-Symptome zu bear-beiten und zu lindern. Linehan (1996) weist darauf hin, dass sie oft die Erfahrung machte, dass eine zu frühzeitige Konfronta-tion bei BPS-Patienten oft zu Selbstverstümmelungsdrang, parasuizidalem Verhalten oder Suizidalität führte und dass es daher wichtig sei, rechtzeitig Fertigkeiten zu vermitteln, um die Konfrontation aushalten zu können.

Dritte Phase

In der dritten Phase soll die Selbstachtung wachsen. Eigene Ziele sollen realisiert werden. Bei der Bearbeitung therapiegefährdenden Verhaltens besteht die Gefahr, dass dies vom Therapeuten zu lange ignoriert wird, bis sich der Therapeut angewidert zurückzieht und seinerseits die Therapie abbricht und zusätzlich der Patientin noch die Schuld gibt. Wichtig ist, dass auch mangelnder Therapiefortschritt als therapiegefährdendes Verhalten erkannt und besprochen wird und dies gegebenenfalls zur Beendigung der Therapie führt. Allerdings sollte hier genau unterschieden werden zwischen mangelndem und einfach nur langsamem Fortschritt. Dass Borderline-Patienten zunächst nur langsame Fortschritte machen, ist nicht weiter schlimm und durchaus zu erwarten. Umgekehrt kleben manchmal Patientinnen an Therapeuten, die viele Jahre ohne Erfolg an ihnen herumdoktern. Auch das sollte vermieden werden. Wichtig ist die genaue und ausreichend flexible Hierarchisierung der Therapieziele. Welches Verhalten schadet der Patientin am meisten? Das gehört dann an die Spitze der Hierarchie.

Strukturierung der Therapiestunden

Die Strukturierung erfolgt, indem sowohl dysfunktionales Verhalten als auch erfolgreiches Verhalten seit der letzten Stunde verhaltensanalytisch betrachtet wird. Wenn die Verhaltensanalyse erfolgreich war, kann später zur Lösungsanalyse übergegangen werden, d. h., es wird analysiert, wie man in der jeweiligen Situation besser hätte handeln können. Positives Verhalten wird hierbei systematisch verstärkt. Zuerst wird immer das Verhalten mit der höheren Hierarchiestufe betrachtet. Therapiegefährdendes Verhalten sollte immer bemerkt und zumindest kurz angesprochen werden.

Verhaltensanalyse

In der Verhaltensanalyse sieht man sich sehr genau die jeweilige Problemsituation an, bespricht dann sehr genau, mit welchen Kognitionen, Gefühlen und Körperbefindlichkeiten die jeweilige Situation einherging, was sich dann auf den genannten Ebenen als Reaktion einstellte und zu welchen Konsequenzen dies führte. Hernach führt man eine Behandlungsplanung durch, indem man das Problemverhalten hierarchisiert und dann Therapieziele für alle Bereiche festlegt.

Oft steht das Thema »Suizidalität« an oberster Stelle der Hierarchie. Tritt dies in einer Therapiestunde auf, sollte die Patientin eher darin gecoacht werden, entsprechende Skills anzuwenden bzw. einen Plan (z. B. für einen Abend allein in der Wohnung) zu entwickeln, wie und in welcher Reihenfolge Skills angewendet werden können, um suizidale Tendenzen, die ja chronisch bei Borderline-Patienten vorhanden sind, zu meistern.

2.8 Therapievertrag

Üblich und notwendig ist auch der Abschluss eines Behandlungsvertrags. Die Patientin soll wissen, dass sie die Hauptverantwortung für das Gelingen der Therapie trägt und Eigenmotivation eine Bringschuld ist. Dieser Vertrag, wenngleich ohne rechtliche Bindungskraft, kann z. B. für zwölf Monate geschlossen und nur bei Erreichen der Ziele verlängert werden, wie z. B. desjenigen, im genannten Zeitraum keinen Suizidversuch zu unternehmen. Der Vertrag sollte auch eine Ausfallsregelung beinhalten (wenn die Patientin Termine nicht wahrnimmt), Regelungen über das Telefoncoaching, die Selbstbeobachtung und die Dokumentation und Messung des eigenen Verhaltens festlegen. Bezüglich der Ausfallsregelung könnte man z. B. vereinbaren, dass nach drei Fehlterminen in Folge (ohne Absage) die Therapie zunächst beendet wird. Nach einigen Wochen könnte dann telefonisch geprüft werden, ob eine erneute Aufnahme in die Therapie sinnvoll ist.

Unerlässlich ist es, dass Therapeut und Patient ein paar Rahmenbedingungen schriftlich festhalten, dazu zählt auch, dass der Therapeut nicht unter allen Umständen zur Verfügung steht. Üblich ist es, zunächst für ein Jahr zusammenzuarbeiten und die Therapie dann unter bestimmten Umständen zu verlängern. Auch sollte vereinbart werden, unter welchen Umständen die Therapie durch den Therapeuten abgebrochen werden kann (z. B. bei viermaliger Nicht-Teilnahme am Skillstraining oder an Einzelsitzungen). Aber auch der Therapeut verpflichtet sich, z. B. dazu, sich jede Mühe zu geben, der Patientin zu helfen.

2.9 Telefonberatung

Eine Besonderheit der DBT ist die Telefonberatung. Patientinnen dürfen in Krisensituationen den Therapeuten anrufen, allerdings sind die Rahmenbedingungen genau festzulegen. Telefoncoaching ist ein wichtiges Instrument der DBT, um Krisen zu meistern. In der Krise bekommt die Patientin die Situation nicht in den Griff und greift zu selbstschädigenden oder selbstgefährdenden Maßnahmen (Scheel und Frank 2015). Die Patientin wird auf das Coaching vorbereitet: Sie wird instruiert, zunächst Skills anzuwenden und sich zu fragen, was der Therapeut wohl in der Situation riete. Die Gespräche stellen keine Ersatztherapie dar, sondern dienen nur dazu, die Krise zu meistern. Die Gespräche sollen nicht länger als zehn Minuten dauern. Die Patientin wird instruiert, sich vor gefährdendem Verhalten zu melden und nicht etwa erst nach erfolgter Tat, anderenfalls gilt gemäß des Vertrags eine 24-Stunden-Kontaktsperre. Auch sollen keine SMS geschickt werden, die Inhaltliches mitteilen. Darin darf nur der Aufruf zum Kontakt vermittelt werden. So könnte z. B. eine Patientin anrufen, die kurz davor steht, sich massiv zu betrinken und dann mit Tabletten zu suizidieren. Der Therapeut würde dann kurze, knappe Anweisungen zur Benutzung von Skills geben – etwa die Anweisung, Alkoholflaschen auszugießen – und die Patientin ermutigen, die geeigneten Skills aus dem Notfallkoffer anzuwenden.

2.10 Dynamische Hierarchisierung der Therapieziele

Ein ganz zentraler Punkt der DBT-Behandlung ist die dynamische **Hierarchisierung der Behandlungsziele**. Da viele Borderline-Patientinnen den Therapeuten in Atem halten mit einem schnellen Springen zwischen den verschiedensten belastenden Themen, ist man als Therapeut schnell genauso verwirrt wie die Patientin. Man verliert den Fokus, so wie die Patientin auch leicht den Fokus verliert. Üblicherweise steht an oberster Stelle der Behandlungsziele die Reduktion suizidalen Verhaltens, gefolgt von der Reduktion selbstverletzenden Verhaltens.

Letztlich müssen meines Erachtens die Behandlungsziele immer individuell gewählt werden.

FALLBEISPIEL

So könnte man im Fall einer Patientin, die sich regelmäßig selbst verletzt, sich bei aufkommender Anspannung heftig betrinkt, sich kaum spürt, sich durch hochmütig-narzisstisches Verhalten auszeichnet und seit einem halben Jahr arbeitslos ist, folgende Hierarchie aufstellen:

1. Bearbeitung von selbstverletzendem Verhalten
2. Bearbeitung dysfunktionalen Trinkverhaltens
3. Beendigung der Arbeitslosigkeit
4. Verbesserung der Emotionswahrnehmung
5. Bearbeitung der Persönlichkeitsproblematik

Das selbstverletzende Verhalten kann zu gefährlichen Situationen führen und ist zunächst am wichtigsten, gefolgt von den weiteren Problempunkten. Aber schon bei einer leicht veränderten Gesamtsituation kann sich eine andere Reihenfolge ergeben.

2.11 Wochenprotokoll

Ein weiterer wichtiger Punkt ist, dass die Patientin ein Wochenprotokoll führen sollte, um das eigene Verhalten zu beobachten und sich der Fortschritte, aber auch der Problempunkte bewusst zu werden. Im Wochenprotokoll könnte man für jeden Tag Spalten aufführen, wann sich suizidale Gedanken aufdrängten, wann selbstschädigendes Verhalten auftrat, ob man in der Lage war, gelernte Techniken (Skills) anzuwenden, welche Medikamente eingenommen wurden und ob und wie Suchtstoffe verwendet wurden. Je nach individueller Problemlage könnte man zusätzliche Spalten einführen (Stiglmayr 2015).

2.12 Skills

Was bei der DBT ein wichtiges Fundament der Behandlung darstellt, ist die Vermittlung und Nutzung sogenannter Skills (dt.: Fähigkeiten), also von Techniken, die dazu dienen sollen, bestimmte typische Problembereiche von Borderline-Patienten zu adressieren und vor allem übermäßige Anspannung zu reduzieren (Stresstoleranzskills). Diese werden in verschiedene Module unterteilt, z.B. »Umgang mit Gefühlen« (Barthruff 2015). Das DBT-Fertigkeitentraining hat zum Ziel, folgende Fähig- und Fertigkeiten zu verbessern:

- die interpersonellen Fertigkeiten,
- die Fähigkeit zur Emotionsregulation und zum Aushalten von belastendem Material,
- die Bewusstheit, also z. B. die Fähigkeit zum Beobachten und Beschreiben, zum Im-Jetzt-Sein etc.

Des Weiteren soll das Fertigkeitentraining die Selbstregulationsfähigkeiten verbessern helfen. Insbesondere wissen die Patientinnen oft nicht, wie man problematische Verhaltensweisen ändern kann – bei Nicht-Erreichen eines Ziels bringen sie den Misserfolg mit ihrem Charakter in Verbindung, wissen aber gar nicht, wie man kleine Schritte in Richtung des Ziels anstoßen kann. Häufig setzen sie sich unerreichbare Ziele. Auch haben sie Schwierigkeiten damit, sich für Gelungenes angemessen zu belohnen.

Eine nahezu unerschöpfliche Quelle für das Studium von Skills ist das Buch »Interaktives Skillstraining für Borderline-Patienten« (Bohus und Wolf-Arehult 2012). Hier werden verschiedene Themen vorgestellt, z. B. »Sich ablenken« oder »Sich beruhigen mit Hilfe der 5 Sinne«, aus denen man sich jeweils verschiedene Skills heraussuchen kann. Darin finden sich Übungen wie »Auf Pfefferkörner beißen« oder »Jonglieren« (zur Ablenkung) oder »Liegestütze an der Wand« u. Ä.

Suchtdruck

Bei starkem Suchtdruck bezüglich Alkoholkonsums, der ja bei vielen Borderline-Patientinnen auftritt, könnte zunächst die Patientin angehalten werden, Craving-Situationen auf der Diary-Card zu notieren. Bei Rückfällen sollte eine Verhaltens- sowie eine Lösungsanalyse angefertigt werden. Weitere Themen der Therapie sind

- Arbeit an der Stimuluskontrolle (das Vermeiden Craving auslösender Situationen),
- Einüben von Fertigkeiten zur Ablehnung von Alkohol,
- der Umgang und das Aushalten von Unlust- oder Langeweilegefühlen,
- »Urge-Surfing«, d. h. das genaue achtsame Beobachten eigener Körperreaktionen, ohne dem nachzugeben (Bohus und Wolf-Arehult 2012; Barth 2015).

Umgang mit unangenehmen Gefühlen

Hier kann etwa das Einüben achtsamer Selbstbeobachtung hilfreich sein, z. B. bei unerträglichen Körpergefühlen (Enge in der
Brust, Kopfdruck), das Schließen der Augen und das Hinwenden
der Aufmerksamkeit nach innen sowie der Versuch, nur zu
spüren, ohne das Gefühl wegzudrängen, was gleichzeitig aber
auch zur inneren Distanzierung hilfreich ist (Emotionssurfing;
Barth 2015).

Skills für den Umgang mit Traumatisierungen

Viele Borderline-Patienten wurden in der Kindheit traumatisiert. Diesbezüglich können es Ziele des Fertigkeitentrainings
sein,
- zunächst einmal die eigene Traumatisierung anzuerkennen,
- andererseits sich nicht selbst weiter zu beschuldigen oder zu
  invalidieren für das Vorgefallene (wenngleich dies ein nach-
  vollziehbarer Kompensationsmechanismus ist),
- das Schwarz-weiß-Denken zu reduzieren – die Patientinnen
  neigen entweder dazu, anzunehmen, dass der Täter durchgehend böse ist, oder aber dazu, dass sie selbst für das Erlittene
  verantwortlich sind; dazwischen gibt es nichts.

Die zuletzt genannte Aufspaltung ist zwar nachvollziehbar,
kann aber einer Besserung hinderlich sein. Linehan bringt hier
das wichtige Beispiel, dass ja im Falle missbrauchender Eltern
das Fehlen jeglicher positiver Erinnerung an diese einen weiteren emotionalen Verlust bedeutet, was ein zusätzlicher Belas-
tungsfaktor sein kann.

MERKE

Ein Hauptziel der DBT ist es, die Patientin mithilfe von Fertigkeitentraining aus dem passiven Problemlösemodus, den viele Patientinnen pflegen, herauszubringen.

Notfallkoffer

Ein weiterer wichtiger Punkt ist das Erstellen eines Notfallkoffers, in dem genau festgelegt ist, welche Techniken bei bestimmten Problembereichen angewendet werden sollen. Oft kann man auch »Skillsketten« definieren (z. B. zehn Minuten lang kalt duschen, dann zehn Minuten lang auf einem Noppenball herumdrücken, dann eine Freundin anrufen oder was sonst hilfreich scheinen mag). Das muss jede Patientin individuell festlegen. Da die meisten Borderline-Patientinnen eine hohe Dissoziationsneigung haben, sind besonders Antidissoziationsskills von besonderer Wichtigkeit, wie die Hinlenkung auf achtsames Wahrnehmen der eigenen Körperbefindlichkeiten. Wichtig ist es dann, sich aus den gelernten Skills einen Notfallkoffer zusammenzustellen.

Anspannungskurven bzw. Spannungsprotokolle

Ein weiterer wichtiger Begriff ist die Spannungskurve. Hier trägt man auf, bei welchem Anspannungslevel man sich derzeit befindet, und legt dann fest, bei welchem Anspannungslevel man welche Skills anwendet.

Essenziell ist die Arbeit mit Spannungsprotokollen, im Zuge derer z. B. festgestellt wird, ob eine Patientin Anspannung im mittleren Bereich (zwischen 30 und 70 %) oder darüber zeigt. Bei sehr hohen Werten können dann entsprechende Fertigkeiten wie starke sensorische Reize angewendet werden, diese haben aber die Gefahr »auszuleiern«, d. h. später nicht mehr so gut zu wirken, falls sie zu oft angewendet werden.

Fertigkeitentraining in der Gruppe

Das eigentliche Fertigkeitentraining sollte nach Möglichkeit in Gruppentherapie erfolgen, weil man in der Einzeltherapie oft kaum dazu kommt, da die Patientinnen häufig den Therapeuten mit immer neuen Problemfeldern vom eigentlichen Training ablenken. Auch sollte das Training nach Möglichkeit durch einen gesonderten Therapeuten erfolgen und nicht vom Einzeltherapeuten übernommen werden, um nicht die unterschiedlichen therapeutischen Prozesse zu kontaminieren.

2.13 Umgang mit Suizidalität in der DBT

Suizidalität kann in verschiedener Form in der Therapie auftreten, und zwar in den im Folgenden dargestellten Manifestationen.

MERKE Manifestationen von Suizidalität

1. Suizidales Verhalten im eigentlichen Sinne
Hierbei ist es wichtig, so betont Linehan, dass sich häufig das Gefühl der Hoffnungslosigkeit auch beim Therapeuten einstellt – ob der Situation der Patientin – und dass der Therapeut

sich nicht von der Patientin so emotional anstecken lassen soll, dass er gar noch auf der Seite des Todes oder des Suizids stehe. Der Therapeut muss immer eine klare, unmissverständliche Haltung haben, die in Richtung Weiterleben weist.

2. Parasuizidalität

Als parasuizidal bezeichnet man nicht-tödliche, absichtlich selbstverletzende Handlungen. Tauchen solche auf, ist es wichtig, sie nicht zu ignorieren. Der Therapeut muss mit der klaren Forderung gegenüber der Patientin auftreten, dass sie das selbstschädigende Handeln einstellen soll und dass die Therapie zunächst einmal ganz darauf gerichtet ist, dass sie dieses Verhalten unterlässt. Damit vermittelt er Mitgefühl und Sorge um die Patientin.

3. Suiziddrohungen

Auch diese haben Vorrang gegenüber anderen Themen. Sie werden immer direkt therapeutisch angegangen, während Suizidgedanken nur prioritär betrachtet werden, wenn sie erstmalig oder unerwartet auftreten oder außergewöhnlich stark ausfallen.

4. Suizidbezogene Vorstellungen und Erwartungen

Diese werden nur insofern näher betrachtet, wenn sie zu den bei den Punkten 1 oder 2 erwähnten Folgen führen.

5. Emotionen, die mit Suizid verbunden sind

Emotionen (z. B. kann parasuizidales Verhalten manchmal positive Gefühle auslösen) werden nur vorrangig bearbeitet, wenn sie wiederum zu den bei den Punkten 1 oder 2 genannten Folgen führen (Linehan 1996).

2.14 Reduktion von therapiegefährdendem Verhalten

Ein wichtiges Ziel der DBT ist die Verringerung therapiegefährdenden Verhaltens seitens der Patientin. Linehan (1996) verweist hier auf zwei Grundtypen bezüglich der therapeutischen Beziehung. So gebe es zum einen den Typus der sprunghaften Patientin, die

- sich kaum auf eine therapeutische Beziehung einlassen kann,
- nicht regelmäßig zu den Therapien erscheint,
- sich nicht an Therapievereinbarungen hält,
- sich auf die eigenen Beziehungsschwierigkeiten mit Personen aus ihrem Lebensumfeld konzentriert, wo aber der Therapeut und die Beziehung zu diesem keine große Rolle zu spielen scheint.

Dies seien meist die weniger therapieerfahrenen Patientinnen. Dem gegenüber stehe der Typus der anhänglichen Patientin, die

- schon auf einen Urlaubsplan des Therapeuten höchst sensitiv reagiert,
- nicht akzeptieren kann, dass der Therapeut nur begrenzt verfügbar ist und nicht allwissend ist, sondern selbst Schwächen hat.

Schon früh in der Therapie haben diese Patientinnen Angst vor Beendigung derselben.

Therapiegefährdende Verhaltensweisen

Diese können bestehen in fehlender Regelmäßigkeit der Teilnahme, fehlender Mitarbeit (besonders störend: das Nichtssagen während der Therapie, auf alles »Keine Ahnung« oder Ähnliches antworten) sowie fehlender Compliance in Form von Nicht-Ausfüllen von Wochenblättern oder Nicht-Ausführung sonstiger Hausaufgaben oder der Weigerung, an Teilen der Therapie teilzunehmen. Dazu zählen aber auch Verhaltensweisen, die den Therapeuten überfordern bzw. wütend werden lassen und dessen Lust darauf, gemeinsam mit der Patientin zu arbeiten, unterminieren. Daher wird die Patientin frühzeitig darauf hingewiesen, dass es ihre Aufgabe ist, mit dafür zu sorgen, dass der Therapeut überhaupt in der Lage ist, ihr die notwendige Hilfe zukommen zu lassen. Dazu zählt auch, Therapeutengrenzen zu wahren, nicht seine Familie zu kontaktieren oder gar zu bedrohen, oder jegliches Verhalten, welches den Therapeuten übermäßig frustriert (wie Vergleiche mit anderen Therapeuten ziehen, Beschuldigungen, er sei kein guter Therapeut, etc.).

Therapiegefährdendes Verhalten seitens des Therapeuten

Auch der Therapeut kann ein therapiegefährdendes Verhalten zeigen. Linehan (1996) verweist hier besonders auf eine dem Opfer die Schuld gebende Haltung, z. B. den Vorwurf, die Patientin habe sich nicht genug angestrengt, wenn Fortschritte ausbleiben. Schädlich ist vor allem, wenn der Therapeut die dialektischen Grundprinzipien der Therapie verletzt, indem er z. B. zu sehr auf Veränderung drängt oder – umgekehrt – zu wenig Veränderung anstößt, sich zu flexibel in seinen Anforderungen zeigt oder – umgekehrt – zu rigide in seinen Prinzipien. Beides ist schädlich.

Auch kann leicht der Abstand zwischen Patientin und Therapeut unangemessen werden: So gibt es Therapeuten, die ohne therapeutische Rechtfertigung Allerpersönlichstes mit der Patientin besprechen oder die sich – im Gegensatz dazu – übermäßig abgrenzen.

Ebenfalls die Therapie gefährdend ist respektloses Verhalten seitens des Therapeuten, was sich z. B. in Nicht-Lesen der mitgebrachten Aufzeichnungen des Patientin, in Auf-die-Uhr-Sehen während der Sitzungen, vorzeitiger Beendigung der Sitzungen etc. zeigen kann.

2.15 Aggressive Impulsdurchbrüche

Ein häufiger Problempunkt ist der Umgang mit aggressiven Impulsdurchbrüchen, teils auch in Kombination mit Alkohol. Borderline-Patientinnen zeichnen sich dadurch aus, dass sie Alkohol schneller trinken als die Allgemeinbevölkerung. Sie trinken schneller, um die belohnenden Effekte des Alkohols zu maximieren, die positiven Affekte zu verstärken und die negativen zu reduzieren (Carpenter et al. 2017).

Wie geht man mit aggressiven Impulsdurchbrüchen um? In der DBT würde man wie gewohnt zunächst eine Verhaltensanalyse mit Makro- und Mikroanalyse einschalten. In der Makroanalyse könnten sich Leitsätze wie »Du darfst dir nichts gefallen lassen« ergeben oder die Herausarbeitung besonderer Vulnerabilitätssituationen, z. B. Auftreten von vermehrter Aggressivität nach Verlust wichtiger Bezugspersonen. Eingebettet in die Erstellung einer Problemhierarchie, könnte dann z. B.

zunächst mit der Patientin erarbeitet werden, verstärkt achtsam zu sein bezüglich eigener Anspannung und Situationen ansteigender Anspannung. Wie üblich muss auch hier zunächst ein Behandlungsvertrag erstellt und mittels eines Wochenprotokolls das Ausmaß der emotionalen Belastung festgehalten werden. Dann sollten der Patientin für die jeweilige Situation entsprechende Skills vermittelt werden. So könnte bei ansteigender Wut bis 10 gezählt werden. Oder bei ansteigender Anspannung könnte der Skill der »5-min. Toilettenpause« angewendet werden (Gunia 2015). Entsprechend können auch Skills zum Umgang mit Alkohol eingeübt werden.

Für problematische Konfliktsituationen in der Familie hat sich der Einsatz von »Familienskills« bewährt (Fruzzetti und Linehan 2006). Häufig ist es sinnvoll, Ketten aus Skills zu verwenden, wobei die Reihenfolge der Anwendung nur jede Patientin für sich selbst herausfinden kann. So könnte man z.B. zunächst ein scharfes Bonbon essen, dann 20 Minuten joggen, dann Wechselduschen und schließlich noch ein Gefühlsprotokoll schreiben (Ludewig und von Auer 2015).

2.16 Stationäre Krisenintervention

Meiner Erfahrung nach ist es sinnvoll, Patientinnen möglichst ambulant anzubinden, so lange, wie es geht, und sie dann sporadisch bei Zuspitzung zur z.B. fünftägigen Krisenintervention aufzunehmen (es sei denn, man plant ein mehrwöchiges spezifisches DBT-Programm). Auch diese fünftägigen Kriseninterventionen sollten nicht ziellos-unspezifisch verlaufen, sondern gemäß DBT-Prinzipien klar strukturiert sein. So sollten auf einem Protokoll der zeitliche Anfang und das Ende der Krisen-

Vorstationär	Stationär	Nachstationär
▪ Fragebogen ▪ Vorgespräch ▪ Beratung ▪ Diagnostik	**1. Phase:** ▪ Verhaltensanalysen ▪ Psychoedukation ▪ Teamvorstellung ▪ Behandlungsvertrag **2. Phase:** ▪ Teilnahme an thera- peutischen Angeboten ▪ Wochenziele ▪ Diary-Cards ▪ Verhaltensanalysen **3. Phase:** ▪ Entlassungsvorberei- tung ▪ Therapieangebot (Ein- zeltherapie, Bezugs- gruppe, Achtsamkeit, Skillstraining, sozio- therapeutische Betreuung, Basis- gruppe, Musikthera- pie, Kunsttherapie u. a.)	▪ Einzelbehandlung (Netzwerktherapeu- ten) ▪ Ambulante Skills- gruppe ▪ Telefoncoaching ▪ PIA-Anbindung ▪ DBT-Kriseninterven- tion (bis zu drei Wochen)

Tab. 2-1: Stationäre DBT-Behandlung

intervention notiert sein, auch die genaue Problemhierarchie und wer mit der Patientin mit welchem Ziel oder Lösungsansatz an dem Thema arbeitet. Auch der Zeitpunkt und das Ergebnis des Abschlussgesprächs gehören dazu und die Perspektive, wie die Weiterbehandlung aussehen soll (Bofinger 2015). → Tab. 2-1 zeigt die exemplarische Struktur einer stationären DBT am Beispiel der zertifizierten Hans-Prinzhorn-Klinik in Hemer (www.lwl-klinik-hemer.de).

2.17 Supervision und Fallbesprechungen

Supervision und Fallbesprechungen für den Therapeuten sind unerlässlich, um dessen frühzeitiges Burnout zu verhindern. Borderline-Therapien sind für alle Seiten anstrengend, und ohne ständige Fallreflexion gelingt die Therapie nicht.

2.18 Therapieabbruch durch den Therapeuten

Wichtig ist, dass der Therapeut nicht beliebig verfügbar ist, sondern Erfolglosigkeit der Therapie auch zum (evtl. nur vorübergehenden) Therapieabbruch seitens des Therapeuten führen kann.

So könnte z. B. bei drei Fehlterminen in Folge der Therapeut aufgrund eines Bruchs des Behandlungsvertrags die Therapie zunächst beenden und dann gegebenenfalls ein erneutes Therapieangebot in frühestens acht Wochen unterbreiten (Barth 2015). Dennoch spielt die Therapie ein bisschen mit der Drohung der Beendigung der Therapie, falls der Patient nicht genügend Fortschritte macht – ein freilich etwas unfair wirkendes Verfahren angesichts der Tatsache, dass Kontaktabbruch das ist, was dem Patienten am meisten Angst macht. Andererseits scheint es laut Linehan (1996) ethisch nicht vertretbar, eine unwirksame Therapie endlos fortzuführen.

2.19 Körpertherapie

Auch Körper- und Ergotherapie können im Rahmen eines DBT-Gesamtkonzeptes sinnvoll eingesetzt werden (Brokuslaus und Lutzke 2015). Körpertherapie kann für DBT-Patientin teils schwierig sein, insbesondere in der Gruppe. Sie halten dann die Gruppensituation nicht aus (oft mutmaßlich als Folge früherer traumatischer Erfahrungen), reagieren z.B. dissoziativ, indem sie den Körper in Teilen nicht spüren können o.Ä. Auch die Körpertherapie sollte nach einer gewissen Hierarchie arbeiten, z.B.

- Vermittlung von Basisübungen zu Koordination, Gleichgewicht oder ähnlichen basalen Themen (Stufe 1),
- auf die einzelne Patientin ausgerichtete Arbeit an Selbstwert- und Selbstakzeptanzthemen, Emotionsregulation usw. (Stufe 2),
- Entlassungsvorbereitung mit Überprüfung, ob wirksame körperorientierte Skills für den häuslichen Bereich vorliegen (Stufe 3).

Eine mögliche Übung ist z.B. (vgl. Brokuslaus und Lutzke 2015):

- im Stand zunächst einen kurzen Bodyscan vornehmen (d.h. achtsames Wahrnehmen von Atem, Temperatur, Herzfrequenz und Muskulatur),
- dann Durchführung einer koordinativen Übung (eine Minute lang rechten Ellenbogen und linkes Knie sowie linken Ellenbogen und rechtes Knie diagnostisch im Wechsel aufeinander zubewegen),
- danach Bewertung, was sich im Körper verändert hat und was man gespürt hat.

Im Rahmen der Körpertherapie können Skills vermittelt werden, z.B. das Schlagen mit einem Handtuch zur Spannungsregulation. Hierbei wird mit einem Handtuch auf das Kopfkissen

eingeschlagen, verbunden mit Ausatmung und einer Zählauf-
gabe (bis 10 zählen) über etwa fünf Minuten. Sinn ist hier Spannungsabbau, d. h., die Übung soll ohne aggressive innere Bilder
erfolgen.

Bei der Fußgashebelatmungsübung, einer Achtsamkeits-
übung, hingegen werden im Sitzen oder Stehen Atmung und
Fußheben gekoppelt, beim Einatmen wird die Fußspitze geho-
ben bei auf dem Boden klebender Ferse, während beim Aus-
atmen die Fußspitze gesenkt wird (Brokuslaus und Lutzke 2015).

2.20 Varianten der DBT

Mittlerweile gibt es zahlreiche Variationen bzw. Anpassungen
der DBT für alle erdenklichen psychiatrischen Einsatzfelder.

DBT-ACES

Eine DBT-Form mit besonders einfallsreicher, zunächst irritie-
render Namensgebung ist die DBT-ACES (Höschel et al. 2011).
ACES steht für »Accepting the Challenges of Exiting the System«. Sie soll die Borderlinerin in die Lage versetzen, dem
Abhängigkeit erzeugenden psychiatrischen Versorgungssystem
zu entfliehen. Nach normaler DBT schließt sich ein Jahr lang
das ambulante DBT-ACES an, welches die Ziele verfolgt,

- eine reguläre Arbeit zu finden,
- sich unabhängig zu machen vom psychiatrischen Versorgungssystem,
- sich sozial zu integrieren und

- zu einer andauernden Verbesserung von depressiven Symptomen und emotionaler Dysregulation zu gelangen.

Zur Aufnahme kommt nur diejenige, die es schafft, wenigstens zwei Monate lang keinen Suizidversuch begeht, kein selbstverletzendes Verhalten zeigt und keine Krisenaufnahmen provoziert. Auch wird zuvor geprüft, ob die Patientin in der Lage ist, basale Fertigkeiten bzw. Skills sachgerecht und zielführend anzuwenden (Höschel und Höschel 2015). So kann in dem Behandlungsvertrag gefordert sein, dass die Patientin eine bestimmte vereinbarte Stundenzahl pro Woche arbeiten gehen muss, einige Monate später wenigstens halbschichtig. Im Nichterfolgsfall wird die Therapie dann unterbrochen, bis die Anforderungen erfüllt sind. Oder es wird vereinbart, dass die Patientin mindestens zehn Bewerbungen pro Woche schreiben soll.

DBToP-gB

Es gibt auch eine Adaption der DBT für Patientin mit Intelligenzminderung (DBToP-gB), dies steht für »An der Dialektisch-Behavioralen Therapie orientiertes Programm für Menschen mit geistiger Behinderung« (Elstner et al. 2012; Feuerherd et al. 2015). Auch hier können Therapieziele (wie Umgang mit Wutanfällen) oder berufliche Wiedereingliederung Thema werden. Wichtig ist hier, dass Therapieziele in leicht verständlicher Sprache notiert und die Ziele am besten in eigene Worte der Patientin gefasst werden. Das Programm (Feuerherd et al. 2015) umfasst

- soziales Kompetenztraining,
- das Führen von Anspannungskurven,
- das Erarbeiten von Skills oder Skillsketten sowie

- die Integration flankierender Angebote wie Entspannungs-
verfahren, Ergotherapie, Musik- oder Kunsttherapie.

Zur Behandlungsplanung können auch ergänzend zusätzliche Fragebögen zum Stand der sozio-emotionalen Entwicklung zum Einsatz kommen (Dosen et al. 2010).

DBT-F

Auch für Patientinnen mit dissozialer Persönlichkeitsstörung gibt es besondere Anpassungen (DBT-F, Oermann 2015). Auch hier wird eine Hierarchisierung etabliert, die dann meist auf Themen wie Kontrolle eigener gewalttätiger Impulse, Reduktion kriminogener Faktoren (wie dysfunktionaler Alkoholgebrauch), Schwierigkeiten der Emotionswahrnehmung und ähnliche Themen fokussiert.

Dysfunktionales Verhalten wird auch hier über eine Kettenanalyse näher betrachtet (z. B. Deliktanalyse). Skills zur Reduktion von z. B. gewalttätigem Verhalten (»Count-to-ten«, »Gefühle abschwächen«) kommen zum Einsatz (Bohus und Wolf-Arehult 2012). Besonders schwierig ist es oft, die Patientin überhaupt dazu zu bringen, sich auf Therapie einzulassen. Oft muss dann mit Kontingenzmanagement operiert werden (z. B. Möglichkeit, die Therapie durch eine Zigarettenpause zu unterbrechen etc.) oder mit Stimuluskontrolle (der Ort, an dem das Delikt oft stattfindet, wird vermieden). Auch kognitive Techniken (Arbeit an zentralen dysfunktionalen Glaubenssätzen, Erfassung moralischer Werte) können hier hilfreich sein.

DBT-RO

Eine weitere relevante Adaption der DBT ist die DBT-RO (Max 2015). DBT-RO ist die Abkürzung für »DBT radical openness« und ist eine Abwandlung für Patientinnen mit zusätzlich thera-pieresistenter Depression bei überkontrollierenden Emotions- und Denkstrukturen (Max 2015; Dimeff und Koerner 2007; Lynch et al. 2013). Eine Besonderheit der DBT-RO ist es, dass drei verschiedene innere Haltungen thematisiert werden:

> **MERKE** Drei innere Haltungen im Rahmen der DBT-RO
> - Die depressiven Patientinnen können sich typischerweise in einer eher starren Geisteshaltung befinden, wobei sie über-raschende Erlebnisse auf Abstand halten durch Festhalten an Bekanntem.
> - Oder sie befinden sich in einer fatalistischen Geisteshaltung, wobei sie bei Konfrontation mit Neuem fälschlicherweise annehmen, sie wären hilflos.
> - Oder sie befinden sich in einer flexiblen Haltung, in der sie für Neues erreichbar bleiben und eigenes Handeln korrekt ein-schätzen.

Die Patientinnen sollen dann achtsam wahrnehmen, wann sie sich in welcher Geisteshaltung befinden (Max 2015).

Ein nützlicher Skill ist es in dem Zusammenhang, Gedanken absichtlich positiven Themen zuzuwenden, z.B. der Lektüre eines Buchs oder anderen positiven Tätigkeiten (ebd.).

DBT-S

Eine Anpassung für Patientinnen mit komorbider Substanzabhängigkeit ist die DBT-S (Kienast 2015). Bei der DBT-S wird der
Behandlungsvertrag um spezifische Anpassungen ergänzt. So
wird bei Zielen und Regeln je nach individueller Wichtigkeit
angeführt:

- Reduktion suizidaler und selbstschädigender Verhaltensweisen,
- Einhaltung des Nicht-Suizidentschlusses während der Psychotherapie,
- Reduktion von die Psychotherapie gefährdendem bzw. er-
  schwerendem Verhalten sowie
- Reduktion von Drogenkonsum.

Der Vertrag enthält also Selbstverpflichtungen, z.B.: »Ich will
an der Reduktion von ... arbeiten.« Außerdem werden besondere Attachment-Strategien (also Anbindungsstrategien) eingesetzt, um sicherzustellen, dass die Patientin auch in der Therapie ankommt, weil gerade Sucht-Patienten nicht selten gar nicht
kommen oder viel zu spät kommen. Dazu zählt, dass der Therapeut dem Milieu angepasste Kleidung trägt (der Therapeut
kommt nicht im feinen Anzug in die Suchtsprechstunde), Lieb-
lingssüßigkeiten des Patientin vorrätig hat und das Lieblings-
lied der Patientin abspielt etc. (Kienast 2015).

   Ich sehe dieses Vorgehen durchaus kritisch. Ich finde, dass
dies die Gefahr von Abhängigkeiten und Grenzüberschreitun-
gen birgt. In der DBT ist dies aber konzeptuell so vorgesehen,
um die Compliance des Patienten zu sichern. Ich persönlich
würde es nicht tun.

   Eine weitere Anpassung ist das Prinzip der »Dialektischen
Abstinenz«. Hierbei wird akzeptiert, dass zwei gleichzeitig auftretende, eigentlich einander ausschließende Prinzipien ver-

eint werden müssen: Das Ziel der Patientin ist die Abstinenz, jeder weiß aber, dass Sucht-Patienten häufig Rückfälle haben.

DEFINITION

Dialektische Abstinenz bedeutet, dass für eine gewisse Zeit in der Therapie ein nicht akut bedrohlicher Konsum für einen bestimmten Zeitraum toleriert wird, der vorher genau festzulegen ist. Stattdessen wird auf die Erlangung von Skills/Fertigkeiten hingearbeitet, die dazu führen, dass es weniger Rückfälle gibt.

Außerdem kann mit Token-Systemen gearbeitet werden, um abstinentes Verhalten zu validieren. So könnte von einem Maßband für jeden »trockenen« Tag täglich 1 cm abgeschnitten werden. Nach zehn Tagen könnte dann jeweils eine Selbstbelohnung erfolgen. Rückfälle und Konsum werden – wie in der DBT üblich – mit Verhaltensanalysen bearbeitet. Hier empfiehlt es sich z. B., mit der Erstellung einer Lebenslinie zu arbeiten, mit Erfassung der Suchtanamnese und Herausarbeitung typischer Rückfallsituationen. Außerdem muss gerade mit Sucht-Patienten immer wieder kleinschrittig am Commitment (der Selbstverpflichtung) gearbeitet werden, da diese gerade Sucht-Patienten recht häufig wegbricht.

DBT-PTSD

Die DBT-PTSD hingegen (Priebe et al. 2015) kombiniert die DBT mit spezifischen Methoden traumaspezifischer Behandlung.

DEFINITION

Das englische Kürzel PTSD bedeutet Post Traumatic Stress Disorder und entspricht der deutschen Abkürzung PTBS, die für Posttraumatische Belastungsstörung steht.

Hier wird zusätzlich zum üblichen Vorgehen spezifische Psychoedukation zur Symptomatik und Genese der PTBS im Allgemeinen angeboten. Auch wird daran gearbeitet, nicht wieder Opfer zu werden (Reviktimisierung). Des Weiteren wird die Patientin unterstützt, sich nicht unnötig durch mangelnde Schlafhygiene, zu wenig Essen, exzessiven Drogenkonsum etc. zu gefährden. Andererseits soll übermäßiges Sicherheitsverhalten abgebaut und an der Verbesserung der Selbstwahrnehmung gearbeitet werden. Dysfunktionale selbstabwertende Gedanken werden gründlich bearbeitet. Darüber hinaus wird sogenanntes Diskriminationstraining durchgeführt.

FALLBEISPIEL

Zum Beispiel könnte eine in der Sparkasse überfallene Bankmitarbeiterin, die seinerzeit von einem Täter einmal überfallen wurde, der einen Helm trug, jedes Mal, wenn jemand mit Kopfbedeckung die Bank betritt, in Panik fallen. Dann wird daran gearbeitet, zu lernen, dass es sich nicht um genau dieselbe Situation handelt. Außerdem wird in sensu mit traumaspezifischen Intrusionen konfrontiert und ein wohlwollender Umgang mit dem eigenen Körper eingeübt.

Vor etwaiger Konfrontation wird überprüft, ob die Patientin überhaupt dazu in der Lage ist. Es wird also die Voraussetzung für eine Konfrontation überprüft, die darin besteht, dass innerhalb der letzten vier Wochen keine akute Suizidalität mit der Notwendigkeit von stationärer Notfallbehandlung auftrat, kein Suchtverhalten im Vordergrund steht, kein Sexualkontakt zum Täter besteht, kein sonstiges akutes Risikoverhalten vorliegt, ein ausreichend hoher BMI (d. h. größer 17) gegeben ist, die soziale Situation stabil ist, funktionierende Notfallskills bekannt sind, Trigger für dissoziatives Verhalten erarbeitet wurden, die Zeit nach der Exposition vorgeplant wurde, auch genügend zeitliche Valenzen nach der Exposition bestehen, um sich die zuvor auf Band aufgenommene Exposition nochmal anzuhören.

Auch muss die Patientin das Behandlungsrationale verstehen, muss in der Lage sein, bei Überforderung »Stopp« zu signalisieren etc. (Kienast 2015). Die Konfrontation besteht dann darin, eine Hierarchie der belastendsten Ereignisse aufzuschreiben und diese in geordneter Weise durchzuarbeiten. Die Erinnerung wird von der Patientin notiert, vorgelesen, aus distanzierter Warte in der dritten Person nacherzählt, auf Band aufgenommen und von der Patientin wiederholt angehört. Während der Exposition wird regelmäßig das Maß der Belastung erhoben.

Harned et al. (2018) untersuchten, ob Patientinnen, die an BPS und PTBS litten, von spezifischer zusätzlicher PTBS-Behandlung profitierten. Dies war tatsächlich der Fall, das Funktionslevel der Patientin wurde dadurch deutlich günstig beeinflusst.

2.21 Neurobiologische Auswirkungen der DBT

Aber was bewirkt Psychotherapie bei der Borderline-Störung im Gehirn? Führt dies auch zu anhaltenden strukturellen Veränderungen? Mancke et al. (2017) haben dies näher untersucht. Während früher strukturelle Veränderungen am Gehirn nur im Rahmen pathologischer Vorgänge sowie im Rahmen des Alterungsprozesses beobachtet wurden, sind in neuerer Zeit solche strukturellen Veränderungen auch direkt in Abhängigkeit von Lernvorgängen wie z. B. musikalischem Training (Hyde et al. 2009) beobachtet worden.

Auch für eine über zwei Jahre dauernde Cognitive remediation therapy (CMT) zeigte sich ein Volumenzuwachs an grauer Substanz im Gyrus fusiformis, im Hippocampus und der Amygdala sowie eine fraktionale Anisotropie (FA; je größer die FA, desto unversehrter die weiße Substanz) im Genu corporis callosi bei Patienten mit Schizophrenie (Penadés et al. 2013).

Eine zehn Wochen dauernde KVT (Kognitive Verhaltenstherapie) verminderte hingegen das Volumen grauer Substanz in parieto-okzipitalen und präfrontalen Regionen. Auch wurde eine FA im Fasciculus longitudinalis inferior gesteigert, und die strukturelle Konnektivität im fronto-limbischen Netzwerk bei Patienten mit Sozialangst nahm zu (Steiger et al. 2016; Mancke et al. 2017).

Eine 16-wöchige »Brief Eclectic psychotherapy« hingegen zeigte bei PTBS-Patienten keine Veränderungen. Grundlage der BPS ist vor allem eine präfrontal-limbische Imbalance, d. h., die Amygdala-Aktivierung kann von präfrontalen regulatorischen Arealen nicht erfolgreich reguliert werden, wobei sich eine verstärkte Aktivierung der linken Amygdala und des posterioren cingulären Kortex bei reduzierter Aktivierung des bilateralen dorsolateralen präfrontalen Kortex auf negative Stimuli zeigte (Krause-Utz et al. 2014; Schulze et al. 2016). Bei BPS-Patienten zeigten sich auch Volumenabnahmen grauer Substanz, und zwar präfrontal, limbisch, auch im ACC (anteriorer cingulärer Kortex), inferioren frontalen Gyrus, Amygdala und Hippocampus bei BPS-Patienten (Ruocco et al. 2012; Leutgeb et al. 2016). Die schon beschriebenen Schwierigkeiten beim Mentalisieren zeigen sich neurobiologisch z. B. in Veränderungen im superioren temporalen Gyrus (Mancke et al. 2017).

Bisherige Bildgebungsstudien zeigten Folgendes: Bei der Prozessierung negativer Stimuli reduzierte sich die Aktivität im

ACC, posterioren Cingulum und der Insula nach zwölf Wochen stationärer DBT (Schnell und Herpertz 2007), auch zeigte sich eine reduzierte Amygdala-Aktivierung nach einem Jahr ambulanter DBT (Goodman et al. 2014). Weitere Studien zeigten veränderte neuronale Korrelate schmerzvermittelter Emotionsregulation, z.B. ablesbar an der Normalisierung der Amygdala-Aktivität und einer veränderten Konnektivität zwischen linker Amygdala und dorsalem ACC (Niedtfeld et al. 2017; Mancke et al. 2017). Außerdem zeigte sich nach DBT eine verminderte Aktivität des supramarginalen Gyrus und des perigenualen ACC sowie eine verminderte Aktivität der Insula und des ACC, verbunden mit gesteigerter Konnektivität des ACC mit präfrontalen, temporalen und parietalen Regionen (Mancke et al. 2017). Mancke et al. zeigten, dass Patienten mit BPS nach zwölf Wochen stationärer DBT eine Volumenzunahme der grauen Substanz im ACC und orbitalen Teil des inferioren frontalen Gyrus aufwiesen. Außerdem steigerte DBT auch das Volumen an grauer Substanz im superioren temporalen Gyrus und veränderte das Volumen grauer Substanz im angulären und supramarginalen Gyrus.

Falls Patienten auf Therapie ansprachen, war dies verbunden mit einem Volumenzuwachs grauer Substanz im angulären Gyrus (Mancke et al. 2017).

MERKE

DBT wirkt vermutlich durch Verbesserung der Emotionsregulation über das Erlernen von Toleranzskills (Fertigkeiten), um durch verbessertes kognitives Prozessieren emotionale Reaktionen zu regulieren. Es kommt so zu einer Volumenzunahme grauer Substanz im dorsalen und rostralen ACC.

Der dorsale ACC spielt eine Rolle bei Aufmerksamkeit und exekutiven Funktionen, während der rostrale ACC für die Beurteilung und die Regulation emotionaler Information wertvoll ist (Bush und Posner 2000; Mohanty et al. 2007; Mancke et al. 2017).

In Studien führte DBT überdies zu einer veränderten Konnektivität des dorsalen ACC und der Amygdala während schmerzvermittelter Emotionsregulation (Niedtfeld et al. 2017). Auch führte DBT zu gesteigerter Konnektivität mit präfrontalen, temporalen und parietalen Regionen des ACC (Schmitt et al. 2016). Der supramarginale Gyrus hingegen zeigte einen Aktivitätsabfall während Ablenkung (Winter et al. 2016). Man nimmt an, dass zunächst eine funktionelle Veränderung durch DBT hervorgerufen wird, gefolgt von späterer struktureller »Verdrahtung« (Mancke et al. 2017).

Ein wichtiger Aspekt von Skills-, also Fertigkeiten-Training ist es, emotionale Reaktionen zu lernen, zu modulieren bzw. herunterzufahren. Dies geschieht vor allem über den inferioren frontalen Gyrus, und tatsächlich führt DBT zu einem Anstieg des Volumens grauer Substanz im orbitalen Teil des inferioren frontalen Gyrus (Forstmann et al. 2008). Auch kommt es zu Veränderungen im Volumen grauer Substanz im angulären, superioren temporalen und im supramarginalen Gyrus, die alle eine Rolle beim Mentalisieren eine Rolle spielen (Schurz et al. 2014; Silani et al. 2013; Mancke et al. 2017). DBT scheint zu orchestrierten Veränderungen verschiedener Hirnregionen zu führen, die eine Rolle beim Mentalisieren spielen.

Die Veränderungen in der grauen Substanz im angulären Gyrus spielen ebenfalls eine wichtige Rolle. Der anguläre Gyrus scheint integrative Funktionen zu haben, spielt eine Rolle bei der Integration verschiedener Eingangskanäle, um sich neues Wissen über sich und die Umwelt anzueignen (Seghier und Price 2012; Fonagy et al. 2017; Mancke et al. 2017). Zumindest über zwölf Wochen hinweg konnten aber keine Veränderungen in Hippocampus und Amygdala nach DBT gefunden werden, was nicht verwundert, weil die DBT die kognitive Regulation der Emotionen einübt, wohingegen Amygdala und Hippocampus eher bei automatischen emotionalen Prozessen eine Rolle spielen, aber möglicherweise auch im Langzeitverlauf Veränderungen erfahren (Lindauer et al. 2005; Namkung et al. 2017; Mancke et al. 2017).

Literatur

Literatur zu Abschn. 2.1 bis Abschn. 2.5

Linehan M (1996). Dialektisch-behaviorale Therapie der Borderline-Persönlichkeitsstörung. München: CIP-Medien.

Literatur zu Abschn. 2.6

Barthruff H (2015). DBT im Team – Borderline-Persönlichkeitsstörung; Perspektive Bezugspflege. In: Stiglmayr C, Leihener F (Hrsg). Fallbuch DBT. Mit E-Book inside und Arbeitsmaterial. Beltz: Weinheim; 53–65.

Cialdini RB et al. (1975) Reciprocal concessions procedure for inducing compliance. The door-in-the-face technique. Journal of personality and social psychology; 31(2): 206–215.

Freedman JL, Fraser SC (1966). Compliance without pressure. The foot-in-the-door technique. Journal of personality and social psychology; 4(2): 195–202.

Ludewig S, Auer AK v (2015). Die macht das doch mit Absicht, oder? – Borderline-Persönlichkeitsstörung; Jugendliche mit Familie. In: Stiglmayr C, Leihener F (Hrsg). Fallbuch DBT. Mit E-Book inside und Arbeitsmaterial. Beltz: Weinheim; 261–273.

Stiglmayr C, Leihener F (Hrsg) (2015). Fallbuch DBT. Mit E-Book inside und Arbeitsmaterial. Weinheim: Beltz.

Literatur zu Abschn. 2.7

Linehan M (1996). Dialektisch-behaviorale Therapie der Borderline-Persönlichkeitsstörung. München: CIP-Medien.

Literatur zu Abschn. 2.9

Scheel C, Frank U (2015). Für die anderen wäre es besser, wenn ich nicht mehr da wäre – Borderline-Persönlichkeitsstörung mit suizidalen Krisen. In: Stiglmayr C, Leihener F (Hrsg). Fallbuch DBT. Mit E-Book inside und Arbeitsmaterial. Beltz: Weinheim; 66–81.

Stiglmayr C, Leihener F (Hrsg) (2015). Fallbuch DBT. Mit E-Book inside und Arbeitsmaterial. Weinheim: Beltz.

Literatur zu Abschn. 2.11

Stiglmayr C (2015). Ich bin anders – Borderline-Persönlichkeitsstörung. In: Stiglmayr C, Leihener F (Hrsg) (2015). Fallbuch DBT. Mit E-Book inside und Arbeitsmaterial. Weinheim: Beltz; 11–22.

Stiglmayr C, Leihener F (Hrsg) (2015). Fallbuch DBT. Mit E-Book inside und Arbeitsmaterial. Weinheim: Beltz.

Literatur zu Abschn. 2.12

Barth J (2015). Ich bin anders … und besonders – Borderline-Persönlichkeitsstörung und narzisstische Persönlichkeitsstörung. In: Stiglmayr C, Leihener F (Hrsg). Fallbuch DBT. Mit E-Book inside und Arbeitsmaterial. Beltz: Weinheim; 109–126.

Barthruff H (2015). DBT im Team – Borderline-Persönlichkeitsstörung; Perspektive Bezugspflege. In: Stiglmayr C, Leihener F (Hrsg). Fallbuch DBT. Mit E-Book inside und Arbeitsmaterial. Beltz: Weinheim; 53–65.

Bohus M, Wolf-Arehult M (2012). Interaktives Skillstraining für Borderline-Patienten. Das Therapeutenmanual – Inklusive Keycard zur Programmfreischaltung. Akkreditiert vom Deutschen Dachverband DBT. Stuttgart: Schattauer.
Stiglmayr C, Leihener F (Hrsg) (2015). Fallbuch DBT. Mit E-Book inside und Arbeitsmaterial. Weinheim: Beltz.

Literatur zu Abschn. 2.13 und 2.14

Linehan M (1996). Dialektisch-behaviorale Therapie der Borderline-Persönlichkeitsstörung. München: CIP-Medien.

Literatur zu Abschn. 2.15

Carpenter CS, McClellan CB, Rees DI (2017). Economic conditions, illicit drug use, and substance use disorders in the United States. Journal of health economics; 52: 63–73.
Fruzzetti A, Linehan M (2006). The High-Conflict Couple. A Dialectical Behavior Therapy Guide to Finding Peace, Intimacy, and Validation. Oakland: New Harbinger Publications.
Gunia H (2015). Der andere ist schuld! – Borderline-Persönlichkeitsstörung; DBT mit Familie. In: Stiglmayr C, Leihener F (Hrsg). Fallbuch DBT. Mit E-Book inside und Arbeitsmaterial. Beltz: Weinheim; 274–283.
Ludewig S, Auer AK v (2015). Die macht das doch mit Absicht, oder? – Borderline-Persönlichkeitsstörung; Jugendliche mit Familie. In: Stiglmayr C, Leihener F (Hrsg). Fallbuch DBT. Mit E-Book inside und Arbeitsmaterial. Beltz: Weinheim; 261–273.
Stiglmayr C, Leihener F (Hrsg) (2015). Fallbuch DBT. Mit E-Book inside und Arbeitsmaterial. Weinheim: Beltz.

Literatur zu Abschn. 2.16

Bofinger C (2015). Völlig abgestürzt – Borderline-Persönlichkeitsstörung in einer akuten suizidalen Krise. In: Stiglmayr C, Leihener F (Hrsg). Fallbuch DBT. Mit E-Book inside und Arbeitsmaterial. Beltz: Weinheim; 82–96.

LWL-Klinik Hemer H-P-K. www.lwl-klinik-hemer.de. (Zuletzt gesehen am 8. September 2023)

Stiglmayr C, Leihener F (Hrsg) (2015). Fallbuch DBT. Mit E-Book inside und Arbeitsmaterial. Weinheim: Beltz.

Literatur zu Abschn. 2.18

Barth J (2015). Ich bin anders ... und besonders – Borderline-Persönlichkeitsstörung und narzisstische Persönlichkeitsstörung. In: Stiglmayr C, Leihener F (Hrsg). Fallbuch DBT. Mit E-Book inside und Arbeitsmaterial. Beltz: Weinheim; 109–126.

Linehan M (1996). Dialektisch-behaviorale Therapie der Borderline-Persönlichkeitsstörung. München: CIP-Medien.

Stiglmayr C, Leihener F (Hrsg) (2015). Fallbuch DBT. Mit E-Book inside und Arbeitsmaterial. Weinheim: Beltz.

Literatur zu Abschn. 2.19

Brokuslaus I, Lutzke A (2015). Alles ist peinlich – Borderline-Persönlichkeitsstörung; Körpertherapie. In: Stiglmayr C, Leihener F (Hrsg). Fallbuch DBT. Mit E-Book inside und Arbeitsmaterial. Beltz: Weinheim; 331–346.

Stiglmayr C, Leihener F (Hrsg) (2015). Fallbuch DBT. Mit E-Book inside und Arbeitsmaterial. Weinheim: Beltz.

Literatur zu Abschn. 2.20

Bohus M, Wolf-Arehult M (2012). Interaktives Skillstraining für Borderline-Patienten. Das Therapeutenmanual – Inklusive Keycard zur Programm-freischaltung – Akkreditiert vom Deutschen Dachverband DBT. Stutt-gart: Schattauer.

Dimeff LA, Koerner K (eds) (2007). Dialectical behavior therapy in clinical practice. Applications across disorders and settings. New York: Guil-ford Press.

Dosen A, Hennicke K, Seidel M (2010). Psychische Störungen, Verhaltens-probleme und intellektuelle Behinderung. Ein integrativer Ansatz für Kinder und Erwachsene. Göttingen: Hogrefe.

Elstner S, Schade C, Diefenbacher A (Hrsg) (2012). DBToP-gB-Manual für die Gruppenarbeit. An der Dialektisch Behavioralen Therapie orientier-tes Programm zur Behandlung emotionaler Instabilität bei Menschen mit geistiger Behinderung. Bielefeld: Bethel-Verlag.

Feuerherd C, Vogel M, Elstner S (2015). Ich habe auch ein Recht auf Psy-chotherapie … wie alle anderen! – Borderline-Persönlichkeitsstörung und Intelligenzminderung. In: Stiglmayr C, Leihener F (Hrsg). Fallbuch DBT. Mit E-Book inside und Arbeitsmaterial. Beltz: Weinheim; 205–219.

Harned MS, Wilks CR, Schmidt SC, Coyle TN (2018). Improving functional outcomes in women with borderline personality disorder and PTSD by changing PTSD severity and post-traumatic cognitions. Behaviour research and therapy; 103: 53–61.

Höschel K, Pfluegler S, Rinke M, Burmeister M, Chrysanthou C, Comtois KA (2011). Dialektisch-behaviorale Therapie nach der Akutphase – die Herausforderung annehmen, das System zu verlassen (DBT-ACES). Ver-haltenstherapie; 21(4): 239.

Höschel S, Höschel K (2015). Am besten, ich lasse es gleich – Borderline-Persönlichkeitsstörung; Erwerbslosigkeit. In: Stiglmayr C, Leihener F (Hrsg). Fallbuch DBT. Mit E-Book inside und Arbeitsmaterial. Beltz: Weinheim; 317–330.

Kienast T (2015). Ich werde gelebt – Borderline-Persönlichkeitsstörung und Substanzabhängigkeit. In: Stiglmayr C, Leihener F (Hrsg). Fallbuch DBT. Mit E-Book inside und Arbeitsmaterial. Beltz: Weinheim; 158–172.

Lynch TR, Gray KLH, Hempel RJ, Titley M, Chen EY, O'Mahen HA (2013). Radically open-dialectical behavior therapy for adult anorexia ner-

vosa. Feasibility and outcomes from an inpatient program. BMC psychiatry; 13: 293.

Max E (2015). Ich habe keinen Platz im Leben – Depression und Borderline-Persönlichkeitsstörung. In: Stiglmayr C, Leihener F (Hrsg). Fallbuch DBT. Mit E-Book inside und Arbeitsmaterial. Beltz: Weinheim;
173–190.

Oermann A (2015). Bad or mad? – Dissoziale Persönlichkeitsstörung. In:
Stiglmayr C, Leihener F (Hrsg). Fallbuch DBT. Mit E-Book inside und
Arbeitsmaterial. Beltz: Weinheim; 191–204.

Priebe K, Dittman C, Steil R (2015). Warum habe ich nichts dagegen
getan? – Posttraumatische Belastungsstörung und Borderline-Persönlichkeitsstörung. In: Stiglmayr C, Leihener F (Hrsg). Fallbuch DBT. Mit
E-Book inside und Arbeitsmaterial. Beltz: Weinheim; 143–157.

Stiglmayr C, Leihener F (Hrsg) (2015). Fallbuch DBT. Mit E-Book inside und
Arbeitsmaterial. Weinheim: Beltz.

Winter D, Niedtfeld I, Schmitt R, Bohus M, Schmahl C, Herpertz SC (2017).
Neural correlates of distraction in borderline personality disorder
before and after dialectical behavior therapy. European archives of
psychiatry and clinical neuroscience; 267(1): 51–62.

Literatur zu Abschn. 2.21

Bush G, Luu P, Posner M (2000). Cognitive and emotional influences in
anterior cingulate cortex. Trends in cognitive sciences; 4(6): 215–222.

Fonagy P, Luyten P, Allison E, Campbell C (2017). What we have changed
our minds about. Part 2. Borderline personality disorder, epistemic
trust and the developmental significance of social communication.
Borderline personality disorder and emotion dysregulation; 4: 9.

Forstmann BU, Jahfari S, Scholte HS, Wolfensteller U, van den Wildenberg
WPM, Ridderinkhof KR (2008). Function and structure of the right
inferior frontal cortex predict individual differences in response inhi-
bition. A model-based approach. The Journal of neuroscience; 28(39):
9790–9796.

Goodman M, Carpenter D, Tang CY, Goldstein KE, Avedon J, Fernandez N,
Mascitelli KA, Blair NJ, New AS, Triebwasser J, Siever LJ, Hazlett EA
(2014). Dialectical behavior therapy alters emotion regulation and

amygdala activity in patients with borderline personality disorder. Journal of psychiatric research; 57: 108 – 116.

Hyde KL, Lerch J, Norton A, Forgeard M, Winner E, Evans AC, Schlaug G (2009). Musical training shapes structural brain development. The Journal of neuroscience; 29(10): 3019 – 3025.

Krause-Utz A, Winter D, Niedtfeld I, Schmahl C (2014). The latest neuro-imaging findings in borderline personality disorder. Current psychiatry reports; 16(3): 438.

Leutgeb V, Ille R, Wabnegger A, Schienle A, Schöggl H, Weber B, Papousek I, Weiss EM, Fink A (2016). Creativity and borderline personality disorder. Evidence from a voxel-based morphometry study. Cognitive neuropsychiatry; 21(3): 242 – 255.

Lindauer RJL, Vlieger E-J, Jalink M, Olff M, Carlier IVE, Majoie CBLM, Den Heeten GJ, Gersons BPR (2005). Effects of psychotherapy on hippo-campal volume in out-patients with post-traumatic stress disorder. A MRI investigation. Psychological medicine; 35(10): 1421 – 1431.

Mancke F, Schmitt R, Winter D, Niedtfeld I, Herpertz SC, Schmahl C (2017). Assessing the marks of change. How psychotherapy alters the brain structure in women with borderline personality disorder. Journal of psychiatry & neuroscience; 43(1): 170132.

Mohanty A, Engels AS, Herrington JD, Heller W, Ho M-HR, Banich MT, Webb AG, Warren SL, Miller GA (2007). Differential engagement of anterior cingulate cortex subdivisions for cognitive and emotional function. Psychophysiology; 44(3): 343 – 351.

Namkung H, Kim S-H, Sawa A (2017). The Insula. An Underestimated Brain Area in Clinical Neuroscience, Psychiatry, and Neurology. Trends in neurosciences; 40(4): 200 – 207.

Niedtfeld I, Schmitt R, Winter D, Bohus M, Schmahl C, Herpertz SC (2017). Pain-mediated affect regulation is reduced after dialectical behavior therapy in borderline personality disorder. A longitudinal fMRI study. Social cognitive and affective neuroscience; 12(5): 739 – 747.

Penadés R, Pujol N, Catalán R, Massana G, Rametti G, García-Rizo C, Bargalló N, Gastó C, Bernardo M, Junqué C (2013). Brain effects of cognitive remediation therapy in schizophrenia. A structural and functional neuroimaging study. Biological psychiatry; 73(10): 1015 – 1023.

Ruocco AC, Amirthavasagam S, Zakzanis KK (2012). Amygdala and hippo-campal volume reductions as candidate endophenotypes for borderline personality disorder. A meta-analysis of magnetic resonance imaging studies. Psychiatry research; 201(3): 245 – 252.

Schmitt R, Winter D, Niedtfeld I, Herpertz SC, Schmahl C (2016). Effects of Psychotherapy on Neuronal Correlates of Reappraisal in Female Patients with Borderline Personality Disorder. Biological psychiatry. Cognitive neuroscience and neuroimaging; 1(6): 548–557.

Schnell K, Herpertz SC (2007). Effects of dialectic-behavioral-therapy on the neural correlates of affective hyperarousal in borderline personality disorder. Journal of psychiatric research; 41(10): 837–847.

Schulze L, Schmahl C, Niedtfeld I (2016). Neural Correlates of Disturbed Emotion Processing in Borderline Personality Disorder. A Multimodal Meta-Analysis. Biological psychiatry; 79(2): 97–106.

Schurz M, Radua J, Aichhorn M, Richlan F, Perner J (2014). Fractionating theory of mind. A meta-analysis of functional brain imaging studies. Neuroscience and biobehavioral reviews; 42: 9–34.

Seghier ML, Price CJ (2012). Functional Heterogeneity within the Default Network during Semantic Processing and Speech Production. Frontiers in psychology; 3: 281.

Silani G, Lamm C, Ruff CC, Singer T (2013). Right supramarginal gyrus is crucial to overcome emotional egocentricity bias in social judgments. The Journal of neuroscience; 33(39): 15466–15476.

Steiger VR, Brühl AB, Weidt S, Delsignore A, Rufer M, Jäncke L, Herwig U, Hänggi J (2017). Pattern of structural brain changes in social anxiety disorder after cognitive behavioral group therapy. A longitudinal multimodal MRI study. Mol Psychiatry; 22(8): 1164–1171.

3 MBT

Die nächste große Psychotherapieform, die wir uns näher ansehen wollen, ist die MBT (Mentalisierungsbasierte Therapie). Sie gehört ebenso zu den großen vier Psychotherapien der Borderline-Persönlichkeitsstörung, und es lohnt sich, sie genauer darzustellen.

3.1 Struktur der MBT

Es hat sich herausgestellt, dass die erfolgreichen DBT-Therapien gewisse Gemeinsamkeiten haben, sie sind nämlich sämtlich gut strukturiert, bemühen sich um eine Stärkung der Compliance des Patienten, haben jeweils einen klaren Fokus und sind eher langfristig angelegt. Auch soll der Therapeut eine eher aktive Rolle einnehmen, eine starke Bindung zur Patientin aufbauen und gut vernetzt sein in Bezug auf weiterführende Angebote. Ein wichtiger Grund, dass die Therapien erfolgreich sind, liegt wohl darin, dass die Patientinnen eine Behandlungsumgebung vorfinden, die so ganz unterschiedlich ist von dem, was sie bisher in ihrem Leben erfahren haben: Sie sind gut durchdacht und in ein kohärentes Beziehungsgefüge eingewebt. Die Beziehung zwischen den einzelnen Therapien ist abgestimmt, verschiedene Professionen arbeiten zum Wohl der Patientin konstruktiv zusammen, auch werden die Patienten einer Struktur unterworfen, die von rationalem Denken durchdrungen ist.

Die MBT nunmehr fußt auf einer 18-monatigen Therapieperiode, die mit einer sorgfältigen Diagnostik und Einschätzungsprozedur beginnt und einführenden Sitzungen, gefolgt von wöchentlichen Einzel- und Gruppensitzungen, begleitet von der Planung eines Notfall-/Krisenmanagements und integrierter psychiatrischer Versorgungsstrukturen (Bateman und Fonagy 2013).

Sämtliche wirksamen BPS-Therapien fokussieren vor allem auf die Emotionsverarbeitung, sodass es später wieder zu stabilen Verbindungen zwischen Gefühlen und Handlungen kommt. Schließlich können Leere- und Verwirrungsgefühle den Hintergrund für Selbstverletzungen liefern, Gefühle der Zurückweisung können in der Einnahme einer Medikamentenüberdosis gipfeln usw. Durch die Affektfokussierung werden die Möglichkeiten einer kognitiven Repräsentation des Gefühls geschaffen. Diese Therapieformen sorgen für Struktur durch ein geeignetes Manual, das auch dem Therapeuten Orientierung gibt und Supervision einbezieht, um Abweichungen von der therapeutischen Grundstruktur rasch zu identifizieren (ebd.).

3.2 Mentalisieren

Mentalisieren ist »die imaginative Fähigkeit, menschliches Verhalten auf der Basis mentaler Prozesse zu verstehen« (Taubner et al. 2017, S. 423). Für BPS-Patienten ist typisch, dass die Mentalisierungsfähigkeit reduziert ist.

Die Hauptschwierigkeit besteht vor allem in der Entwicklung einer komplexeren »Theory of Mind«, die Perspektivwechsel

und die Einbeziehung von Affekt und Kognition in das Gesamtbild erfordert. Im stressfreien Zustand haben die BPS-Patienten
kaum Probleme, aber in belasteten stressvollen Situationen
können sich die genannten Pole der Mentalisierung bei ihnen
in dysfunktionaler Weise verschieben.

3.3 Wie Mentalisieren funktioniert

Mentalisierung ist immer dann effizient, wenn hierbei flexibel
zwischen den verschiedenen Dimensionen der Mentalisierung
gewechselt werden kann: automatisch/implizit versus kontrol-
liert/explizit, äußerlich/external versus innerlich/internal, affektiv versus kognitiv, Selbst versus anderer (Fonagy et al. 2011).
Meist mentalisiert man implizit, während explizites Mentalisieren langsamer und aufwändiger ist. Schwierig wird es, wenn
jemand nicht in der Lage ist, eigene Annahmen zu hinterfragen.
Bezüglich der zweiten Dimension können Motive anderer in
Abwesenheit nicht sicher zugeordnet werden. Bei Verschiebung
der dritten Domäne in Richtung affektivem Pol schließlich
kann es zu einer Überflutung mit Affekten beim Reflektieren
über mentale Zustände kommen. Ist die vierte Domäne in Richtung des anderen verschoben, wird man vulnerabler dafür, aus-
gebeutet zu werden – ist sie in Richtung Selbst verschoben,
nimmt man sich selbst zu wichtig und beachtet zu wenig das
Erleben anderer (Bateman und Fonagy 2016; Taubner et al. 2017).
Insgesamt zeigt sich als Faustregel: Je mehr Diagnosen und
frühe traumatische Vorerfahrungen vorliegen, umso schlechter gelingt das »Reflective functioning« (also das Reflektieren
über seine Innenwelt und die anderer) (Taubner et al. 2017).

3.4 Die BPS aus MBT-Sicht

Heutzutage wird die BPS aus MBT-Sicht als eine Störung sowohl auf Bindungsebene als auch auf der Ebene der kommunikativen Fähigkeiten begriffen und ist eng verknüpft mit Belastungsfaktoren in der frühen Kindheit und dysfunktionalem Mentalisieren (Fonagy und Luyten 2009). Auch bei Adoleszenten konnte man ein verändertes »Reflective functioning« finden: Klinisch auffällige Adoleszente scheinen zum Hypermentalisieren neigen, d. h., dass sie in sozialen Interaktionen übertriebene Affekte zeigen und Motive dem Gegenüber zuschreiben (Sharp et al. 2013).

3.5 Prämentalistische Modi

Bei reduzierter Mentalisierungsfähigkeit können verschiedene »prämentalistische« Modi hervortreten, deren Existenz bzw. Postulat sicher eine zentrale Besonderheit der MBT darstellen.

Äquivalenzmodus

Da ist zum einen der sogenannte Äquivalenzmodus (Target und Fonagy 1996) zu nennen, welcher besagt, dass innere Zustände als direkte Repräsentation psychische Realität sind, was psychisch als konkretistisches Denken imponiert. Was gedanklich da ist, wird als real und wirklich erlebt, so ähnlich wie ein Kind glaubt, dass der phantasierte Tiger unter dem Bett tatsächlich real ist. Manche Überreaktion des BPS-Patienten resultiert aus diesem Äquivalenzmodus, weil sich die eigenen Gedanken und Gefühle erschreckend real anfühlen (Fonagy et al. 2015).

Als-ob-Modus

Auf der anderen Seite können BPS-Patienten in den Als-ob-Modus verfallen, der dadurch gekennzeichnet ist, dass eigene Gefühle und Gedanken dissoziiert (also abgespalten) werden, weil sie so schmerzhaft sind und dies zu einem blutleeren Gerede des Patienten führt, das nichts mit der Innenwelt zu tun hat und nicht in der Erfahrung verankert ist.

Teleologischer Modus

Darüber hinaus existiert auch ein Teleologischer Modus (gr.: τέλος, das Ziel). Der namengebende Begriff begegnet uns auch in der Rechtswissenschaft als »teleologische Auslegung«, wobei Sinn und Zweck einer Regelung herausgefunden werden sollen. Sie kommt nur zur Anwendung, wenn Auslegung nach Wortsinn, Entstehungsgeschichte oder systematischem Zusammenhang kein klares Ergebnis zutage fördern. In diesem Modus wird nur das geglaubt, was sich in realen Handlungen niederschlägt. Der Therapeut ist in der Wahrnehmung der Patienten nur ein guter, wenn er konkret etwas Bestimmtes vom Patienten Gewünschtes unternimmt, z. B. sie in die Arme nimmt. Kinder, die eine reduzierte Mentalisierungsfähigkeit zeigen, können sich nur schwer an die Entwicklungserfordernisse der Adoleszenz anpassen, weder an die anstehenden körperlichen noch an die psychischen Veränderungen. Daher sieht es die

MBT als ihre Aufgabe an, die Mentalisierungsfähigkeit zu verbessern, um günstigere Voraussetzungen für die notwendigen Anpassungsleistungen in der Adoleszenz zu schaffen.

Mentalisierungsprobleme in der Adoleszenz

Fonagy (Fonagy et al. 2015) beschreibt eindrücklich, welche neurobiologische Basis der häufige Zusammenbruch der Mentalisierungsfähigkeit im Rahmen der Adoleszenz hat. Durch Besonderheiten der neuronalen Entwicklung kommt es zu Beeinträchtigungen in verschiedenen Bereichen. In Kombination kann dies bei Patienten, die schon zuvor Beeinträchtigungen der Mentalisierungsfähigkeit hatten, zur Begünstigung von intensiver und rascher Aktivierung des Bindungssystems kommen, mit der Folge einer zunehmenden Deaktivierung kontrollierten Mentalisierens. Diese Patienten können dann schlecht zwischen Selbst und dem anderen unterscheiden. Sie reagieren rasch mit affektiver Dysregulation in emotionalen oder Bindungskontexten und können dann gefährdet sein, eine BPS zu entwickeln.

Im adoleszenten Gehirn kommt es vor allem im präfrontalen Kortex zu einer Synapsenbildung, gefolgt von synaptischem »Pruning«, d. h. dem Entfernen bzw. Eliminieren ungenutzter Synapsenverbindungen. Außerdem kommt es zu axonaler Myelinisierung, welche die Effizienz neuronaler Transmission verbessert, insbesondere im Präfrontalkortex und im superioren temporalen Kortex/Sulcus (Fonagy et al. 2015). Laut Nelson (Nelson et al. 2005) könnten diese Prozesse Ausdruck einer dreischrittigen Entwicklung sein, bestehend aus

- der Entwicklung einer Funktionseinheit zum Detektieren sozial relevanter Hinweise während der frühen Kindheit,

- einer weiteren in der Adoleszenz reifenden Funktionseinheit, um emotionale Bedeutung sozialen Hinweisreizen zuzuschreiben,
- zusätzlich einer kognitiv-regulatorischen funktionellen Einheit, die in der späten Adoleszenz reift und dazu dient, Antwortverhalten und unmittelbares Handeln zu hemmen.

Wobei es unterschiedlich ist: Zwischen Kindheit und Adoleszenz zeigt sich gesteigerte frontale und präfrontale Aktivität bei sozial-kognitiven Aufgaben und Mentalisierungsaufgaben, wenn Synapsenbildung stattfindet (Yurgelun-Todd und Killgore 2006), während sich abnehmende Aktivität zwischen Adoleszenz und Erwachsensein zeigt, wenn das synaptische »Pruning« stattfindet (Wang et al. 2006). Möglicherweise gibt es daher ein besonderes Zeitfenster, in dem das Mentalisieren über sich selbst und andere bzw. das Erlernen desselben besonders bei Patienten, die aversiven Lebenserfahrungen ausgesetzt sind, benötigt wird (Fonagy und Luyten 2011).

Verringerung der Top-down-Kontrolle

Letztlich kommt es im Rahmen der Adoleszenz nun zeitweise zur Verringerung der »Top-down-Kontrolle«, also der Kontrolle entwicklungsgeschichtlich jüngerer Hirnbereiche über ältere im ZNS (zentrales Nervensystem), was bei prädisponierten vulnerablen Personengruppen zum Ausbruch psychiatrischer Störungsbilder führen kann. Dies geschieht besonders durch Probleme bei der Affektregulation und der Impulskontrolle, wie bei der BPS.

3.6 Therapeutische Grundhaltung

Die therapeutische Grundhaltung bei der MBT beinhaltet, dass die Therapie von einer interessierten **Grundhaltung des Nicht-Wissens** getragen wird. Der Therapeut weiß nicht alles, sondern exploriert mit der Patientin gemeinsam innere Zustände. Es werden geduldig Unterschiede in den Sichtweisen von Therapeut und Patientin exploriert. Unterschiedliche Perspektiven werden akzeptiert und dürfen ihre Berechtigung haben. Die Patientin wird nicht gefragt, **warum** etwas so ist, wie es ist, sondern die Erfahrungen der Patientin werden so genau wie möglich exploriert (Was-Fragen). Geduldig werden unverstandene Erfahrungen gemeinsam untersucht. Der Therapeut gesteht auch offen ein, wenn er etwas nicht versteht oder es zu einem Missverständnis in der Therapie kommt. So ist er auch ein Modell für die Patientin. Gemeinsam wird im Laufe der Therapie so besser verstanden, wie es in Beziehungen zu Missverständnissen kommen kann, ohne dass man gleich sein inneres Gleichgewicht verlieren muss.

3.7 Grundinterventionen

Die MBT-Interventionen sind nach Komplexität in aufsteigender Reihenfolge angeordnet: zunächst das Mitteilen von Empathie, bezogen auf den gegenwärtigen Zustand des Patienten, auf zweiter Ebene dann Explorieren, Klarifizieren und gegebenenfalls Infragestellen (»Challenging«). Drittens folgen das Identifizieren des Affekts und das Etablieren eines Affektfokus und viertens schließlich das Mentalisieren der Beziehung (Bateman und Fonagy 2013). »Explorieren« und vor allem »Klarifizieren«

sind traditionelle psychoanalytische Vorgehensweisen, was anzeigt, wo die MBT zumindest (auch) herkommt.

Wenn die Patientin im Begriff ist, die Mentalisierungsfähigkeit in Teilen zu verlieren, werden nur noch sichere Interventionen auf der ersten Ebene gegeben – insofern sie geeignet sind, ein »(Hyper-)Arousal« zu dämpfen. Erst wenn das besser gelingt, werden Interventionen der zweiten, dritten und vierten Ebene gegeben. Übertragungsdeutungen hingegen sind zwar prinzipiell möglich, überfordern die Patientin aber oft. Die MBT spricht lieber von »Mentalisierung der Beziehung«, dies ist aber die höchste und letzte Stufe, die man nicht einfach erreicht. Meist wird man sich eher auf den unteren Ebenen der Interventionen bewegen. Deutungen sind oft dazu geeignet, die Sichtweise des Patienten zu invalidieren, und sind somit potenziell schädlich.

3.8 »Stop and rewind«

Es ist normal, dass auch die Mentalisierungsfähigkeit des Therapeuten wiederholt in der Therapie zusammenbricht. Dann ist es erforderlich, gleichsam die Stopptaste zu drücken und die Situation noch einmal Schritt für Schritt gemeinsam durchzugehen. Sowohl Therapeut als auch Patientin haben also die gemeinsame Verantwortung dafür, Verstrickungen in der therapeutischen Beziehung, zu denen es notwendigerweise immer wieder kommen wird, besser zu begreifen (Bateman und Fonagy 2013). Der Therapeut dient auch als wichtiges Identifikationsobjekt – so wie er mit unterschiedlichen Sichtweisen umgeht und sie sorgfältig untersucht, wird er zum Modell für die Patientin und von dieser zunehmend internalisiert. Der entscheidende

Schritt ist das ständige Über- und Durcharbeiten unterschiedlicher Perspektiven auf sich selbst und andere im Kontext einer intensiven Bindungsbeziehung. Dies ist natürlich immer wieder gefährdet durch starkes emotionales »Arousal« des Patienten, wenn die Beziehung zum Therapeuten intensiver wird.

Dies bedeutet, dass der Therapeut eine neugierige Haltung gegenüber den seelischen Innenwelten des Patienten behält. Äußerungen wie »Sie *müssen* sich wohl ... fühlen« sind tabu, eher Äußerungen wie »Was ist das, was sie da fühlen?« sind legitim. Allenfalls könnte man im äußersten Fall sagen: »Das hört sich für mich so an, als würden sie ... fühlen«. Nichtwissende Haltung heißt nicht, dass der Therapeut keine Ahnung hat oder keine eigenen Ansichten. Er schreibt sie nur dem Patienten nicht vor, sondern man tauscht sich über unterschiedliche Perspektiven aus.

3.9 Diagnostik in der MBT

Man kann das Ausmaß der Einschränkung des Mentalisierens mit der »Reflexive Functioning Scale« erfassen. Die Spannweite der Werte geht von antireflexiv (−1) bis außergewöhnlich reflektiert (9). Durchschnittliches Reflektieren liegt bei 5. Zu diesen Werten kommt man durch Durchführung eines Bindungsinterviews (Adult Attachment Interview; Taubner et al. 2017). BPS-Patientinnen erreichen oft nur Werte von 3 oder geringer – Gedanken, Motive und Gefühle können sie schlecht zuordnen.

3.10 Therapieansatz der MBT

In der Therapie wird nun versucht, die Mentalisierungsfähigkeit zu stärken, besonders in Bezug auf für den Patienten emotional wichtige Beziehungen und auch innerhalb der Familie. Das Mentalisierungskonzept weist Überschneidungen zu Konzepten wie Achtsamkeit, Empathie und dem Theory-of-Mind-Konzept (ToM) auf (Taubner 2015; Choi-Kain und Gunderson 2008).

3.11 Mentalisierungsgerüst (»Mentalizing scaffold«)

Der Therapeut selbst schafft eine Art Mentalisierungsgerüst (»Mentalizing scaffold«), indem er sich dem Erregungsniveau der Patientin feinsinnig anpasst, er sollte also leichtfüßig wie ein Boxer im stetigen Tänzeln bleiben. Wenn der Patient ein hohes Arousal-Level hat, sind die Interventionen eher supportiv und kürzer sowie affektfokussiert. Bei niedrigerem Arousal-Level hingegen kann tiefer exploriert werden. Immer wieder auftretende Missverständnisse, die prinzipiell nicht zu vermeiden sind, müssen betrachtet werden, und es sollte versucht werden, diese besser zu verstehen und sie zu »reparieren«. Das gesamte Vorgehen stärkt die Mentalisierungsfähigkeit des Patienten.

3.12 Fremdes Selbst (»Alien self«)

Zu betonen ist die Rolle des fremden Selbst (»Alien self«). Immer wenn das fremde Selbst aktiviert wird (das ist eine Art entwertender internalisierter Instanz), kommt es zum Mentalisierungsversagen. Zum Beispiel kann während eines Streits in einer Familie die Mentalisierungsfähigkeit der Beteiligten zusammenbrechen, die einzelnen Familienmitglieder schreien sich wechselseitig an, ohne sich in die Lage des anderen hineinversetzen zu können und ohne ihre eigene seelische Verfassung noch reflektieren zu können. In diesem Fall sollte der Therapeut eine empathische Allianz mit der Patientin eingehen und ihr spiegeln, wie schwierig das doch sein muss, wenn man, egal was man versucht, gegen eine Wand läuft und alles scheitert. Das kann dann einen besseren Kontakt zum authentischen Selbst herstellen und ein Sicherheitsgefühl vermitteln, sodass das fremde Selbst nicht den Gang der Dinge bestimmt (Fonagy et al. 2014).

In der Familientherapie z. B. gibt der Therapeut zunächst in einer zusammenfassenden Formulierung den Zustand der Familie aus mentalisierender Sicht wieder. Es wird eine Atmosphäre geschaffen, in der Interaktionen als verständliche Reaktionen auf innerseelische Zustände begriffen werden, was zu einer schrittweisen »Remoralisierung« innerhalb des familiären Systems beiträgt (ebd.).

3.13 Umgang mit selbstverletzendem Verhalten

Selbstverletzendes Verhalten ist im Rahmen der BPS eines der am schwierigsten zu adressierenden Probleme. Das selbstverletzende Verhalten ist oft ein missglückter Problemlöseversuch, weniger geschieht er in suizidaler Absicht. Fonagy et al. (2015) sprechen von nichtsuizidalem selbstverletzendem Verhalten (NSSI, non-suicidal self-injury). Motivation für NSSI kann sein:

- der Versuch durch heftigen körperlichen Schmerz sich von unerträglichen, intensiven stressvollen Affekten abzulenken,
- eine subjektiv als gerecht erlebte Selbstbestrafung,
- der Versuch, Aufmerksamkeit zu erhalten,
- der manipulative Versuch, Schuldgefühle bei anderen auszulösen und so bei diesen Verhaltensänderungen zu bewirken,
- die Anerkennung Gleichaltriger zu erlangen, die sich ebenfalls selbst verletzen (Vrouva et al. 2010).

Dennoch steht auch NSSI in Verwandtschaft mit suizidalem Verhalten an sich. So zeigten Wilkinson et al. (2011), dass 55 % der Adoleszenten, die sich in der Vergangenheit selbst verletzt hatten, im Laufe des nächsten halben Jahres Suizidversuche verübten, im Gegensatz zu nur 20 % bei denjenigen, die das nicht getan hatten. Das ist insofern nicht verwunderlich, als es gemeinsame Eigenschaften gibt bei den Patientinnen mit NSSI und jenen, die anderes suizidales Verhalten zeigen (Ougrin et al. 2012):

- schlechte soziale Problemlösekompetenz,
- eine Neigung zu hohem psychischem Arousal nach Frustrationserlebnissen,
- Schwierigkeiten bei der Emotionsregulation,

- selbstkritische Kognitionen,
- ein schlecht funktionierendes familiäres Umfeld und
- häufig Traumata in der Anamnese.

Emotionale Dysregulation in einem Stresszustand kann zum Zusammenbruch des Mentalisierens führen, wobei sich die schon bekannten prämentalisierenden Modi (z.B. teleologischer Modus, Äquivalenzmodus sowie Als-ob-Modus) einstellen können. Beispielsweise kann der teleologische Modus dazu führen, dass der Betroffene glaubt, er müsse wirklich etwas Konkretes tun, um eine Veränderung im Denken oder Handeln beim anderen zu bewirken (Fonagy et al. 2015).

Die meisten Therapieansätze bei NSSI haben sich im Vergleich zu TAU (treatment as usual) nicht als hilfreich und wirksam erwiesen (z.B. Green et al. 2011; Chanen et al. 2008). Fonagy meint, dass das Scheitern vieler früher Ansätze zur Behandlung von NSSI vor allem daran liege, dass man hierbei auf das Problemlöseverhalten und spezifischen kognitiven Verzerrungen fokussiere oder versuche, das familiäre Umfeld zu stärken, aber bislang zu wenig den Zusammenhang zur Störung der Mentalisierungsfähigkeit vor einem gestörten Bindungsverhalten/-kontext beachte. Die Adoleszenten können zwar wunderbar Problemlöseverhalten entwickeln, wenn aber in bestimmten interpersonellen Situationen das Bindungssystem aktiviert wird, bricht die Mentalisierung zusammen, und sie haben keinen Zugriff auf solche Verhaltensweisen mehr. Dies kann zusätzlich durch traumatische Erfahrungen in der Vorgeschichte kompliziert werden.

3.14 Medikation

Auch nach Ansicht der MBT gilt: Medikamente sollten immer nur für sehr umschränkte Zeiträume eingesetzt werden. In der Praxis hält sich aber niemand daran. Vielmehr bekommen die meisten Patienten einen Cocktail verschiedenster nicht zielführender Medikamente. Hat ein Patient erst einmal die erste Pille geschluckt, bleibt er mit einer 71-prozentigen Chance auf dieser dauerhaft hängen, jedenfalls nach den Daten einer Lang zeitstudie über 16 Jahre (Zanarini et al. 2015).

3.15 MBT bei anderen Störungsbildern

Die MBT ist aber potenziell auch für andere Störungsbilder nützlich. So untersuchten Lana et al. (2017) die Sicherheit, Akzeptanz und Wirksamkeit einer mentalisierungsbasierten Gruppentherapie bei der Bipolaren Störung. Die Bipolare Störung hat einige Gemeinsamkeiten zur BPS, z. B. ist auch hier die Suizidneigung hoch und sogar bis zu 60-mal höher als in der Allgemeinbevölkerung (Miklowitz und Gitlin 2015; Marwaha et al. 2014). Bei der Bipolaren Störung ist vor allem die medikamentöse Einstellung wichtig, die Psychotherapie ist hier bisher bestenfalls als »Add-on« anzusehen. Aber selbst in einer Kombination mit Psychotherapie erleiden 50–75 % der Patienten Rückfälle innerhalb eines Jahres (Miklowitz et al. 2008). In der genannten Studie wurde eine angepasste Version der MBT mit einer integrierten psychologischen Therapie (IPT) verglichen und erzielte ermutigende Ergebnisse.

3.16 Ähnlichkeiten zwischen MBT und EMDR

Während des Schreibens an diesem Buch ist mir klargeworden, dass es ganz erhebliche Ähnlichkeiten zwischen MBT und EMDR, einem traumabearbeitenden Verfahren gibt. EMDR steht für »Eye movement desensitization and reprocessing«, und verbunden mit diesem Kürzel ist eine Erfolgsgeschichte, besonders in Bezug auf die Behandlung von Einzeltraumata (z. B. einmalig erlittener Raubüberfall).

Hierbei wird der Patient in der Vorstellung in die Bilderwelt des Traumas geworfen und gleichzeitig aufgefordert, mit den Augen den Fingern des Therapeuten zu folgen, der diese rhythmisch hin- und herbewegt. Ich vermute, dass die Protagonisten der MBT dies vehement abstreiten würden. Schließlich ist der ideengeschichtliche Hintergrund der MBT ein ganz anderer: Sie entstammt doch ganz deutlich der psychodynamischen-psychoanalytischen Kultur, im Grunde handelt es sich – zumindest in meiner Sicht – um eine Ergänzung und Weiterentwicklung der Psychoanalyse, die den Bedürfnissen schwerer strukturell gestörter Patienten gerecht werden soll. EMDR hingegen ist eine Weiterentwicklung der Verhaltenstherapie, in der die Begründerin Francine Shapiro versuchte, traumaspezifisch verhaltenstherapeutisch zu arbeiten, auf neurobiologischer Grundlage und vor allem auf eigenen Erfahrungen fußend.

Wie komme ich daher auf das auf den ersten Blick abwegig erscheinende Postulat, dass hier Ähnlichkeiten zwischen MBT und EMDR zu verzeichnen seien? Dann sehen wir uns doch erst einmal an, was beim EMDR genauer passiert: Der Patient wird mit ganzer Wucht in die traumatische Situation »hineingeworfen«, und zwar mit allen Sinnen, d. h., er erlebt in aller Schärfe die traumatische Situation erneut. Diesmal aber steht ihm eine hilfreiche schützende Beziehungsfigur zur Seite: der EMDR-Therapeut. Dieser ist da, spürbar, lenkt aber idealerweise nicht von der Bewältigung der inneren Bilder ab, sondern stiftet nur das beruhigende Setting und lässt den Patienten die inneren Welten aus einem sicheren Abstand »durchprozessieren«. Er stört diesen konzentrierten Verarbeitungsprozess nicht durch mehr oder minder weise Kommentare, sondern gibt nach einem Set von Augenbewegungen nur ein Signal der Ermutigung: »Gut so. Was ist jetzt?« Und nach der Schilderung des Patienten: »Sehr gut. Bleiben Sie dran an dem Bild« (oder ähnliche Instruktionen). Das heißt: Die Verarbeitung läuft direkt und kontinuierlich weiter, der Patient lernt, dass er alleine (Prinzip Selbstwirksamkeit!) in diese innere gefährliche imaginative Welt eintauchen und diese durchstehen kann. Währenddessen springt er von Bild zu Bild, verbunden mit intensiven Affekten, sodass es zu einer Neuorganisation und -verknüpfung des Materials kommen kann. Das Ganze ist intensiv, dicht, und der Verarbeitungsprozess läuft deutlich schneller als bei einer herkömmlichen Verhaltenstherapie.

Was passiert bei der MBT?

Im Grunde passiert bei der MBT nichts anderes: Es werden sporadisch mentalisierungsfördernde Interventionen eingestreut und mentalisierungshemmende Interventionen peinlichst vermieden. Was ist die Wirkung dieser mentalisierungsfördernden Interventionen? Es wird im Grunde danach gefragt, was innerlich im Patienten vorgeht, und zwar mit dem Fokus auf die Emotion. Auf diese Weise wird er im Idealfall stark »angetriggert« und in seine (auch an Bildern reiche) Innenwelt gestürzt. Der Patient ist im Idealfall durch die Fokussierung auf diese Innenwelt ganz auf diese Exploration derselben konzentriert. Irgendwelche Beurteilung von außen oder diagnostische Feststellungen, die primär nichts mit dieser Innenwelt zu tun haben, werden konsequent vermieden. So kann der innerliche Verarbeitungsprozess einfach durchlaufen werden, und der Patient beschleunigt seine traumatisierenden Erfahrungen und kann Erinnerungen verarbeiten, so wie es auch beim EMDR der Fall ist.

Als ich begann, diese Techniken häufiger, insbesondere bei strukturell gestörten Patienten, in meine Oberarztvisiten einzustreuen, stellte ich fest, dass sie wertvoller, intensiver, für den Patienten hilfreicher waren als die zuvor verwendeten, als ich noch sehr psychoedukativ und kognitiv gesteuert vorging. Auch scheint die Therapie schneller voranzuschreiten. Eine ganz ähnliche Erfahrung macht man beim EMDR, mit dem einzelne Traumata oft wie im Zeitraffer rasch durchgearbeitet werden können.

FALLBEISPIEL

Eine Borderline-Patientin, der schon manch Traumatisches durch Männer zugefügt worden war, kämpfte beständig gegen jede meiner Einschätzungen und ließ nichts, was ich sagte, gelten – wie ich denke, war dieses Verhalten übertragungsbedingt. Als ich sie aber schlicht anleitete, nach innen zu schauen und zu sehen, was sich gefühlsmäßig in ihr abspielte, passierte viel mehr, und man benötigte dafür auch viel weniger Zeit. Vorher saß ich 30 Minuten lang verstrickt in fruchtlose Diskussionen und Kämpfe mit ihr im Visitenzimmer – mit MBT-Techniken brauchte ich nur 10–15 Minuten, die Erfahrung war intensiver für die Patientin, und sie verließ in guter Verfassung am Ende des Gesprächs die Visite, während sie sonst aufgebracht den Raum verließ und das Gespräch eher dysfunktional schien.

Ich denke, die Kunst der Psychotherapie besteht im Allgemeinen darin, den Patienten dazu anzuleiten, möglichst frei von seinen Erfahrungen zu berichten und ihn zu einem inneren Verarbeitungsprozess anzuregen. Dabei gilt es, diesen Verarbeitungsprozess, der im Wesentlichen automatisch abläuft, nicht durch zu viel Einflussnahme von außen zu stören. Es geht nur darum, den Prozess des Berichtens und der Verarbeitung am Laufen zu halten, ohne ihn zu stören, z. B. durch überflüssige tiefsinnige Erkenntnisse und Deutungen. Das heißt, dass z. B. Deutungen eher sparsam angewendet werden müssen.

Aber gerade dies erweist sich als gar nicht so einfach, da es viele Versuchungen und Verlockungen gibt, mit irgendeiner triumphierend vorgetragenen Erkenntnis oder Deutung daherzukommen, wo sich vor allem der Therapeut besser fühlt, was dem Patienten aber gar nicht hilft und was auch nicht seine Selbstwirksamkeit, sondern bloß die Abhängigkeit vom Therapeuten stärkt.

MERKE

Meine (möglicherweise provozierende) These lautet: Die ideale Psychotherapie besteht darin, als Therapeut da zu sein, ohne da zu sein. Das heißt: Der Therapeut induziert einen Verarbeitungsprozess und versucht diesen nur zu katalysieren, ohne in diesen störend einzugreifen.

Die besondere Stärke der MBT liegt überdies darin, dass sie auch die Innenwelt anderer in den Prozess fließend einbezieht – durch die stetige Einladung zum mehrfachen Perspektivwechsel. Im Grunde könnte EMDR möglicherweise noch effektiver sein, als es jetzt schon ist, wenn man diesen Perspektivwechsel auch darin einbauen könnte: Beispielsweise könnte man die Patientin instruieren, sich mit allen Sinnen in den Kopf eines Zuschauers des traumatischen Geschehens zu versetzen und sich darauf fest zu konzentrieren (als Ausgangsbild).

Literatur

Literatur zu Abschn. 3.1

Bateman A, Fonagy P (2013). Mentalisierungsbasierte Therapie und Borderline-Persönlichkeitsstörung. Stuttgart: Schattauer.

Literatur zu Abschn. 3.2

Taubner S, Volkert J, Gablonski T-C, Rossouw T (2017). Mentalisierungsbasierte Therapie bei Adoleszenten mit Borderline-Persönlichkeitsstörung – Konzept und Wirksamkeit. Praxis der Kinderpsychologie und Kinderpsychiatrie; 66(6): 423–434.

Literatur zu Abschn. 3.3

Bateman A, Fonagy P (2016). Mentalization-based treatment for personality disorders. A practical guide. Oxford: Oxford University Press.
Fonagy P, Gergely G, Jurist EL, Target M (2011). Affektregulierung, Mentalisierung und die Entwicklung des Selbst. Stuttgart: Klett-Cotta.
Taubner S, Volkert J, Gablonski T-C, Rossouw T (2017). Mentalisierungsbasierte Therapie bei Adoleszenten mit Borderline-Persönlichkeitsstörung – Konzept und Wirksamkeit. Praxis der Kinderpsychologie und Kinderpsychiatrie; 66(6): 423–434.

Literatur zu Abschn. 3.4

Fonagy P, Luyten P (2009). A developmental, mentalization-based approach to the understanding and treatment of borderline personality disorder. Development and psychopathology; 21(4): 1355–1381.

Sharp C, Ha C, Carbone C, Kim S, Perry K, Williams L, Fonagy P (2013). Hypermentalizing in adolescent inpatients. Treatment effects and association with borderline traits. Journal of personality disorders; 27(1): 3–18.

Literatur zu Abschn. 3.5

Fonagy P, Luyten P (2011). Die entwicklungspsychologischen Wurzeln der Borderline-Persönlichkeitsstörung in Kindheit und Adoleszenz. Ein Forschungsbericht unter dem Blickwinkel der Mentalisierungstheorie. Psyche; 65(9/10 Sonderh): 900.

Fonagy P, Speranza M, Luyten P, Kaess M, Hessels C, Bohus M (2015). ESCAP Expert Article. Borderline personality disorder in adolescence: an expert research review with implications for clinical practice. Eur Child Adolesc Psychiatry; 24(11): 1307–1320.

Nelson EE, Leibenluft E, McClure EB, Pine DS (2005). The social re-orientation of adolescence. A neuroscience perspective on the process and its relation to psychopathology. Psychological medicine; 35(2): 163–174.

Target M, Fonagy P (1996). Playing with reality. II. The development of psychic reality from a theoretical perspective. The International journal of psycho-analysis; 77(Pt 3): 459–479.

Wang AT, Lee SS, Sigman M, Dapretto M (2006). Developmental changes in the neural basis of interpreting communicative intent. Soc Cogn Affect Neurosci; 1(2): 107–121.

Yurgelun-Todd DA, Killgore WDS (2006). Fear-related activity in the prefrontal cortex increases with age during adolescence. A preliminary fMRI study. Neuroscience letters; 406(3): 194–199.

Literatur zu Abschn. 3.7 und 3.8

Bateman A, Fonagy P (2013). Mentalisierungsbasierte Therapie und Borderline-Persönlichkeitsstörung. Stuttgart: Schattauer.

Literatur zu Abschn. 3.9

Taubner S, Volkert J, Gablonski T-C, Rossouw T (2017). Mentalisierungsbasierte Therapie bei Adoleszenten mit Borderline-Persönlichkeitsstörung – Konzept und Wirksamkeit. Praxis der Kinderpsychologie
und Kinderpsychiatrie; 66(6): 423–434.

Literatur zu Abschn. 3.10

Choi-Kain LW, Gunderson JG (2008). Mentalization. Ontogeny, assessment, and application in the treatment of borderline personality
disorder. The American journal of psychiatry; 165(9): 1127–1135.
Taubner S (2015). Konzept Mentalisieren. Eine Einführung in Forschung
und Praxis. Gießen: Psychosozial.

Literatur zu Abschn. 3.12

Fonagy P, Cottrell D, Phillips J, Bevington D, Glaser D, Allison E (2014).
What Works for Whom? 2nd ed. A Critical Review of Treatments for
Children and Adolescents. New York: Guilford Publications.

Literatur zu Abschn. 3.13

Chanen AM, Jackson HJ, McCutcheon LK, Jovev M, Dudgeon P, Yuen HP,
Germano D, Nistico H, McDougall E, Weinstein C, Clarkson V,
McGorry PD (2008). Early intervention for adolescents with border-
line personality disorder using cognitive analytic therapy. Randomi-
sed controlled trial. The British journal of psychiatry; 193(6):
477–484.
Fonagy P, Speranza M, Luyten P, Kaess M, Hessels C, Bohus M (2015).
ESCAP expert article. Borderline personality disorder in adolescence:

An expert research review with implications for clinical practice. European Child & Adolescent Psychiatry; 24(11): 1307–1320.

Green JM, Wood AJ, Kerfoot MJ, Trainor G, Roberts C, Rothwell J, Woodham A, Ayodeji E, Barrett B, Byford S, Harrington R (2011). Group therapy for adolescents with repeated self harm. Randomised controlled trial with economic evaluation. BMJ (Clinical research ed.); 342: d682.

Ougrin D, Tranah T, Leigh E, Taylor L, Asarnow JR (2012). Practitioner review. Self-harm in adolescents. Journal of child psychology and psychiatry, and allied disciplines; 53(4): 337–350.

Vrouva I, Fonagy P, Fearon PRM, Roussow T (2010). The risk-taking and self-harm inventory for adolescents. Development and psychometric evaluation. Psychological assessment; 22(4): 852–865.

Wilkinson P, Kelvin R, Roberts C, Dubicka B, Goodyer I (2011). Clinical and psychosocial predictors of suicide attempts and nonsuicidal self-injury in the Adolescent Depression Antidepressants and Psychotherapy Trial (ADAPT). The American journal of psychiatry; 168(5): 495–501.

Literatur zu Abschn. 3.14

Zanarini MC, Frankenburg FR, Bradford Reich D, Harned AL, Fitzmaurice GM (2015). Rates of psychotropic medication use reported by borderline patients and axis II comparison subjects over 16 years of prospective follow-up. Journal of clinical psychopharmacology; 35(1): 63–67.

Literatur zu Abschn. 3.15

Lana F, Martí-Bonany J, Moreno G, Pérez V, Cruz MA (2017). Brief Mentalization-Based Group Psychotherapy for Bipolar Disorder: A Feasibility Study to Assess Safety, Acceptance and Subjective Efficacy. ARC Journal of Psychiatry; 2(4): 15–24.

Marwaha S, Broome MR, Bebbington PE, Kuipers E, Freeman D (2014). Mood instability and psychosis. Analyses of British national survey data. Schizophrenia bulletin; 40(2): 269–277.

Miklowitz DJ, Gitlin MJ (2015). Clinician's guide to bipolar disorder. Integrating pharmacology and psychotherapy. New York: The Guilford Press.

Miklowitz DJ, Axelson DA, Birmaher B, George EL, Taylor DO, Schneck CD, Beresford CA, Dickinson LM, Craighead WE, Brent DA (2008). Family-focused treatment for adolescents with bipolar disorder. Results of a 2-year randomized trial. Archives of general psychiatry; 65(9): 1053–1061.

4 Schematherapie

Die Schematherapie ist gleichfalls ein etabliertes Therapieverfahren bei der Borderline-Persönlichkeitsstörung. Sehen wir uns einmal an, nach welchen Prinzipien sie funktioniert.

4.1 Grundlagen der Schematherapie

Etwa 1990 entwickelte Jeffrey Young die Schemafokussierte Therapie bzw. Schematherapie. Hierbei werden Techniken der Kognitiven Verhaltenstherapie mit erlebnisorientierten Techniken kombiniert, auch traumatische Ereignisse fokussiert und in der therapeutischen Beziehung bearbeitet (Arntz und van Genderen 2010). Schematherapie ist aufwändig, sie kann 1,5–4 Jahre dauern. Üblicherweise beginnt man mit zwei Sitzungen pro Woche, man kann aber später die Frequenz auf 1-mal pro Woche reduzieren. Diese Therapiemethode ist nicht nur effektiv, sondern auch effizient, die Behandlung spart Geld (van Asselt et al. 2008). Man kann diese Therapie erst durchführen, wenn andere Erkrankungen wie bipolare Störungen, Psychosen oder ADHS zuvor ausreichend behandelt wurden.

Grundlage der Schematherapie ist die Annahme, dass ein Mensch in der Kindheit bestimmte Schemata entwickelt, also organisierte zusammenhängende Muster des Handelns, Fühlens und Denkens, als eine organisierte Struktur, die sich in bestimmten Verhaltensweisen, aber auch in Emotionen und Gedanken zeigt. Leider gibt es keinen einfachen Test der Zuordnung zu einem Schema. In der Regel wird man sich im Detail die Lebensgeschichte anschauen müssen bzw. eine ausführliche Anamnese erstellen, die in alle Lebensbereiche hineinleuchtet, und versuchen müssen, zu begreifen, welche Strategien die Patientin im Alltag verwendet, um klarzukommen. Dysfunktionale Schemata entwickeln sich besonders, wenn bestimmte Grundbedürfnisse des Kindes nicht erfüllt wurden, wie das Bedürfnis nach Sicherheit, Verbundenheit, Autonomie, Selbstachtung, Freiheit, sich mitzuteilen, sowie das Bedürfnis nach realistischen Grenzen (Young et al. 2003). →Tab. 4-1 zeigt die Grundprinzipien stationärer Schematherapie.

Therapietechniken	Therapieform/Setting
Kernkonzept des »Limited reparenting« (Validierung von Gefühlen des Patienten, empathisches Begrenzen, aktives Coaching, Hilfe zur Autonomieentwicklung)	Typische stationäre Angebote: Gruppentherapie, Schemaskillsgruppe, Modusarbeit, Schemakörpertherapie, Psychoedukation, Einzeltherapie, Teamkonferenz, Supervision
Umgang mit Modi: • Schmerzhafte Modi: Kindmodus validieren und trösten. Dysfunktionalen Elternmodus hinterfragen und begrenzen • Bewältigungsmodi: Distanzierten Beschützer empathisch validieren und empathisch konfrontieren	Kombination Gruppe/Einzeltherapie mit Fokus auf Gruppentherapie

Tab. 4-1: Stationäre Schematherapie. (Mod. nach Reiss 2010)

4.2 Ursachen der BPS aus schematherapeutischer Sicht

Konstitutionelles BPS-Patienten haben häufiger die Neigung zu stärkerem Emotionsausdruck und einen wechselhaften Charakter, dies kann in Teilen angeboren sein. Häufiger sind es Frauen, was allerdings auch damit zu tun haben kann, dass bei Männern oft auch antisoziales Verhalten hinzutritt, sodass diese Patienten dann diagnostisch oft eher der Dissozialen Persönlichkeitsstörung zugerechnet und aufgrund ihrer niedrigen Schwelle für aggressives, auch gewalttätiges Verhalten nicht selten inhaftiert werden.

Umgebungsfaktoren aus schematherapeutischer Sicht Bei BPS-Patientinnen war die familiäre Entwicklungsumgebung oft instabil, es gab Missbrauch oder Misshandlungen. Auch war die Umgebung oft wenig unterstützend, Zuwendung in Form von Nähe und Empathie gab es nicht. Im Gegenteil gab es oft eine Neigung zu harter Bestrafung und Zurückweisung. Oft wurde nur Gehorsam eingefordert, die eigenen Bedürfnisse sollten verleugnet werden.

Im sogenannten distanzierten Modus haben die Patientinnen oft ein Identitätsproblem – sie fühlen sich verwirrt, sind sich ihrer Handlungen nicht sicher. So kann es sein, dass ganze Therapien dahinplätschern, ohne dass es zu einem echten Fortschritt kommt, weil die Patientin nichts an sich heranlässt.

4.3 Schemata

Young et al. (2003) haben im Zusammenhang mit unterschiedlichen Bewältigungsstrategien insgesamt 18 Schemata aufgeführt. Man kann für bestimmte Persönlichkeitsstörungen typische Schemata herausarbeiten: So sollen bei der Borderline-
Störung eine ganze Reihe verschiedener Schemata aktiviert
werden, z. B. die Schemata Verlassenwerden/Instabilität, Miss-
trauen/Missbrauch, emotionale Deprivation, Unzulänglichkeit/
Scham, Abhängigkeit/Inkompetenz, Verletzbarkeit durch schädigende Einflüsse oder Erkrankungen, ungenügende Selbstkon-
trolle/fehlende Disziplin, Unterwerfung, Emotionale Hemmung,
Streben nach Rache und Vergeltung. Dies zeigt, wie stark irritiert die Borderline-Patientin an sich ist, denn z. B. bei der
abhängigen Persönlichkeit sollen der Theorie zufolge nur die
Schemata Abhängigkeit/Inkompetenz, Verlassenwerden/Insta-
bilität, Unzulänglichkeit/Scham sowie Unterwerfung aktiviert
werden.

4.4 Schema-Modi

Angesichts des unglaublich komplexen und unüberschaubaren
Wirrwarrs an nachgewiesenen Schemata ist von den Autoren
versucht worden, diese in übergeordneten Strukturen zu ord-
nen, den sogenannten Schema-Modi. Dann ergeben sich z. B.
für die BPS nur noch fünf übergeordnete Modi, nämlich der
distanzierte Selbstschutz-Modus, der Modus des verlassenen
oder missbrauchten Kindes, der Modus des wütenden oder
impulsiven Kindes, der bestrafende oder überkritische Modus
sowie der gesunde Erwachsenenmodus (Arntz und Bögels 2000).

Die genannten Hauptmodi sollen im Folgenden kurz dargestellt werden.

Der distanzierte Selbstschutzmodus Im distanzierten Selbstschutzmodus tut die Patientin so, als wäre alles in Ordnung,
lässt sich aber auf keinen echten Kontakt, geschweige denn auf
eine Bearbeitung ihrer Probleme ein. Im Grunde entspräche
das in der MBT dem Als-ob-Modus. Die Patientin wirkt ruhig
und vermeidet – aus Angst, die Kontrolle zu verlieren – jegliche
Gefühle, schaltet sie quasi ab. Es wird auch auf Suchtverhalten
oder selbstverletzendes Verhalten zurückgegriffen, um diesen
Modus herzustellen. Nicht selten wird die Patientin in diesem
Modus die Therapie abbrechen. Auch dissoziatives Verhalten
kann von der Patientin eingesetzt werden, um die unangenehmen Gefühle abzuschalten.

Der Modus des verlassenen Kindes Im Modus des verlassenen
oder missbrauchten Kindes hingegen verhält sich die Patientin
wie ein kleines Kind, zeigt ein hilfesuchendes, anklammerndes
Verhalten. Sie verlangt dann oft sofortige konkrete Hilfe vom
Therapeuten. Dies entspräche in der MBT dem teleologischen
Modus. Es zählt nur, was getan bzw. agiert wird. Wichtig ist, dass
der Therapeut diese Gefühle nicht wegredet, sondern sie validiert.

Der Modus des wütenden Kindes Im Modus des wütenden oder
impulsiven Kindes hingegen (Arntz und van Genderen 2010)
macht die Patientin Dinge, die sonst nur ein kleines wütendes
Kind anstellen würde: den Therapeuten verbal oder konkret
angreifen, andere mit dem Tode bedrohen oder attackieren, die
Therapie wütend abbrechen, aggressiv-sarkastische Kommentare anbringen und ähnliche Verhaltensweisen. Auf der anderen Seite kann es auch zu impulsivem Verhalten kommen: sich

auf sexuelle Kontakte mit Fremden einlassen, sich rauschhaft betrinken, Drogen konsumieren oder Fressattacken entwickeln. All dies soll der Therapeut, solange keine konkrete Gefährdung besteht, tolerieren, aber mit der Patientin daran arbeiten, diese Verhaltensweisen einzustellen und durch besser geeignete zu ersetzen.

Der bestrafende Modus   Im bestrafenden/überkritischen Modus nimmt die Patientin alle Schuld auf sich, ertrinkt in Schuldgefühlen und versagt sich kleinste Belohnungen. Auch dies kann zum Therapieabbruch führen. Im Grunde ist innerlich eine bestrafende internalisierte Instanz aktiv, die entwertet und demütigt. Oft ist diese Instanz nur unzureichend bekannt, und dies muss in der Therapie erst gemeinsam besser verstanden werden.

Der gesunde Erwachsenenmodus   Im gesunden Erwachsenenmodus hingegen befindet sich die Patientin nur selten. Der gesunde Modus sorgt dafür, dass sich die Patientin in Therapie begibt und dort regelmäßig erscheint. Diese Seite soll im Verlauf natürlich gestärkt werden.

Insgesamt machen die verschiedenen Schemata besser verständlich, wieso sich die Patientin so sprunghaft und kontraproduktiv verhält.

4.5 Schemata von BPS-Patientinnen

Die wichtigsten Schemata bei Patienten mit Persönlichkeitsstörungen sind Themen wie Verlassenheit/Instabilität, Misstrauen/Missbrauch, Emotionale Entbehrung, Unzulänglichkeit/

Scham und Unterwerfung. Bei BPS-Patienten sind diese ganz besonders stark ausgeprägt, insbesondere die individuellen Bewältigungsstile sind extremer als bei anderen Störungsbildern (Young et al. 2008). Charakteristisch ist, dass die BPS-Patienten rasch von einem Modus in den anderen wechseln können. Bei der BPS sind die Modi verlassenes Kind, ärgerlich/impulsives Kind, strafender Elternteilmodus, distanzierter Beschützermodus und gesunder Erwachsener-Modus aktiv. Meist befinden sich die Patienten anfangs im Modus des distanzierten Beschützers, unterwerfen sich, verhalten sich passiv, so etwa wie ein Roboter, während der gesunde Erwachsenenmodus noch kaum ausgebildet ist.

Die Modi unterscheidet man am einfachsten über die ausgedrückte Gefühlsseite, weniger über den Inhalt. Das verlassene Kind zeigt sich traurig und verängstigt und spricht oft mit dünner, verängstigter Stimme, während das ärgerliche Kind keift und brüllt. Im distanzierten Modus ist der Affekt außerordentlich flach, die Patientin nicht spürbar. Das verletzte Kind ist bei der BPS-Patientin im Vergleich zu anderen Störungsbildern oft jünger, vielleicht um die 3 Jahre. Der ärgerlich-impulsive Typ ist natürlich derjenige, vor dem sich der Behandler oft fürchtet – er kommt aber in Wahrheit gar nicht so häufig auf wie die anderen Modi, oft baut sich schon längere Zeit ein Druck bei der Patientin auf, bevor sie explodiert. Im distanzierten Modus ist die Patientin quasi die »gute Patientin« und verhält sich folgsam, sodass man irrtümlich glauben könnte, alles wäre in Ordnung. Dies ist oft auch mit Dissoziation verbunden, mit Depersonalisierungs- und Leeregefühlen, die Patientin wirkt dann irgendwie mechanisch in ihrem Verhalten.

4.6 Grundprinzipen der Schematherapie-Behandlung

Anfangs kann es rasch sein, dass der Therapeut die Patientin als manipulativ ansieht und so unversehens selbst zum strafenden Elternteil wird, was der Patientin nicht guttut. Besser ist es, die Patientin als bedürftig, nicht als egoistisch und manipulativ anzusehen (»needy, not greedy«; Young et al. 2008).

Die Aufgabe des Therapeuten ist es nun, sich schemagerecht zu verhalten, indem er sich in das verlassene Kind einfühlt, um das strafende Elternteil zu bekämpfen, dem verärgerten Kind Grenzen zu setzen und den distanzierten Beschützer zu beruhigen und zu ermutigen, aus der Reserve zu kommen (ebd.).

Die Aufgabe des Therapeuten ist es auch, das verlassene Kind mit Rat und Tat zu unterstützen. Wichtig ist es, therapeutisch aktiv zu bleiben und nicht etwa als »weiße Wand« zu fungieren (wie es die Psychoanalyse noch vor Jahrzehnten forderte).

Um mit Stress umzugehen, sind auch Techniken der DBT wie Übungen in Achtsamkeit und Stresstoleranz legitim. Im Zentrum steht das **Reparenting**, das begrenzte »Nachbeeltern«. Kognitive Techniken dürfen nicht zu früh eingesetzt werden, weil der Therapeut sonst als kalt und abweisend betrachtet wird. Erst muss die therapeutische Arbeitsbeziehung gestärkt werden. Auch muss der Therapeut seine eigenen Grenzen klarmachen, ohne abzuweisen. Der Therapeut muss sein Beziehungsangebot auch ausreichend verbalisieren (»Ich werde mich gut um Sie kümmern«, »Ich lasse Sie nicht im Stich«). Wichtig für den Therapeuten ist es, beim Umgang mit dem strafenden Elternteil nicht zu zimperlich umzugehen. Dieser muss – zumindest nach schematherapeutischer Ansicht – hart bekämpft werden, im Sinne der Äußerung: »Ich verbiete Dir, mit meiner Patientin so umzugehen«. Wenn die Patientin in den verärgerten Modus wechselt, z. B. nach der Art und den Worten »Sie interessieren sich nicht für mich! Ich hasse Sie«, muss man als Therapeut verstehen, dass dies Ausdruck von Hilflosigkeit ist und seinen eigenen Ärger begrenzen. Dennoch muss man Grenzen setzen, wenn der angemessene Ärgerausdruck überschritten wird – z.B., wenn die Patientin beschimpft, persönlich angreift, verflucht, brüllt, dass andere gestört werden etc. Dann sagt der Therapeut: »Sie dürfen so ärgerlich sein, aber anbrüllen dürfen Sie mich nicht«. Dann soll die Patientin zunächst in einen Warteraum gehen oder später wiederkommen. Young et al. (2008) empfehlen ein vierschrittiges Vorgehen.

> **MERKE** Vierschrittiges Vorgehen bei der Schematherapie
> (nach Young et al. 2008)
> 1. Zunächst soll der Ausdruck gefördert werden, sodass die Patientin genau erklären kann, was sie wütend macht.
> 2. Anschließend soll Empathie für den Ärger und der Ausdruck des Gefühls gezeigt und das Spüren des Gefühls gefördert werden.
> 3. Anschließend soll die Patientin zur Realitätsprüfung aufgefordert werden. Wo ist berechtigter Ärger, wo unberechtigter, übersteigerter? Wo liegt bloß ein Missverständnis vor?
> 4. Zuletzt wird gemeinsam erprobt, den Ärger in angemessener Form zu äußern. Dies kann durch erlebensbasierte Arbeit oder kognitive Techniken noch intensiviert werden.

Insgesamt darf sich der Therapeut aber nicht zu defensiv verhalten, auch darf er nicht einfach zur Gegenattacke ausholen oder selbst in einen Modus wechseln, in dem er die eigenen Gefühle »abschaltet«. Des Weiteren darf er nicht unterlassen, Grenzen zu setzen. Darüber hinaus darf er den anschließend oft einsetzenden strafenden Elternmodus nicht ignorieren bzw. diesen bewusst machen und versuchen, etwaigen Therapieabbruchstendenzen der Patientin entgegenzuwirken.

4.7 Einzelheiten der Behandlung

Insgesamt werden in der Therapie anhand der drei Ebenen Fühlen, Denken und Handeln das Leben außerhalb der Therapie, die Situation in der Therapiestunde, aber auch Erfahrungen, die in der Vergangenheit liegen, betrachtet und bearbeitet (Arntz und van Genderen 2010). Vorrang hat zunächst die Behandlung komorbider Störungen, wie z. B. schwerer Depressionen. Auch sollte ein geeigneter Krisenplan vor Beginn der Therapie erstellt werden. Dann kann mit der eigentlichen Behandlung unter Berücksichtigung der Schema-Modi begonnen werden.

Auch Traumata müssen bearbeitet werden, allerdings erst, wenn es der Patientin gelungen ist, ihren Erwachsenenmodus zu stärken und für genügend stützende Beziehungen im Umfeld gesorgt ist. Nach gelungener Therapie und Arbeit an der Veränderung von dysfunktionalen Verhaltensmustern kann die Therapie beendet werden (Arntz und van Genderen 2010), wenn

- die BPS-Kriterien von der Patientin nicht mehr erfüllt werden,
- sie ausreichend soziale Unterstützung gefunden hat oder
- die Therapie schlimmstenfalls über ein Jahr lang keinerlei Fortschritte ergeben hat.

Angesichts der oft negativen Erfahrungen, die Patientinnen mit Therapeuten im Vorfeld gemacht haben, und auch aufgrund der oft zahlreichen Negativvorerfahrungen der Therapeuten mit BPS-Patientinnen ist anfangs viel Zeit in den Aufbau der therapeutischen Beziehung zu investieren.

Diagnostik

Diagnostisch werden Fragebögen angewendet, z. B. der Young-Schema-Fragebogen. Weitere eingesetzte Fragebögen sind das Young Parenting Inventory, der Borderline Personality Disorder Severity Index, die BPD-Checkliste, das Schema Mode Inventory (SMI), das Young Atkinson Mode Inventory (YAMI) und weitere Bögen, die ein Gesamtbild der Störung und der mutmaßlich von der Patientin kompensatorisch verwendeten Schemamodi zu erstellen ermöglichen (Arntz und van Genderen 2010).

Rahmenbedingungen

Wie bei jeder Therapie müssen zunächst die Rahmenbedingungen abgesteckt werden. Dazu zählen die Häufigkeit der Sitzungen, die Gesamtdauer der Behandlung und ähnliche Themen.

Mitschneiden der Behandlung

Außerdem soll nach Möglichkeit die Therapie mitgeschnitten werden – mit dem Ziel, dass sich die Patientin die Sitzung anschließend wiederholt zu Hause anhört. Wenn man bedenkt, dass Patientinnen bei der BPS sicherlich häufig in einem dissoziierten Zustand sein können, kann das nur nützlich sein, weil die Patientin Teile der Stunde später vielleicht nicht erinnert. Das gibt der Patientin die Möglichkeit, selbst Schema-Modi während der Stunde bei sich zu identifizieren und besser zu verstehen, wann sie sich z. B. in einem selbstbestrafenden Modus

befunden hat, resigniert war, wann sie den Therapeuten eher
attackiert hat usw.

Behandlungstechniken

Hierzu werden ganz unterschiedliche Techniken eingesetzt, z. B.
Rollenspiele, imaginative Techniken, Expositionstechniken, sokratischer Dialog, Selbstinstruktionskarten, Tagebücher, Problemlösetechniken, Identifikation von Schemata, Verhaltensexperimente, imaginative Traumabearbeitung, Stühlearbeit
und vieles mehr. Es wird also eklektizistisch in die bunte Kiste
schon bekannter verhaltenstherapeutischer Techniken gegrif-
fen, allerdings immer vor dem Hintergrund des theoretischen
Schema- bzw. Modus-Theoriegebäudes.

Die Therapiephasen

Arntz und van Genderen (2010) unterscheiden sieben typische
Therapiephasen: Anfang und Fallkonzepterstellung, Behandlung der Symptome einer Achse-I-Störung, Krisenmanagement,
Therapeutische Intervention mit Schema-Modi, Traumabehandlung, Verhaltensmusteränderung, Ende der Therapie.

Zunächst wird in 6–12 Sitzungen ein therapeutisches Arbeitsbündnis aufgebaut, eine detaillierte Anamnese erhoben und
Diagnostik betrieben. Mögliche Kontraindikationen werden
ausgeschlossen, und es wird ein erstes Fallkonzept erstellt, wo
in einem Schaubild aufgeschrieben wird, welche Schema-Modi
in welcher wechselseitigen Abhängigkeit voneinander aktiviert
werden. Der Therapeut versucht den richtigen Abstand zur Pa-

tientin zu finden, nicht zu nahe, aber auch nicht zu distanziert, und verhält sich wohlwollend-freundlich im Kontakt.

Telefonkontakte

Ähnlich wie bei der DBT lässt auch die Schematherapie zu bzw. ermutigt dazu, dass der Therapeut den Patienten seine Telefonnummer gibt, um im Krisenfall erreichbar zu sein. Üblicherweise nutzt die Patientin dies gar nicht so häufig wie vom Therapeuten befürchtet, meist eher in der Anfangsphase häufiger als im späteren Verlauf. Für den Fall, dass der Therapeut doch nicht erreicht werden kann, wird im Vorfeld ein ausführlicher Krisenplan besprochen – mit Telefonnummern anderer Ansprechpartner, z. B. nahe gelegener Psychiatrien oder anderer Notdienste.

Nachbeeltern und Fürsorge

Der Therapeut verhält sich insgesamt fürsorglich, ohne übergriffig zu werden. Zunächst werden die Grenzen vom Therapeuten klargemacht und auch, in welchen Fällen er genau hilft und in welchen nicht. Gegebenenfalls bespricht er die Lage in seiner Supervisionsgruppe. Der Therapeut hilft der Patientin, die Frustration auszuhalten, wenn er bestimmte Dinge, die die Patientin von ihm fordert, nicht umsetzen kann, weil dies für den therapeutischen Verlauf schädlich wäre.

Aufmerksamkeit richten auf Zusammenhänge zwischen Verhalten und Schema-Modi

In der Folge versucht der Therapeut Zusammenhänge zwischen dem Verhalten der Patientin und möglichen Schema-Modi herzustellen und exploriert dies gemeinsam sehr tief mit der Patientin.

Umgang mit Suizidalität

Laut Young et al. (2008) soll bei Suizidalität zunächst vorübergehend der Kontakt intensiviert werden. Auch wird bei jedem Kontakt das Ausmaß der Suizidalität dreistufig festgelegt. Oft wird die Erlaubnis eingeholt, wichtige Bezugspersonen einzubeziehen, und als nächste Stufe eine Konsultation mit einem Ko-Therapeuten veranlasst. Außerdem können die Behandlung mit psychotropen Medikamenten sowie weitere unterstützende Maßnahmen – Telefonhotlines, der Besuch von zusätzlicher Gruppentherapie etc. – festgelegt werden. Als letzte Stufe wäre ein freiwilliger Klinikaufenthalt nötig, im Akutfall auch eine Zwangseinweisung.

Umgang mit selbstschädigendem Verhalten

Ähnlich wie in der DBT wird (selbst)schädigendes Verhalten fokussiert und sofort besprochen, sei es nun der Konsum von Drogen, schädliches Essverhalten oder Fehlverhalten in Beziehungen, indem z.B. der Kontakt zu Personen gepflegt wird, die nachweislich der Patientin schaden.

Einbeziehung des Partners

Der Partner wird nach Möglichkeit einbezogen und per Psycho-edukation in den Therapieprozess einbezogen. Nur bei eindeutiger Schädlichkeit des Partners wird interveniert und etwa zur Trennung geraten.

Grenzen setzen und Konfrontation der Patientin

Angesichts des oft in vielfältiger Weise grenzüberschreitenden Verhaltens von Borderline-Patienten ist es von besonderer Bedeutung, Grenzen zu setzen, innerhalb derer z. B. eindeutig therapieschädigendes Verhalten behindert wird. Therapieschä-digendes Verhalten kann sich z. B. äußern in

- unnötig vielen Anrufen der Patientin,
- Wunsch nach körperlicher Nähe durch die Patientin,
- Drohungen der Patientin, den Therapeuten oder sich zu ver-letzen oder das Mobiliar zu zerstören,
- dem Gebrauch von Drogen oder anderen Substanzmitteln.

In Zweifelsfällen sollte immer wieder die Supervisionsgruppe zu Rate gezogen werden. Zu wenig Grenzen setzen kann dazu führen, dass sich die Patientin allein gelassen fühlt. Oder es ent-wickelt sich eine Kumpanei, die nichts mehr mit Therapie zu tun hat. Kommt die Patientin beispielsweise regelmäßig zu spät, muss dies angesprochen werden. Anschließend könnte es sein, dass die Patientin emotional in den »bestrafenden Modus« wechselt und mit Selbstverletzung reagiert. Oder sie gerät in den Selbstschutzmodus und bricht die Therapie ab. Solches Ver-halten muss dann gemeinsam rechtzeitig identifiziert und angesprochen werden.

Zum einen sollte der Therapeut nicht mit etwas beginnen, was er nicht längere Zeit aufrechterhalten kann (z. B. wenn er zusagen würde, täglich zehn Minuten Zeit für Extratelefonate einzuräumen). Er soll sich nicht auf allgemeine Regeln zurückziehen, sondern die genaue Bedeutung im Therapieprozess in persönlicher Weise darlegen. Bei Regelverstößen soll er diese zunächst genau benennen und dann sinnvolle einfache Konsequenzen festlegen, z. B. nach zu häufigen Anrufen ein drei Tage währendes Anrufverbot. Im Laufe der Zeit können die Grenzen bei wiederholten Verstößen allmählich strenger gefasst werden. Zu Anfang der Behandlung wird man eher nachsichtiger sein.

> **MERKE** Häufige Grenzsetzungen während der Therapie
> (nach Young et al. 2008)
> - Einschränkung von Kontakten außerhalb der Therapiesitzungen
> - Kontaktaufnahme bei suizidalen Regungen
> - Festlegung von Regeln für suizidale Empfindungen und beim Einschränken impulsiv selbstschädigenden Verhaltens
> - Begrenzung von Therapieunterbrechungen

Sinnvolle Regelungen in diesen Fällen sind z. B., dass die Patientin zwar Suizidregungen haben darf, aber auf jeden Fall vorher den Therapeuten anrufen muss, damit dieser helfend einschreiten kann. Hierfür ist es erforderlich, dass der Therapeut eine Handynummer zur Verfügung stellt. Außerdem muss sich die Patientin im Falle von Suizidalität mit einem vorher festgelegten Ablauf einverstanden erklären, sodass der Therapeut helfend durch die Suizidalität navigieren kann.

Selbstschädigendes Verhalten verbietet er nicht, erwartet aber, dass dieses nach sechs Monaten Therapie nicht mehr im Vordergrund steht. Bei mehrfachem Therapieausfall legt der

Therapeut Konsequenzen fest, z. B. Unterbrechung des Kontakts für eine Woche, oder er bestimmt, dass in der nächsten Therapiestunde nur darüber gesprochen wird, warum die Patientin nicht erschienen ist.

Schrittweise Eskalation beim Setzen von Grenzen Beim Setzen von Grenzen ist ein schrittweise eskalierendes Vorgehen sinnvoll. So könnte man zunächst das Problem nur sachlich ansprechen. Bei erneutem Fehlverhalten könnte das Thema mit sichtbarem Ärger angesprochen werden. Bei weiteren Verfehlungen könnten dann Konsequenzen angedroht werden – beginnend mit geringen bis hin zu stärkeren, z. B. einer (längeren) Therapiepause oder gar der Beendigung der Therapie. Diese letztere Konsequenz sollte aber nur die allerletzte sein, da sie die negativen Erwartungen der Patientin, die solche Kontaktabbrüche entweder oft selbst erlebt hat oder gar selbst immer wieder inszeniert hat, nur bestätigt. Arntz und van Genderen (2010) benennen einige typische Situationen und die passende Reaktion darauf:

Verpasste Therapie
Bei verpassten Therapiesitzungen könnte z. B. der Inhalt der Therapiestunde nur dem Thema »Verpasste Stunde« gewidmet werden. Verspätungen dürfen nicht zur Verlängerung der Sitzungen führen. Zu viele Telefonate außerhalb der Sitzungen können dazu führen, dass man nur noch zu einer bestimmten Uhrzeit verfügbar ist oder die Gesprächszeit begrenzt wird.

Aggressive Impulse
Aggressive Impulse könnten zunächst mit einem deutlichen Verweis beantwortet werden oder auch zu der Bitte, das Zimmer zu verlassen. Äußerstenfalls verlässt der Therapeut selbst das Zimmer.

Substanzgebrauch

Wiederholter Substanzgebrauch könnte dazu führen, dass in der Therapiestunde nur über das Thema »Substanzgebrauch« gesprochen wird. Oder es wird ein Entzug als Auflage gemacht (vor Fortsetzung der Therapie) oder angedroht, die Therapie zu beenden.

Sexualisiertes Verhalten

Hypersexualisiertes Auftreten (z. B. aufreizende Kleidung) könnte zur Bitte des Therapeuten führen, dies zu unterlassen. Die Patientin kann auch aufgefordert werden, sich umzuziehen und dann wiederzukommen. Unangemessene Geschenke können zurückgegeben werden, oder es kann angedroht werden, das Geschenk wegzuwerfen.

Alle Sanktionen in dieser Richtung dürfen erst dann angewendet werden, wenn die Patientin darauf angesprochen und die Möglichkeit der Verhaltensänderung eingeräumt wurde. Auf diese Weise sollten Therapieabbrüche nur die Ausnahme sein.

Probleme des Therapeuten mit Grenzsetzungen

Nicht selten kann es sein, dass auch dysfunktionale Schemata des Therapeuten aktiviert werden, die etwas mit seiner eigenen Lebensgeschichte und schlechten Vorerfahrungen zu tun haben. So könnte er aufgrund eigener narzisstischer Bedürfnisse Hemmungen haben, klare Grenzen zu setzen. Auch könnte er sich ständig die Schuld geben, dass die Therapie nicht so läuft, wie er sich das wünscht, und sich selbst aus einer überkritischen Haltung heraus entwerten, was die weitere Therapie behindert. Unangenehmes, wie z. B. die Absage einer Therapiestunde durch die Patientin, könnte er aus eigener Angst vor dem Verlassenwerden versäumen anzusprechen, was mit eigenen emotionalen Vernachlässigungssituationen aus der Kindheit zusammenhängen könnte. Schlimmstenfalls könnte es aus ähnlichen

Motiven heraus zum Missbrauch der Patientin durch den Therapeuten kommen. Oder dazu, dass die notwendige Unterstützung in emotionalen Krisensituationen durch den Therapeuten aus der Neigung heraus, zu bestrafen, nicht gegeben wird – oder aus eigener Gehemmtheit. In solchen Fällen kann es sein, dass der Therapeut solche Patientinnen gar nicht behandeln sollte. Möglicherweise lässt sich das Problem aber im Rahmen der Selbsterfahrung oder der Supervision lösen. Es zeigt sich wieder einmal, wie wichtig Selbsterfahrung und Supervision in jeder Behandlung schwer persönlichkeitsgestörter Patientinnen ist.

Funktionsanalyse

Ähnlich wie bei der DBT sogenannte Kettenanalysen gang und gäbe sind, ist bei der Schematherapie auch seitens des Therapeuten eine Funktionsanalyse durch den Therapeuten sinnvoll, die in einem Schaubild die Zusammenhänge zwischen aktivierendem Ereignis, Interpretationen und Emotionen sowohl von Therapeut als auch von Patientin verdeutlicht. Auch kann das Anfertigen von Kognitionstagebüchern in Bezug auf die therapeutische Beziehung hilfreich sein. So könnte die Patientin z.B. aus dem wiederholten Stirnrunzeln des Therapeuten während der Sitzung den Schluss ziehen, er möge sie nicht und hielte sie für eine komplette Versagerin. Dann könnte im Kognitionstagebuch aufgeführt werden, was dafür- und was dagegenspricht, was alternative Erklärungsmöglichkeiten sind, usw. Auch verhaltensbezogene Therapietechniken sind ein unverzichtbarer Baustein der Schematherapie. So könnte z.B. die Patientin, wenn sie etwas Schambesetztes anspricht, den Blickkontakt jedes Mal vermeiden, da sie antizipiert, dass der Therapeut sie massiv dafür verurteilt. In diesem Fall könnte der Therapeut empfehlen, häufiger den Blickkontakt anzustreben, um sich zu vergewissern, ob das Befürchtete wirklich eintritt.

MERKE

Wichtig für die Etablierung einer vertrauensstiftenden therapeutischen Beziehung ist also ein aktives, auch grenzensetzendes Verhalten des Therapeuten, aber immer getragen von einer angemessenen wohlwollenden Nachbeelterung, die auch die Anwendung erlebnisorientierter, kognitiver und verhaltensorientierter Techniken umfasst, wie man sie aus der Verhaltenstherapie bereits kennt.

Erlebnisorientierte Techniken

Da BPS-Patientinnen oft sehr viele traumatische bzw. massiv überfordernde Erlebnisse hinter sich haben, ist es wichtig, diese nachzubearbeiten.

Imaginatives Nacherleben Dazu bietet sich die Bearbeitung in der Imagination an (Arntz und Weertman 1999). Man geht hierzu mit der Patientin in eine belastende Situation, bespricht die hierbei auftretenden Emotionen und verknüpft sie assoziativ mit weiteren belastenden Situationen.

Man kann so Missbrauchssituationen nachbearbeiten, Situationen, in denen das Kind im Stich gelassen wurde oder zu kurzkam, in seinen Ausdrucksmöglichkeiten beschnitten wurde oder z. B. in Situationen der Parentifizierung, wo es also zu einer Rollenumkehr zwischen Eltern und Kind kam. Die Patientin kann so lernen, dass sie früher nicht allein schuld war. Die Patientin kommt außerdem idealerweise aus der hilflosen (und eine dysfunktionale Identität stiftenden) Position der Traumatisierten heraus, das Geben von Schutz und Trost kann neu in die Situationen eingeführt werden. Oft beginnt man mit der Imagination eines »Sicheren Ortes« (Wohlfühlort oder wie immer man das nennen mag), manchen Patientinnen gelingt dies allerdings nicht besonders gut. Dieser Schritt kann nötigenfalls auch übersprungen werden.

Nach der Imagination des Sicheren Ortes kann zunächst eine belastete Situation aus der Jetztzeit (z.B. ein Problem am Arbeitsplatz, verbunden mit negativen Emotionen) erinnert werden. Dann kann gemeinsam in der therapeutischen Situation damit verbundenen früheren Erlebnissen, z.B. aus dem Elternhaus oder der Schule, nachgespürt werden. Nachdem die belastenden Gefühle gemeinsam erinnert und ausgehalten wurden, wird dann am Schluss wieder der »Sichere Ort« imaginiert.

Imagery rescripting Mit der Technik des »Imagery rescripting« können dann die traumatischen Situationen nachhaltig nachbearbeitet werden. Zunächst wechselt man aus der Position des Sicheren Ortes in die traumatische Kindheitssituation und versucht, die Situation so greifbar wie möglich zu machen. Alle Körpergefühle, Emotionen und Kognitionen werden gleichzeitig durch konkretes Nachfragen reaktiviert: was gerade genau passiert, was man sieht, hört, riecht und was man fühlt. Anschließend wird nachgefragt, was ein passenderes Verhalten in der Situation gewesen wäre und ermutigt, dieses auch zu tun, aber auch, was man emotional und real in der Situation gebraucht hätte. Die Patientin soll sich also konkret vorstellen, was sie heute als gesunder Erwachsener tun könnte, um die schreckliche Situation zu lindern oder zu bewältigen.

Dummerweise können genau das viele Patientinnen nicht, weil sie überhaupt nie Teil einer normalen Eltern-Kind-Konstellation waren und fürsorgliches Verhalten durch die Eltern gar nicht kennen. Dann ist es Aufgabe des Therapeuten, selbst in die Situation als hilfreiche Person einzutreten. Nachdem also die belastende Situation imaginiert ist, kann z. B. der Therapeut den Angreifer wegschicken, den missbrauchenden Vater in der Vorstellung aus dem Zimmer werfen oder sich dazwischenstellen, die Polizei rufen oder was immer, was die Situation bereinigt. Dies wiederum kann eine Menge kindlicher Ängste auslösen, was wohl die Folge dieses Verhaltens sein könnte. Dies kann die Angst vor weiterer Bestrafung oder anderen Konsequenzen sein. Dann kann der Therapeut zum einen die Patientin wiederum an einen Sicheren Ort bringen und beginnen, Zusammenhänge zu heutigen dysfunktionalen Schemata, die sich aus der Situation herleiten, beleuchten, verdeutlichen und nachbesprechen.

Ist die Patientin ausreichend in der bisherigen Therapie gestärkt worden, kann sie sich selbst vorstellen, als gesunde Erwachsene in das imaginierte Bild einzutreten. Falls die Patientin dann in der vorgestellten Situation nicht weiterweiß, kann man entweder nützliche Hilfswesen oder -personen ins Bild holen oder aber der Therapeut leitet die Patientin in ihrem Verhalten in der imaginierten Situation an. Als imaginierte Hilfspersonen kommt grundsätzlich jeder in Frage, der irgendwie einen positiven Einfluss hat oder hatte. Nicht geeignet sind Personen, die in der Vergangenheit bereits nachhaltig negativ in Erscheinung getreten sind, z. B. das Kind verletzt oder missbraucht haben. Ist die Situation in der Imagination bewältigt, kann nachgefragt werden, ob das Kind noch weitere Bedürfnisse hat, z. B. nach Umarmung oder Schutz. Dann kann dies auch noch imaginiert werden. Treten Blockaden auf, z. B., dass das Kind nicht weiß, wie es sich verhalten soll, kann man dafür ein Bild finden (z. B. ein dunkles Gewicht) und dies in Zusammenhang bringen mit strafenden Introjekten der Eltern und dieses intensiv nachbesprochen werden.

Bei der Imagination können zahlreiche Probleme und Schwierigkeiten auftreten, für die Arntz und van Genderen (2010) einige Beispiele bringen: So kann die Patientin Schwierigkeiten haben, die Augen zu schließen, z.B. aus Angst vor übergriffigem Verhalten des Therapeuten – dann könnte der Therapeut beispielsweise vorschlagen, auch die Augen zu schließen oder sich umzusetzen.

Ein weiteres Problem kann darin bestehen, dass die Patientin immer nur an einer Ausgangssituation klebt. Dies kann Teil des Selbstschutzmodus sein, indem nämlich andere schmerzhafte Themen aktiv vermieden werden – dann sollte auch dies angesprochen werden.

Des Weiteren kann es im Rahmen von dissoziativem Verhalten sein, dass zahlreiche Kindheitserinnerungen von der Patientin aktiv innerlich unterdrückt bzw. ausgeblendet werden, um den damit verbundenen schmerzlichen Gefühlen auszuweichen. Dann sollte der Therapeut das respektieren, aktiv das Dissoziieren zu begrenzen versuchen und weiter versuchen, die Arbeitsbeziehung zu stärken, um so schließlich Kindheitserinnerungen herbeizuführen.

Es können auch große Hemmungen bestehen, aktiv den Eltern in der Erinnerung entgegenzutreten, weil dies mit so vielen starken Schuldgefühlen verbunden ist. Dann muss dies zunächst bearbeitet werden, indem erklärt wird, dass ja nicht die Eltern als Ganzes verurteilt werden sollen, sondern nur bestimmte Aspekte in der Übung begrenzt werden sollen, um dem Kind nicht zu schaden.

Auch kann die Patientin das Vorgehen insgesamt entwerten und es als unrealistisch hinstellen. Dann muss erklärt werden, dass es sich um ein bewährtes und hilfreiches Verfahren handelt, obwohl es nur in der Phantasie stattfindet. Hier kann auch die Vermittlung von neurobiologischem Grundlagenwissen nützlich sein, in patientengerechter Form erläutert.

Sollte die Patientin starke Schuldgefühle während der Therapie entwickeln, sollte sie darauf hingewiesen werden, dass sie als kleines Kind ja nicht perfekt handeln konnte und in ihren Möglichkeiten beschränkt war; hierzu können auch eigene Beispiele aus der eigenen Kindheit herangezogen werden. Sollte die Patientin nur spätere Ereignisse erinnern, keine frühen, ist dies auch kein Beinbruch. Dann werden eben zunächst diese bearbeitet, in der Hoffnung, später noch Zugriff auf frühere zu erhalten. Dies kann ja auch Teil des distanzierten Selbstschutzmodus sein.

Rollenspiele

Während sich Imaginationsübungen besonders für im eigentlichen Sinne traumatisierende Erlebnisse eignen, die mit Gewaltausübung einhergingen, können Rollenspiele nützlich sein, um belastende Interaktionen im Allgemeinen nachzubearbeiten. Dies können z. B. Situationen am Arbeitsplatz sein, wo eigene Bedürfnisse übergangen wurden. Zuerst versucht man sich in der Therapie gemeinsam klarzumachen, welche Schemata und Modi wohl in der konkreten Situation aktiviert wurden. Anschließend könnte dann ein Rollenspiel in drei Phasen erfolgen. In der ersten Phase wird zunächst die Patientin das Kind darstellen, der Therapeut die andere Person, in Phase 2 kommt es zu einem Rollentausch zwischen beiden, und in Phase 3 versucht die Patientin die neuen Einsichten in der Ursprungssituation anzuwenden.

Phase 1 In Phase 1 erhält zunächst der Therapeut von der Patientin möglichst viele Informationen, um das Gegenüber möglichst authentisch nachzuspielen. Dann wird die ganze Situation möglichst authentisch nachgespielt und anschließend versucht, in Verbindung mit den ausgelösten Emotionen und Modi dysfunktionale Interpretationen herauszuarbeiten. Zum Beispiel könnte man eine Situation nachspielen, in der die Lehrerin in der Schule das Kind barsch abwies, welches sich hilfesuchend an die Lehrerin wandte, nachdem die Mitschüler sie gemobbt hatten.

Eine Erkenntnis wie »Die Lehrerin verhielt sich abweisend, weil sie eh dachte, dass ich ein Taugenichts bin« könnte dann schriftlich festgehalten werden – mit Erkenntnissen wie »Alle halten mich für einen Trottel«.

Phase 2 In der sich anschließenden zweiten Phase könnte dann der Therapeut die Rolle des Kindes übernehmen. Auf diese Weise ergeben sich oft neue Erkenntnisse, weil die Patientin nun andere Aspekte der Situation erlebt und möglicherweise ihr Bild vom Gegenüber korrigieren kann. Zudem besteht nun die Möglichkeit, zu erkennen, dass Teile des eigenen Erlebens nicht der Wirklichkeit entsprachen.

Phase 3 In der dritten Phase könnte die Ursprungssituation erneut dargestellt werden, nur dass jetzt die Patientin selbstsicherer oder jedenfalls in nützlicher Weise verändert auftritt. Schlussfolgerungen und Erkanntes werden wieder gewissenhaft notiert. Auch bei Rollenspielen können zahlreiche Probleme auftreten, die Situation kann zu kompliziert sein und muss dann vereinfacht werden, die Situation kann auch zu belastend sein, sodass sie besser in der Imagination und in ähnlichen Konstellationen angeschaut werden sollte. So kann die Patientin Schwierigkeiten haben, in die andere Rolle zu schlüpfen, keine veränderte Sichtweise auf das Verhalten des Gegenübers entwickeln und unangemessene Schuldgefühle entwickeln. Dann können Imaginationsübungen sinnvoll sein.

Kognitive Techniken

Kognitive Techniken als altbewährtes Mittel der Verhaltenstherapie sind auch für die Schematherapie ein unverzichtbarer Bestandteil. Hierbei werden dysfunktionale Überzeugungen systematisch hinterfragt und bearbeitet, allerdings in diesem Fall vor dem Hintergrund der erarbeiteten Schemata. Diese Analyse kann sich auch auf die therapeutische Beziehung erstrecken.

Ein kognitives Modus-Tagebuch hilft, konkrete Situationen zu analysieren. Zunächst wird die auslösende Situation vor dem Hintergrund analysiert, was das entsprechende Verhalten ausgelöst hat, es wird dann notiert, welche Emotionen und Gedanken die Situation auslöste und zu welchem Verhalten dies geführt hat (Arntz und van Genderen 2010). Anschließend soll erarbeitet und notiert werden, welche Modi (z.B. Selbstschutzmodus oder Modus des verlassenen Kindes) aktiviert wurden. Anschließend wird notiert,

- was ein angemessenes Verhalten gewesen wäre,
- worin die eigene Überreaktion bestand (in separater Spalte) und
- wie man besser mit der Situation umgegangen wäre.

Typische kognitive Verzerrungen, die in letzter Konsequenz zu Fehlverhalten führen, sind z.B. die Übergeneralisierung (aus einem Einzelfall wird auf alle Fälle geschlossen), emotionale Beweisführung (eigene Gefühle gegenüber einer Person werden als Rechtfertigung für das eigene Verhalten der Person gegenüber genommen), Personalisierung (der eigene Einfluss auf ein Ereignis wird massiv überschätzt, aus irrationalen Überzeugungen heraus), Zufallsverleugnung (die Existenz des Zufalls in einem Geschehen wird unterschätzt), Schwarz-weiß-Denken (es gibt im Denken des Patienten Gut und Böse, Yin und Yang, aber keinerlei Zwischenstufen). Das Denken kann mithilfe verschiedener Techniken hinterfragt werden, z. B. mithilfe eines Kreisdiagramms, wenn es darum geht, die Verteilung von Schuld realistisch abzuschätzen, aber auch Selbstinstruktionskarten, Positivtagebücher und Ähnliches sind möglich (Arntz und Bögels 2000; Sprey 2002).

Sokratischer Dialog Beim sokratischen Dialog wird die Patientin ebenfalls angeleitet, zu differenzierterem Urteilen über ihre Verhaltensweisen zu gelangen. Der Therapeut stellt offene W-Fragen, beginnend mit Wer-, Wann-, Was-, Warum-Fragen, z. B. »Was spricht dafür?«, »Was dagegen?«, »Wodurch wird diese Argumentation gestützt?« usw. Auch dies fällt der Patientin anfänglich schwer, weil der gesunde Erwachsenenmodus noch nicht weit entwickelt ist. Nach Stärkung desselben – im Verlauf der Therapie – kann die Patientin aber ihr Modus-Tagebuch in dieser Richtung fortentwickeln.

Visuelle Analogskala Eine weitere Technik, die man gut verwenden kann, ist die der visuellen Analogskala. So könnte man z. B. sich selbst als völlig unfähig hinstellen. Anhand einer Skala, die von 0 bis 100 reicht, könnte man stattdessen Angehörige, Kollegen oder Prominente in differenzierterer Weise einordnen und dann schließlich auch für sich selbst eine angemessenere Klassifikation finden, statt sich nur bei 0 oder bei 100 einzustufen.

Mehrdimensionale Bewertung Auch kann man mithilfe einer mehrdimensionalen Bewertung die Eindimensionalität seines Denkens hinterfragen. Beispielsweise könnte man zu der Erkenntnis gelangen, dass man ein wahrer Trottel ist, weil man sein letztes Studium hingeworfen hat. Man könnte dann zusätzliche Dimensionen der Bewertung, ob jemand etwa ein Trottel sei, einführen und diese auch jeweils mithilfe visueller Analog-skalen differenzieren. Allmählich gelangt man so zu einem dif-ferenzierten Selbstbild.

Zweidimensionale Abbildung von vermuteten Zusammenhängen Es gibt auch die Möglichkeit, in einem zweidimensionalen Diagramm einen dysfunktionalen Gedanken zu verdeutli-chen. So könnte z. B. jemand den Gedanken haben: »Immer wenn man etwas riskiert, wird man danach unglücklich.« Dann könnte man auf der Abszisse die folgenden Dimensionen ein-tragen: »Alles riskieren vs. nichts riskieren« und auf der Ordi-nate »Glücklich vs. unglücklich«. Dann könnte man Namen von Prominenten, von Leuten aus dem Bekanntenkreis oder der Familie in diesem Diagramm eintragen und allmählich durch Betrachtung und Analyse der zugehörigen Personen zu einem realistischeren Urteil gelangen.

Beim Kreisdiagramm hingegen kann man insbesondere zu einem angemesseneren Urteil über den eigenen Einfluss auf Situationen gelangen. So könnte man z. B. nach dem plötzlichen Unfalltod eines Angehörigen zu dem Schluss kommen: »Ich habe ihn nicht vor der weiten Fahrt gewarnt, also bin ich zu 100 % schuldig.« Dies könnte man durch Erstellung eines Kreis-bzw. Kuchendiagramms beginnen aufzulösen, indem man viel-leicht feststellt: »Zu 5 % war das Wetter schuld, es war Winter und die Straße eisglatt, an dem Morgen hatte es geregnet usw. Zu 15 % war er selber schuld, da er völlig übermüdet losfuhr.« Und so weiter. Allmählich verringert sich so das angenommene Ausmaß der eigenen Schuld.

Gerichtsübung Bei der Gerichtsübung kommt es in Bezug auf dysfunktionale Gedanken zu einem Rollenspiel, in dem die Positionen Ankläger, Verteidiger, Richter durch den Patien-ten sowie durch den Therapeuten übernommen werden und auch wie bei jedem Rollenspiel die Rollen getauscht werden können.

Überprüfung der persönlichen Vergangenheit Bei der Technik »Überprüfung der persönlichen Vergangenheit« (Arntz und van Genderen 2010) wird das verzerrte Selbstbild der Patientin hinterfragt, indem in verschiedenen Lebensphasen zurückgegangen wird, Leute dazu befragt werden, alte Bilder herausgesucht und gemeinsam betrachtet werden und sonstige Belege für frühere Lebensperioden herangezogen werden, um herauszuarbeiten, dass jemand z.B. nicht schon immer unfähig war oder zur Schuld geboren wurde – oder welche dysfunktionale Überzeugung auch immer die Patientin entwickelt haben mag.

Selbstinstruktionskarten Bei der Technik der Selbstinstruktionskarten wiederum wird auf einer Seite der Karte notiert, was dafürspricht, dass man z.B. ein totaler Versager ist, auf der anderen Seite werden Argumente notiert, die dagegensprechen. Man könnte auch auf der Seite mit der dysfunktionalen Überzeugung noch einmal die entsprechenden aktiven negativen Modi notieren. Beim Tagebuch positiver Ereignisse wird regelmäßig notiert, welche Ereignisse des Tages gut verliefen bzw. welche dem verfestigten negativen Selbstbild widersprechen. Häufig lassen Patienten nämlich die positiven Ereignisse unter den Tisch fallen und nehmen nur das wahr und auf, was wiederum (wie erwartet) schlechtgelaufen ist und wo man vermeintlich versagt hat, ohne die positiven Ansätze wahrzunehmen.

Verhaltensbezogene Techniken

Ist die Patientin im Rahmen der Therapie besser in der Lage, Kontakt zu ihrem gesunden Erwachsenenmodus zu nutzen, kann das Trainieren von konkreten verhaltensbezogenen Techniken oder Fertigkeiten hilfreich sein. (Hier ähnelt die Schematherapie der DBT mit ihren Skills.) Die Gefahr besteht allerdings, dass selbstbestrafende Modi ständig entmutigend tätig sind – die Patientin glaubt dann, sie könne das ja auch wiederum nicht richtig lernen und würde sich nur seine Unzulänglichkeit wiederholt bestätigen.

Verhaltensexperimente Man könnte z. B. neue Schemata zu stärken versuchen, indem man ein Experiment macht, etwas Konkretes ausprobiert, um so zu überprüfen, ob das alte Schema wirklich zutrifft oder man auf das neue zurückgreifen kann.

Fertigkeitentraining und Rollenspiele Oft haben Patientinnen interpersonelle Fähigkeiten nur schlecht entwickelt bzw. im Kreise der Familie bestimmte Erhaltensweisen nicht erlernen können, aufgrund schlechter oder nicht vorhandener Rollenvorbilder. Durch soziales Kompetenztraining und geeignete Rollenspiele können die Patientinnen angeleitet werden, eigene Bedürfnisse in geeigneter Weise zu äußern und Emotionen in angemessener Weise auszudrücken.

Problemlösetechniken Manche Patientinnen neigen dazu, in impulsiver Weise mit bestimmten Konfliktsituationen umzugehen. Im Rahmen des Problemlösetrainings wird die Patientin nun instruiert, eine Denkpause einzulegen und aus der Situation zunächst einmal herauszugehen, um dann im Rahmen einer Pro-Contra-Liste alle erdenklichen Lösungsmöglichkeiten zu konstruieren, auch abwegige, und diese dann einzeln zu bewerten und erst dann einen konkreten Lösungsversuch zu unternehmen. So kann die Patientin allmählich bessere Kontrolle über dysfunktionale impulsive Verhaltensweisen erarbeiten.

Gespräche über gefährliche Verhaltensweisen Ähnlich wie bei der DBT, in der suizidales und selbstverletzendes Verhalten ganz oben in der Hierarchie der zu bearbeitenden Themen stehen, ist auch bei der Schematherapie ein wichtiges Feld das Sprechen über diese gefährlichen Verhaltensweisen. Der Hauptunterschied liegt darin, dass man hier besonders die Verbindung zu dysfunktionalen Modi herstellt und erörtert. Schritt für Schritt, oft mit vielen Rückschlägen behaftet, müssen dann gemeinsam alternative Verhaltensweisen erörtert werden.

Gespräch über neue Verhaltensweisen Die Hauptgefahr ist, dass kognitive Techniken ohne konkrete Ergebnisse durchgeführt werden. Daher muss die Patientin in sorgfältiger wohlwollender Nachbeelterung ermutigt werden, neue Verhaltensweisen auszuprobieren, z. B. sich neue Aktivitäten aufzubauen, sich in Beziehungen konkret neu zu erproben (z. B. wie überhaupt Beziehung und zu wem zugelassen werden kann). Erst dann ist echter Fortschritt möglich.

Hausaufgaben Wie bekannt fällt gerade Borderline-Patientinnen das Durchführen von Hausaufgaben schwer. Deswegen betont die DBT unentwegt, dass das ständige wiederholte Einholen des »Commitments«, also des Einverständnisses des Patienten, absolute Pflicht ist. Die Schematherapie interessiert sich aber zusätzlich für die Frage, welche Schemata in diesem Fall aktiviert werden, und zeigt dies der Patientin auf. Oft wird es ein selbstbestrafender Modus sein. Dennoch empfiehlt auch sie, Hausaufgaben einzusetzen, und ermutigt die Patientin wiederholt, Hausaufgaben durchzuführen, und erzeugt eine kontinuierliche Motivation in dieser Richtung. Das Durchführen der Hausaufgaben kann jedenfalls zahlreiche destruktive Gedanken und Gefühle mobilisieren, intensive unaushaltbare Emotionen, es wieder nicht zu schaffen. Oder der Selbstschutzmodus verhindert dies gänzlich, um Gefühle erst gar nicht zu spüren. So wird die Hausaufgabe eben vergessen. Die einfachste basale Hausaufgabe ist es, sich eine Aufzeichnung der Stunde wiederholt anzuhören, z. B. mithilfe des Diktiergeräts im Smartphone.

Der Patientin kann aber auch die Aufgabe erhalten, sich selbst zu bestimmten Themen zu befragen, z. B. im sokratischen Dialog, und dies aufzuzeichnen und in die Stunde mitzubringen. Des Weiteren kann die Patientin beauftragt werden, die schon beschriebenen Selbstinstruktionskarten zu erstellen, wo auf der einen Seite die dysfunktionale Sichtweise unter Nennung des aktiven Modus, auf der anderen Seite die passendere Sichtweise notiert sind. Oder aber es soll ein Brief geschrieben werden an eine wichtige Beziehungsperson vergangener Tage, ohne diesen Brief zwangläufig wirklich abschicken zu müssen. Die Patientin kann des Weiteren gebeten werden, ein kognitives Modus-Tagebuch anzufertigen oder ein Tagebuch positiver Ereignisse, um verzerrte selbstdestruktive Gedanken zu mindern. Weitere Möglichkeiten sind, dass die Patientin aufgefordert wird, bestimmte Personen zu treffen, z. B. Freundschaften wiederaufleben zu lassen, eine positive Aktivität, z. B. den Besuch eines Sportclubs o. Ä., durchzuführen. Auch können Achtsamkeits-, Entspannungs- oder Meditationsaufgaben gegeben werden. Sinnvoll kann es auch sein, sich selbst Trost zu spenden, z. B. kondensiert in einem bestimmten Symbol. Auch kann der Ausdruck bestimmter Emotionen in angemessener Form geübt werden, z. B. von Wut und Ärger. Zwei- oder Mehr-Stühle-

Techniken können eingeübt oder die Bearbeitung bestimmter Ereignisse in der Imagination oder die Erprobung verschiedener neuer Verhaltensweisen angeleitet werden (Arntz und van Genderen 2010).

Pharmakologische Therapie

Auch die Schematherapie weiß, dass Medikamente bei der Borderline-Störung oft nicht viel nutzen. Evidenzbasiert sind nur in Einzelfällen Stimmungsstabilisierer oder bestimmte Antipsychotika (z. B. Aripiprazol) nützlich, aber sie lösen nicht das Kernproblem der Borderline-Störung, also die einschießenden Anspannungszustände. Das Problem und die Zustände können nur in der Psychotherapie zufriedenstellend gelöst werden. Von Schematherapie profitieren eher die Patientinnen, die auf Medikamente verzichten. Kein Wunder: Die Einnahme von Medikamenten stützt nicht gerade den Glauben an die eigene Selbstwirksamkeit, also das Erleben, selbst etwas bewirken zu können (Giesen-Bloo et al. 2005).

Umgang mit Krisen

Als Folge der Aktivierung dysfunktionaler Schemata kommt es bei Patientinnen immer wieder zu heftigen Krisen. Wie gewohnt ist der Therapeut in nachbeelternder, das verlassene Kind tröstender Weise verpflichtet, sich aktiv einzubringen. Er leitet das wütende Kind an, sich angemessen auszudrücken, und ist vor allem präsent und für den Patienten da. Es geht mehr um Akzeptanz der primären Gefühle, um Begleitung und vorsichtige

Anleitung, als dass der Therapeut für die Patientinnen die Probleme löst. Gegebenenfalls muss ein zusätzlicher Termin angeboten oder die Einweisung in eine Klinik veranlasst werden, wenn die Patientin mit Selbstverletzung oder Suizid droht. Auch die Schematherapie würde sich hier – wie die DBT – sogenannter Skills bedienen und bei starker Anspannung zum Nutzen starker sensorischer Reize wie bestimmter Riechstoffe, Gebrauch von Igelbällen etc. raten. Auch Ablenkungs- oder Entspannungsstrategien können empfohlen werden. Mit dem Anbieten zusätzlicher Behandlungstermine muss allerdings vorsichtig umgegangen werden, weil dies die dysfunktionalen Symptome eher verstärken kann.

Umgang mit Traumata

Traumata sind ein meist wichtiger Anteil der Last der Borderline-Patientinnen und bedürfen der Bearbeitung, sodass z.B. die DBT dies als basales Modul in das Behandlungskonzept integriert. Auch in der Schematherapie müssen Traumata aufgearbeitet werden. Dies wird meist in der Imagination bearbeitet. Wie bei jeder Therapie kann damit aber erst begonnen werden, wenn das Vertrauen zum Therapeuten schon gut etabliert wurde. Begonnen werden sollte erst damit, wenn die Lebensverhältnisse der Patientin einigermaßen stabil sind (was allerdings bei Trauma-Patientinnen zugegebenermaßen oft nicht der Fall ist). Wichtig ist es, Traumata zu bearbeiten, da sie häufig die Basis fest verankerter dysfunktionaler Überzeugungen sind bzw. erst die Grundlage diverser schädlicher Modi, wie des Verlassenen-Kind-Modus, des Modus des wütenden Kindes usw.

Zunächst wird die Situation kurz vor dem Trauma besprochen, dann greift in der Imagination jemand ein (sei es der Therapeut oder eine helfende Figur), die sich schützend einbringt und das Trauma verhindert. Außerdem müssen die dysfunktionalen Kognitionen (»Ich habe es verdient, missbraucht zu werden«) gleichzeitig besprochen werden. Nach einer intensiven Imaginationsübung muss dann also verstärkt kognitiv gearbeitet werden, was erst einmal eine gewisse Atempause für die Patientin schafft und Abstand von den starken Emotionen. Unterstützt wird dies durch das Führen von Tagebüchern und ähnliche Hausaufgaben. Natürlich muss der Therapeut sich so weit zurückhalten, dass er nicht etwa traumatische Ereignisse suggeriert, die gar nicht stattgefunden haben. Auch sollte der Schwerpunkt eher auf das subjektive Erleben und die damit verbundenen Kognitionen gerichtet werden als auf eine maßstabgetreue Rekonstruktion des Geschehens.

Wichtig ist es, zu lernen, mit den verschiedenen Modi, die auftreten können, angemessen umzugehen. Diese können während einer Therapiesitzung auch wechseln, ähnlich wie beim Dissoziieren von Trauma-Patienten.

Im distanzierten Selbstschutzmodus ist die Patientin nur scheinbar anwesend. Scheinbar ist alles in Ordnung, sie scheint an Therapie nicht sonderlich interessiert, und die Stunde plätschert vor sich hin. In Wirklichkeit kommt man keinen einzigen Schritt weiter. Die Patientin versucht sich abzuschotten und vor störenden bzw. gefährlichen Emotionen zu schützen. Wie soll man die Patientin hier also erreichen? Sobald man das Muster erkennt, wird noch einmal erklärt, was ein Selbstschutzmodus ist. Der Therapeut erklärt, ihr dabei zu helfen, starke Emotionen aushalten zu lernen. Er begleitet verständnisvoll die Patientin in ihrer bisherigen Unfähigkeit, dem Therapeuten zu vertrauen.

Manchmal kann man das Problem durch eine höhere Frequenz der Sitzungen lindern, wobei man allerdings aufpassen muss, dass die Patientin sich nicht anderweitig Entlastung schafft, z. B. durch Selbstverletzungen, um den gewünschten inneren Abstand herzustellen. Hilfreich zum Durchbrechen des Selbstschutzmodus ist manchmal auch die Zwei-Stühle-Technik (Arntz und van Genderen 2010). Dazu lässt der Therapeut die Patientin sich auf einen anderen Stuhl setzen, um ihr die Funktion des Selbstschutzmodus zu erklären. Er spricht dann mit dem Selbstschutzmodus, worauf dann häufig die Stimmung kippt und die Patientin eher in den Modus des verletzten Kindes wechseln kann. Dann ist der Punkt gekommen, wieder die Stühle zu wechseln, und die Behandlung kann normal fortgesetzt werden.

Anschließend kann man mit dem Material wieder kognitiv-verhaltenstherapeutisch arbeiten, indem schriftlich Vor- und Nachteile des Verhaltens herausgearbeitet werden. So könnten z. B. Vorteile des Selbstschutzmodus sein, dass der Selbstverletzungsdruck dann geringer ist, schmerzhafte Gefühle nicht gespürt werden müssen. Umgekehrt könnten Nachteile sein, dass die Therapie dann ins Leere läuft, dass der entstehende spätere Druck, wenn die Gefühle doch einmal durchschlagen, zu einem umso heftigeren Selbstverletzungsdruck führt. Der Therapeut lässt indessen nie nach, zum freien Ausdruck der Gefühle zu ermutigen. Wichtig ist auch, dass die Patientin sich nicht zusätzlich durch Medikamente betäubt, was das Selbstwirksamkeitserleben reduziert und der Therapie insgesamt nicht förderlich wäre. Mitunter sorgen die Patientinnen im Vorfeld für Schlafmangel, sodass sie eher in einen abwesenden Selbstschutzmodus geraten – dann ist es wichtig, gesunde Schlafregeln zu etablieren, wie z. B. täglich rechtzeitig zur selben Zeit ins Bett zu gehen. Dissoziative Zustände muss man erkennen und etwa durch gezielte Achtsamkeitsübungen durchbrechen, die ins Hier und Jetzt zurückholen. Bei vorübergehenden psychotischen Zuständen, wie sie bei Borderline-Patienten häufig vorkommen, kann es manchmal ausnahmsweise nötig sein,

Antipsychotika einzusetzen, um so die Zustände zu durchbrechen.

Umgang mit dem verlassenen bzw. missbrauchten Kind-State
Befindet sich die Patientin im Modus des verlassenen bzw. missbrauchten Kindes, braucht sie, wie jedes hilflose kleine Kind, vor allem Unterstützung, Halt und Verständnis, weniger konkrete Handlungsanweisungen. Die Patientin sollte ermutigt werden, ihren Gefühlen Ausdruck zu verleihen, wofür wieder Imaginationsübungen und Rollenspiele sinnvoll sein können. Wichtig ist es, nicht zu früh erwacheneres Verhalten anstoßen zu wollen, dies ergibt sich im Verlauf der Therapie oft von selbst.

Da die Patientinnen oft gar keine Vorstellung davon haben, wie eine normale kindliche Entwicklung aussehen könnte, kann es hilfreich sein, entsprechende Literatur zur Verfügung zu stellen oder mit Selbstinstruktionskarten zu arbeiten. Mitunter kann es doch nötig sein, die Patientin zu konkreten Handlungen zu motivieren (z. B. Kontaktabbruch zu schädlichen Personen, z. B. wenn sich die Eltern nachweislich durchgehend missbräuchlich verhalten haben). Aber dies sollte die Ausnahme sein. Wichtig ist, dass der Therapeut zwar nachbeeltert, aber nicht in eine missbräuchliche Beziehung gerät.

Das wütende Kind Besonders schwierig zu behandeln ist der Modus des wütenden oder impulsiven Kindes. Hierbei ist das therapeutische Setting möglicherweise in Gefahr, weil die Patientin in diesem Modus z. B. androht, den Therapeuten zu verletzen, Mobiliar zerstört oder ähnliche Impulse hat. Falls die Patientin aus Sorge vor ihrer eigenen Aggressivität nicht wagt, zur Stunde zu kommen, ruft der Therapeut die Patientin an und spricht über die dahinterstehenden Ängste. Außerdem wird bei Patientinnen mit ähnlichen Impulsen gemeinsam vorbesprochen, dass nach Alternativen gesucht wird, z. B. zeitweise den

Raum zu verlassen, bis die Wut abgezogen ist, durch Schlagen auf ein Kissen oder ähnliche Maßnahmen. Der Therapeut lenkt also die Wut und setzt Grenzen (Arntz und van Genderen 2010). Man kann auch in der Imagination mit dem Problem arbeiten und imaginativ eine Mauer einziehen zwischen verschiedenen Modi oder Selbstanteilen.

In jedem Fall ist die Etablierung eines funktionierenden Notfallplans im Vorfeld Pflicht, weil diese Impulse in der Behandlung immer wieder auftreten werden. Die dahinterstehenden kognitiven Verzerrungen können, wie gehabt, kognitiv-verhaltenstherapeutisch aufgegriffen werden. Auch kann zusätzliche körperliche Aktivität hilfreich sein – bis zum Abreagieren der Wut durch Schlagen in einen Boxsack. Doch dies muss mit Vorsicht gehandhabt werden, da es auch Patientinnen gibt, denen das erst recht zusätzlich Angst macht.

Die Regulierung des Schlafs ist ebenfalls wichtig, da Schlafmangel, Hunger oder ähnliche Randfaktoren die aggressiven Impulse verstärken können. Nicht ungewöhnlich ist, dass der Modus kippt, wenn die Wut abgezogen ist und dann verstärkt der selbstbestrafende Modus aktiv wird, was dann entsprechend in der Therapie aufgegriffen und fokussiert werden muss.

Bestrafender Modus Der bestrafende Modus hingegen überzieht die Patientin mit Selbstanklagen, die z.B. zu Selbstverletzungen führen können. Es lässt sich kaum vermeiden, dass dieser Anteil immer wieder aktiviert wird. Zum einen verkennt die Patientin oft Äußerungen als kritisch, dann muss dies im Gespräch geklärt werden. Manchmal sagt der Therapeut tatsächlich etwas Unbedachtes, dann muss er die Stärke haben, seinen Fehler einzugestehen und sich mit seiner Selbstkritik auch deutlich von den primären Bezugspersonen abzuheben, die das oft nicht konnten.

Da der bestrafende Modus gewissermaßen plump und

unverschämt daherkommt, hilft es nicht, mit ihm tiefsinnig zu diskutieren. Im Gegenteil weist der Therapeut diesen klar zurecht, unterbricht ihn, und er findet z. B. einen treffenderen Namen für ihn, personalisiert ihn also gewissermaßen, sodass er ihn laut und mit fester Stimme anreden und zurechtweisen kann. Dann wird auch deutlich, dass dies kein zum Patienten gehöriger Teil ist, sondern einer, der eher klar bekämpft werden muss. Auch mit nicht im eigentlichen Sinne strafenden, aber z. B. »jammerigen« Introjekten kann auf diese Weise umgegangen werden.

Auch kognitiv kann hier an dem Problem gearbeitet werden, wie üblich durch Anfertigen eines kognitiven Modus-Tagebuchs. Anschließend können kognitive Verzerrungen, z. B. das Schwarz-weiß-Denken, durch die schon genannten Techniken der mehrdimensionalen Bewertung, des Kreisdiagramms und der Gerichtsübung bekämpft werden (Arntz und van Genderen 2010). Des Weiteren können als Hausaufgabe Audioaufnahmen der Stunde angehört werden, wodurch die Patientin lernt, wie der Therapeut mit dem bestrafenden Modus wie mit einem kleinen Kind redet. Auch können Selbstinstruktionskarten angefertigt oder schriftlich ein Dialog angefertigt werden zwischen gesundem und bestrafendem Modus. Manchmal versucht die Patientin bewusst oder unbewusst, den Therapeuten zu manipulieren, z. B. durch Ausfallenlassen einer Stunde, was dann dazu führen könnte, dass der Therapeut die Bestrafung ausführt, von der die Patientin glaubt, dass sie sie verdient hätte. Da sie eine Versagerin sei, hätte sie verdient, dass der Therapeut sie rauswirft. Dies sollte er dann aber nicht tun, sondern weiter mit der Patientin arbeiten und ihr die Gründe dafür erläutern.

Wenn es nun gelingt, all die komplizierten Modi voller Fallstricke in der Therapie ausreichend zu berücksichtigen und damit in konstruktiver Weise, wenn auch meist nicht ohne

Rückschläge, umgehen zu lernen, dann kann es sein, dass im Laufe der Zeit der gesunde Erwachsenenmodus mehr und mehr in den Vordergrund rückt bzw. die Patientin sich längere Zeit in diesem befindet. Wodurch zeichnet sich dieser aus?

Man merkt dies daran, dass die Patientin in einer Krise auf den Appell hin, sich ihren gesunden Modus in Erinnerung zu rufen, tatsächlich lernt, konstruktiver mit einigen Situationen umzugehen. Auf emotionaler Ebene ist die Patientin zunehmend besser in der Lage, ihre Gefühle in adäquater Weise zu äußern. Sie ist immer besser in der Lage, einen destruktiven Modus klar für sich zu erkennen, zu benennen und sich in konstruktiver Weise zu verhalten. Die Welt der Patientin ist dann idealerweise nicht mehr so von Schwarz-weiß-Denken durchzogen wie bisher – es gibt mehr Schattierungen im Denken –, und die Patientin kann auch mit sich selbst einen sokratischen Dialog führen, ohne alles haarklein niederschreiben zu müssen. Beziehungen verlaufen weniger turbulent als bisher. Der Therapeut muss nur aufpassen, dass er nicht den Selbstschutzmodus mit dem gesunden Modus verwechselt, was nicht selten vorkommt.

Doch ist es nicht so leicht, separat die einzelnen Modi zu bearbeiten, weil typischerweise die verschiedenen Modi unvorhersehbar einander die Klinke in die Hand geben bzw. unvorhersehbar hin- und herspringen. So kann sich die Patientin erst hilflos wie ein kleines Kind fühlen, im nächsten Augenblick scheint dann wieder alles in Ordnung zu sein, dann kommen ein paar gesunde Anteile zum Vorschein, bevor die Patientin im nächsten Augenblick plötzlich einen Wutanfall bekommt, alles kurz- und kleinschlagen möchte, bevor sie dann in den bestrafenden Modus kippt, denkt, sie hätte keine Hilfe verdient und sich gerne selbstverletzen möchte, um sich selbst zu bestrafen.

Idealerweise begleitet der Therapeut all dies wohlwollend tolerierend, sofern vertretbar und keine scharfe Grenzsetzung erforderlich ist (z. B. bei aggressivem Verhalten). Er soll tröstend begleiten, Hoffnung vermitteln und gemeinsam mit der Patientin die verschiedenen Modi herausarbeiten. Dies alles erfordert aufseiten des Therapeuten eine gute Ausbildung, Reflexions- und Introspektionsfähigkeit sowie die Bereitschaft, nicht alles selbst lösen zu wollen, sondern dies eingebettet in eine regelmäßig tagende Supervisionsgruppe zu tun. Selbst nach bester Therapie werden noch ein paar »blinde Flecken« zurückbleiben. Dann sollte gemeinsam eine Liste der noch zu korrigierenden Verhaltensmuster, Fehlansichten und dergleichen erstellt werden und weiter mit den üblichen Techniken wie Zwei-Stühle-Technik, Imagination etc. daran gearbeitet werden.

Wenn die Therapie dann irgendwann zu einem Ende kommt, wird dies notwendigerweise eine gewisse depressive Nachschwankung erzeugen. Zum einen ist der Abschied vom Therapeuten schmerzhaft und sollte auf lange Sicht vorher angekündigt werden, um der Patientin nicht eine erneute Traumatisierung hinzuzufügen. Auch der Abschied von der schmerzhaften Kindheit hinein in ein selbstbestimmtes erwachsenes Leben und Fühlen kann schwierig und mit Ängsten verbunden sein. Dennoch wird die Majorität der Patientin nach einer erfolgreichen Schematherapie am Schluss weniger für die Borderline-Störung typische Symptome zeigen und sich in klinisch relevanter Weise verbessert haben – besonders bei denjenigen, die keine Medikamente benötigten. Oft macht es Sinn, in größeren Abständen Auffrischungssitzungen zu vereinbaren, um die Ergebnisse zu festigen.

FALLBEISPIEL Die Abschiedskatastrophe

Fünf Wochen lang gab die Patientin in jeder Visite an, wie gut ihr die Therapie hier gefalle. Sie galt als Musterbeispiel einer Patientin, alle Therapeuten waren von ihr begeistert. Gut, es hätte stutzig machen sollen, dass die Patientin aus verschiedensten Gründen bestimmte Therapien verpasste. Aber das konnte den positiven Gesamteindruck der Entwicklung nicht trüben. Zwei Tage vor Beendigung der Behandlung dann der Umschwung: »Diese Therapie hilft mir nicht.« Ein Tobsuchtsanfall folgte dem Nächsten, die Patientin schmiss Gegenstände durch die Gegend, verletzte sich und musste schließlich auf die Krisenstation verlegt werden.

Situationen dieser Art habe ich in jedem psychiatrischen Krankenhaus, in dem ich bisher arbeitete, erlebt. Die größte Bedrohung für die Borderline-Patientin ist nun einmal der Abschied. Selbst nach schlauester kognitiver Vorbereitung bleibt sie das. Es ist daher wichtig, rechtzeitig, aus meiner Sicht schon Wochen vor der Entlassung, immer wieder auch über den Abschied zu sprechen und diesen gut vorzubereiten.

Literatur

Literatur zu Abschn. 4.1

Arntz A, van Genderen H (2010). Schematherapie bei Borderline-Persönlichkeitsstörung. Weinheim: Beltz.

Reiss N (2010). Schematherapie bei Borderline-Persönlichkeitsstörung im stationären Setting. Vortrag, Littenheid.

van Asselt ADI, Dirksen CD, Arntz A, Giesen-Bloo JH, van Dyck R, Spinhoven P, van Tilburg W, Kremers IP, Nadort M, Severens JL (2008). Outpatient psychotherapy for borderline personality disorder. Cost-effectiveness of schema-focused therapy v. transference-focused psychotherapy. The British journal of psychiatry; 192(6): 450−457.

Young JE, Klosko JS, Weishaar ME (2003). Schema therapy. A practitioner's guide. New York: Guilford Press.

Literatur zu Abschn. 4.3

Young JE, Klosko JS, Weishaar ME (2003). Schema therapy. A practitioner's guide. New York: Guilford Press.

Literatur zu Abschn. 4.4

Arntz A, Bögels S (2000). Schemagerichte cognitieve therapie voor persoonlijkheidsstoornissen. Houten: Bohn Stafleu Van Loghum.

Literatur zu Abschn. 4.5 und 4.6

Young JE, Klosko JS, Weishaar ME, Berbalk H (2008). Schematherapie. Ein praxisorientiertes Handbuch. Paderborn: Verlag Junfermann.

Literatur zu Abschn. 4.7

Arntz A, Bögels S (2000). Schemagerichte cognitieve therapie voor persoonlijkheidsstoornissen. Houten: Bohn Stafleu Van Loghum.

Arntz A, van Genderen H (2010). Schematherapie bei Borderline-Persönlichkeitsstörung. Weinheim: Beltz.

Arntz A, Weertman A (1999). Treatment of childhood memories. Theory and practice. Behaviour research and therapy; 37(8): 715–740.

Giesen-Bloo J, Arntz A (2005). World assumptions and the role of trauma in borderline personality disorder. Journal of behavior therapy and experimental psychiatry; 36(3): 197–208.

Sprey A (2002). Praktijkboek persoonlijkheidsstoornissen. Diagnostiek, cognitieve gedragstherapie en therapeutische relatie. Houten: Bohn Stafleu Van Loghum.

Young JE, Klosko JS, Weishaar ME, Berbalk H (2008). Schematherapie. Ein praxisorientiertes Handbuch. Paderborn: Verlag Junfermann.

5 TFP

Die TFP (Transference focused psychotherapy, dt.: Übertragungsfokussierte Psychotherapie) unterscheidet sich ganz fundamental von allen zuvor beschriebenen Therapieformen: Sie fußt nämlich viel mehr als die anderen auf dem psychoanalytischen Erbe Freuds und anderer. Somit ist sie auch erheblich schwerer in der Anwendung, da man fundiertes Grundlagenwissen der Psychoanalyse und ihrer Unterformen benötigt. Das bedeutet nicht, dass diese Therapieform per se schlechter wirksam wäre oder weniger zu bevorzugen wäre; doch hat sie in Zeiten von evidenzbasierter Medizin (also Medizin, die ausschließlich auf gesicherten Erkenntnissen beruht) zumindest in Deutschland zunehmend einen schweren Stand. Hier mag der eine oder andere den Verlust des subjektiven Elements in der Psychotherapie beweinen. Die TFP steht auf dem Boden einer bestimmten analytischen Richtung, nämlich der psychoanalytischen Objektbeziehungstheorie (Kernberg 1992; Clarkin und De Panfilis 2013; Yeomans et al. 2017).

Vor allem das Konzept der Borderline-Persönlichkeitsstörung (BPS) steht wesentlich auf dem Grunde des Urvaters der TFP, Otto Kernberg, dem berühmten Wiener Neo-Analytiker. Er beschrieb bei der BPS eine schwere Persönlichkeitsstörung, eine relativ stabile gestörte Struktur, die sich substanziell sowohl von der bei neurotischen wie auch psychotischen Patientinnen erkennbaren unterscheidet und sich somit auf einer Art Grenzlinie zwischen diesen beiden Welten bewegt. In der klassischen Psychoanalyse können diese Patientinnen zu psychotischen Symptomen neigen. Das strukturelle Organisationsniveau dieser Patientinnen zeichnet sich oft durch reduzierte Angsttoleranz, mangelnde Impulskontrolle, Ich-Schwäche und pathologische innere Objektbeziehungen aus (Yeomans et al. 2017). Die Übersicht zeigt Grundprinzipien.

> **MERKE** Grundprinzipien der TFP
> - Fokussierung der Übertragung (weil dominante internalisierte Objektbeziehungsdyaden in der Übertragung reinszeniert werden)
> - Arbeit in technischer Neutralität (= gleich bleibende Distanz zu Selbst- und Objektrepräsentanzen, die in Konflikt miteinander stehen)

Weitere, den Grundprinzipien untergeordnete Therapiegrundsätze lauten (vgl. Doering 2016):
- Versuch der Identifizierung der bestimmenden verinnerlichten Objektbeziehungsdyaden,
- Etablierung eines Therapievertrags,
- Sicherung des therapeutischen Rahmens,
- Analyse der Übertragung,
- Fokus auf das Hier und Jetzt,
- Arbeit mit den Basistechniken von Klärung, Konfrontation und Deutung,
- sitzendes Setting, zwei Wochenstunden über 2–3 Jahre.

5.1 Ansatz der Objektbeziehungstheorie

Die Objektbeziehungstheorie, auf der die TFP fußt, erklärt, dass die von Freud beschriebenen Triebe, wie Libido und Aggressionstrieb, sich in der Beziehung zu einem spezifischen Objekt entwickelt haben. Motivation und Verhalten organisieren sich über internalisierte Objektbeziehungen (Yeomans et al. 2017).

5.2 Die Borderline-Persönlichkeitsorganisation

Borderline-Persönlichkeitsorganisation, neurotische Organisation und normale Organisation unterscheiden sich auf der Ebene der Identitätsentwicklung, der Abwehrmechanismen und der Realitätsprüfung wie folgt: Während die normale Organisation durch ein integriertes Erleben des Selbst und anderer gekennzeichnet ist, durch die Verwendung reifer Abwehrmechanismen, eine gewisse Flexibilität im Handeln und Fähigkeit zur realistischen Wahrnehmung des Selbst und anderer sowie der Fähigkeit zur Empathie, ist beim »Neurotiker« zwar das Erleben des Selbst und anderer kohärent, aber wenigstens ein Element des psychischen Lebens nicht: Die verwendeten Abwehrmechanismen sind zwar reif, werden aber recht rigide angewendet. Bei der Borderline-Persönlichkeitsorganisation hingegen ist das Erleben des Selbst und anderer brüchig und inkohärent, es werden primitive Abwehrmechanismen angewendet, und die Empathie ist äußerst brüchig, es kommt zur Identitätsdiffusion, einer Konfusion von Selbst versus Nicht-Selbst, Innen und Außen (Yeomans et al. 2017).

Die paranoid-schizoide Position

Bei der Borderline-Patientin ist die Welt innerer Objekt- und Selbstrepräsentanzen fundamental gestört. Die Integration innerer Objekte gelingt nicht, sowohl bezogen auf das Selbst als auch in Bezug auf andere: Schon Melanie Klein (2000) bezeichnet die gespaltene innere Welt als paranoid-schizoide Position. Paranoid ist sie insofern, als dass das »böse« Objekt auf äußere Objekte projiziert wird und das Subjekt sich vor Aggression von außen fürchtet (Yeomans et al. 2017). Aber Melanie Klein bezeichnet dies auch als depressive Position, da hierbei sowohl das Selbst als auch die Bezugsperson im Grunde verloren gehen und man um diese trauern muss. Die Einsicht, dass die ausgewogene Sicht auf Selbst und Interaktionen fehlt, hat auch die MBT erkannt (Bateman und Fonagy 2008).

Die TFP sieht auch die Narzisstische Persönlichkeitsstörung als Variante der Borderline-Persönlichkeitsorganisation, obwohl diese im Gegensatz zur BPS meist eher durch ein mittleres Strukturniveau gekennzeichnet ist, wie man heute weiß.

In der Summe ist zu sagen, dass die Objektbeziehungstheorie vermutet, dass die Triebe sich in der Beziehung zwischen dem Selbst und dem anderen manifestieren. Die Theorie beschäftigt sich insbesondere mit der inneren Repräsentation des Selbst und anderer. Als Bausteine, quasi Moleküle, werden die Objektbeziehungsdyaden betrachtet, kleinste kognitiv-affektive Repräsentationen des Selbst und anderer. Zentral ist das Konzept der gespaltenen inneren Struktur, in der böse Affekte von idealen Affekten getrennt werden. Die bösen Anteile werden projiziert und als bedrohlich und von außen kommend erlebt (Yeomans et al. 2017).

FALLBEISPIEL Das gespaltene Team

Die typische Situation par excellence: Der gestandene Pfleger kommt in bester Laune ins Team und berichtet vollmundig von den erreichten Erfolgen. Schon wurde eine DBT geplant, ein Wohnungsbesichtigungstermin für die wohnungslose Patientin ins Auge gefasst, die Patientin sei »hochmotiviert«. Dann die Ernüchterung: Die Kunsttherapeutin berichtet, dass diese Erkenntnis von Montag am Mittwoch bereits in sich zusammengebrochen sei. In der Kunsttherapie habe sie nur rumgealbert. Diese Patientin unternehme rein gar nichts zur Verbesserung ihrer Situation, sie habe ihr anvertraut, täglich weiter heimlich Cannabis zu konsumieren, außerdem habe sie den Besichtigungstermin längst abgesagt, weil sie doch vielleicht wieder zu ihrem sie schlagenden Kumpel und zeitweise Partner ziehen wolle.

Man bekommt also von den Patienten oft nur Fragmente der Wahrheit geliefert und tut gut daran, regelmäßig intensive Teambesprechungen einzuberufen, um keine bösen Überraschungen zu erleben, die man zuvor nicht erwartete.

5.3 Therapieansatz der TFP

Die TFP möchte vor allem die Selbst- und Fremdwahrnehmung der Patientin normalisieren und rühmt sich ihrer Einzigartigkeit, da sie neben der Symptomveränderung auch den Erfolg in Freundschaften, Beziehungen und der Arbeit verbessere (Yeomans et al. 2017). Sie möchte im Kontext der psychotherapeutischen Sitzung die primitiven inneren Objektbeziehungen im Rahmen der sicheren therapeutischen Beziehung aktivieren.

Prinzip der technischen Neutralität und der gleichschwebenden Aufmerksamkeit

Wie auch aus anderen psychoanalytischen Settings bekannt, soll der Therapeut sich technisch neutral verhalten. Dies bedeutet, dass er zunächst einmal alles gleichmäßig interessiert beobachtet und keinen Aspekt überbetont. Alle Faktoren, die zur Störung beitragen, sollen sich frei in der Therapie zeigen und entfalten können. Die Patientin soll ihre mutmaßlich gestörten Beziehungsmuster unter kontrollierten Bedingungen zeigen können. Psychoedukation und Pädagogik bleiben im Gegensatz zu den anderen vorgestellten Therapien außen vor. Die Reaktivierung der gestörten Beziehungsmuster geschieht allerdings in veränderter, verzerrter Form. Die TFP fördert den Regressionsprozess (das Zurückfallen in frühere Entwicklungsstufen), indem erst Introspektion und Selbstreflexion möglich werden sollen. Wie von der Psychoanalyse her gewohnt, geht es auch hier um das Wiedererleben in der Übertragung, d. h., die inneren Objektbeziehungen werden in der Beziehung zum Therapeuten reinszeniert und reaktiviert. Der Therapeut fordert zum freien Assoziieren auf und hört mit »gleichschwebender Aufmerksamkeit« zu. Der Therapeut zeigt des Weiteren, so hofft und fordert die TFP, aufrichtiges Interesse am Patienten.

5.4 Containing, Klärung, Konfrontation, Deutung

Zunächst bespricht der Therapeut den Rahmen der Behandlung und bewahrt die Affekte der Patientin in der Gegenübertragung, er »contained« sie. Das bedeutet, dass der Therapeut die

Affekte des Patienten gewissermaßen wie in einem Container aufbewahrt, sie aushält und später wieder gereinigt zurückgibt.

Anschließend werden die pathologischen Objektbeziehungen identifiziert und gemeinsam erforscht, d.h., zunächst kommt es zur **Klärung**, wobei die affektintensiven Zustände und das Agieren der Patientin identifiziert, beschrieben und kognitiv bearbeitet werden. Anschließend folgt die **Konfrontation**: Hier werden Diskrepanzen und Widersprüche taktvoll angesprochen und die Patientin zur Selbstreflexion angeregt. Die Patientin soll idealerweise lernen, ihr Erleben besser zu beobachten. Affekte werden zudem besser ausgehalten. Anschließend kommt es zur **Deutung** der Spaltung und anderer primitiver Abwehrmechanismen. Allmählich gewinnt die Patientin (sofern das Unternehmen gelingt) an Reflexionsfähigkeit, und die anfangs massiven Affekte verlieren an Intensität.

DEFINITION

»Containing« ist ein fundamentaler Begriff der Psychologie, insbesondere der Psychoanalyse. Er geht auf Wilfried Bion zurück. Hierbei »schluckt« der Psychotherapeut die Projektionen des Patienten zunächst, ohne mit irgendeiner Art von Handlung darauf zu (re-)agieren.

Kritische Anmerkungen zur TFP

Es sei kritisch angemerkt, dass ich dies als einen nur wenig veränderten Transfer ganz normalen psychoanalytischen Vorgehens auf die Borderline-Pathologie ansehe. Hier wird, in viele schöne Worte gekleidet, die Rechtfertigung für die Perpetuierung des üblichen und ziemlich unmodifizierten psychoanalytischen Vorgehens geliefert. Offensichtlich hat man Angst, das psychoanalytische Vorgehen wirklich an die Bedürfnisse der strukturell gestörten Patientin anzupassen und den Besonderheiten der BPS Rechnung zu tragen, die gerade eben nicht zu tiefer Mentalisierung und Reflexion oder gar Introspektion über ihre Innenwelt fähig sind.

Es wird behauptet, dass die mit der Identitätsdiffusion zusammenhängenden unbewussten **Konflikte** in der therapeutischen Interaktion wieder auftreten würden – diese müssten dann analysiert werden (Yeomans et al. 2017). Hier unterliegt die TFP m.E. einem gravierenden Irrtum. Bei der BPS stehen die Konflikte gar nicht im Vordergrund. Es handelt sich vor allem um ein strukturelles Problem, also ein Problem der Differenzierung der psychischen Binnenwelt. Die Konfliktebene ist eher schwach ausgeprägt, sodass man das psychoanalytische Vorgehen hier modifizieren muss, z.B. durch aktiveres Vorgehen, als es sich die Analyse selbst erlaubt, und auch durch psychoedukative Elemente, was die Psychoanalyse üblicherweise mit Schaudern und Widerwillen erfüllt.

Wie bei jeder psychoanalytischen Richtung geht es auch hier nach Ansicht der FTP um Bearbeitung des Widerstands, d.h., die Patientin würde ihre Konflikte agieren, um sich den intensiven Affekten zu entziehen. Aber ist es nicht eher so, dass, wie wir bei der Schematherapie gesehen haben, der Patient z.B. die Affekte oft einfach abschaltet, also dissoziiert? Alle BPS-Patientinnen neigen zur Dissoziation, dies ist Teil des Störungsbildes. Und agiert die BPS-Patientin nicht eher aus Überforderung als aus einem Widerstand heraus?

5.5 Der stabile Behandlungsrahmen

Jedenfalls möchte die TFP einen stabilen Rahmen schaffen, in dem die Affekte »contained«, also ausgehalten werden können. Es geht hier auch um die Strukturierung des chaotischen Materials, das die Patientin liefert. Die TFP möchte sodann die Abwehrstrategien der Patientin analysieren und deuten. All dies erfordert ein intensives mehrfaches Durcharbeiten, alles in Konkordanz mit der üblichen unmodifizierten analytischen Therapie. Die TFP hofft, die immer wieder zu erwartenden Affektstürme könnten im Verlauf durch verbesserte Reflexion im Rahmen einer sicheren Beziehung gedämpft werden. Für die Rolle des Therapeuten wird es seitens der TFP als wichtig erachtet, dass der Therapeut nicht vor allem nur warmherzig sei, dies würde von der Patientin oft sogar missverstanden. Entscheidend sei die Bereitschaft, die intensiven Affekte zu containen, ohne sich zurückzuziehen oder Vergeltung zu üben.

5.6 Diagnostik der TFP

Beobachtet werden bei der Patientin drei Bereiche:
- subjektives Erleben (Symptomatik),
- beobachtbare Verhaltensweisen sowie
- psychische Struktur (Identität, Abwehrmechanismen, Fähigkeit zur Realitätsprüfung).

Wichtig ist zunächst die Durchführung eines strukturellen Interviews (Identitätsintegration vs. Identitätsdiffusion, charakteristische Abwehrmechanismen sowie Grad der Realitätsprüfung; Yeomans et al. 2017). Um das Strukturniveau der Patientin hinsichtlich der Borderline-Persönlichkeitsorganisation festzustellen, ist das »Structured Interview for Personality Organization Revised (STIPO-R)« hilfreich (ebd.).

MERKE

Auch Borderline-Patientinnen sind nicht alle gleich, es gibt höher strukturierte mit nur leichter bis mäßiger Identitätsdiffusion mit verhältnismäßig stabilen Objektbeziehungen, aber auch solche mit niedrigem Strukturniveau und miserabler Qualität der Objektbeziehungen (wenig Empathie), gefährlicher Aggressionsneigung und antisozialen Verhaltensweisen.

Höher strukturierte Patientinnen können laut TFP-Theorie eher von einer herkömmlichen Psychoanalyse profitieren – stärker gestörte sollten eine auf die BPS zugeschnittene spezielle Therapieform wählen. Laut aktueller Forschung sind DBT und MBT besonders geeignet für die zu akuter Suizidalität neigenden Patientinnen. Patientinnen allerdings, bei denen die Beziehungsschwierigkeiten im Vordergrund stehen, können besonders von der TFP profitieren, und Patientinnen mit stärker gestörter Reflexionsfähigkeit bleiben oft länger in TFP als in DBT oder nur supportiven Psychotherapien (Høglend et al. 2007; Levy et al. 2011). Hingegen profitieren Patientinnen mit einer eher negativistischen Behandlungseinstellung eher von supportiven Verfahren (Rockland 1992).

Bei der Behandlungsplanung kann eine komorbide Antisoziale Persönlichkeitsstörung ein K.o.-Kriterium für eine psychodynamische Therapieform sein. Auch muss es möglich sein, mit Substanzmissbrauch und Essstörungen umzugehen, sonst kann die Therapie nicht erfolgreich sein (Stern et al. 2013). Im Rahmen der Diagnostik ist es für den TFP-Therapeuten unerlässlich, einen dualen Fokus zu legen: einerseits auf das in der Sitzung gezeigte Verhalten, andererseits auch auf das Funktionsniveau außerhalb der Sitzungen. Man muss also versuchen, die aktivierte innere Objektbeziehung zu verstehen, aber auch die Welt »da draußen« (Yeomans et al. 2017).

5.7 Therapeutische Strategien

Das Substrat, quasi der kleinste Baustein – sozusagen das Molekül – der TFP, worum sich alles dreht, befindet sich auf dem theoretischen Boden der Objektbeziehungstheorie. Es ist die »Dyade«, eine kleinste Beziehungseinheit zwischen zwei Personen. Zunächst geht es um das Definieren der »**dominanten Objektbeziehungsdyade**«, in einem zweiten Schritt um das Beobachten und Deuten der Rollenumkehrungen in der Dyade, dann um das Beobachten und Deuten der Verbindungen zwischen Objektbeziehungsdyaden, die sich gegenseitig abwehren, und schließlich um das Durcharbeiten der Fähigkeit des Patienten, eine Beziehung in der Übertragung anders zu sehen, und die Analyse weiterer relevanter Beziehungen (Yeomans et al. 2017).

Aus dem Gesagten kann man bereits ablesen, dass die TFP sich fest auf dem Boden der **Objektbeziehungstheorie** bewegt, die auf die Arbeiten vor allem Melanie Kleins und Donald Winnicotts zurückgeht, einer Weiterentwicklung der psychoanalytischen Theorie. Hierbei wird auf die frühe Mutter-Kind-Beziehung fokussiert und auch darauf, welche Vorstellungen das Kind über sich und seine Bezugspersonen entwickelt.

Es beginnt damit, dass der Therapeut lernt, die anfangs herrschende Verwirrung, die einem quasi oft den Boden unter den Füßen wegzuziehen scheint, auszuhalten, wie beschrieben: zu containen. Hierbei muss er genau die **Gegenübertragung** beobachten, also was in ihm ausgelöst wird, da dies viel auch über die Patientin aussagt. So kann es sein, dass der Therapeut wütend wird, weil die Patientin sich an nichts hält, aber endlos fordert. Dies entspricht möglicherweise einer Angst der Patientin, dass der Therapeut sie ausnutzen und entwerten könnte.

Anschließend geht es darum, die mannigfaltigen **Objektbeziehungsdyaden**, aus Selbst- und Fremdrepräsentation, die sich notwendigerweise einstellen, zu identifizieren, z.B. Patientin: wütendes Kind – Therapeut: lieblose, egoistische Mutter usw. Der Therapeut stellt das nicht fest, sondern bittet die Patientin, in einer Schleife mit ihm das Bild zunehmend zu verbessern. Dies kann dann in einem weiteren Schritt hypothetisch gedeutet werden, sobald die Patientin dazu aufnahmefähig ist, also ihr »Arousal« (ihre Übererregung) im Begriff ist, wieder abzuklingen. Der Therapeut könnte dann sagen: »Auf mich wirkt es so, als reagierten sie wie jemand, der gefesselt in der Ecke liegt, und ich würde sie dominieren und in einem fort auf sie einschlagen.«

Es ist durchaus hilfreich, wenn der Therapeut auch in der Lage ist, seine etwaige eigene Fehleinschätzung einzuräumen und stattdessen danach nach einer besseren Option zu suchen. Oft stellt sich im Laufe der Therapie auch eine Art **dominanter Grundübertragung** ein, eine Art Leitmotiv der alternierenden Dyaden (Yeomans et al. 2017). Anschließend gilt es, die Reaktion der Patientin genau zu beobachten, die von (vermeintlicher) Einsicht bis hin zu offener Ablehnung reichen kann. Nun kann die Patientin auch die Rollen mehrfach wechseln, sodass sich andere Konstellationen und Dyaden ergeben.

Auch das Oszillieren der Patientin zwischen verschiedenen Dyaden muss der Therapeut genau beobachten. So kann sich eine Rollenumkehr einstellen zwischen Therapeut und Patientin, z.B. von der Opfer- in die Täterrolle. So kann z.B. die eine Rolle durch einen abrupt eintretenden Wechsel abgespalten bzw. abgewehrt werden. Die Funktion dieser unterschiedlichen Rollen als Zerrbilder eigener Erfahrungen muss geklärt und gemeinsam herausgearbeitet werden. Erst dann sind ein zunehmendes Verständnis und eine Reduktion des überschießenden Affekts möglich.

Integration von Partialobjekten Idealerweise gelingt es der Patientin dann im Laufe der Zeit, die abgespaltenen Partialobjekte besser zu integrieren, was sich an folgenden Zeichen zeigen kann:

Die Patientin liefert zunehmend Beiträge, die zur Klärung beitragen und diese vertiefen. Auch kann die Patientin immer besser Aggressions- und Hassgefühle aushalten. Eigene Phantasien werden tolerierbarer und können freier geäußert werden. Die Deutungen des Therapeuten bezüglich primitiver Abwehrmechanismen werden besser aufgenommen. Die auftretenden Dyaden wirken integrierter und sind nicht mehr nur durch Spaltungen charakterisierbar. Die Fähigkeit, aggressiv besetzte Selbst- und Objektrepräsentation besser zu integrieren, wächst, und das Empfinden depressiver Affekte und von Schuldgefühlen nimmt zu (Yeomans et al. 2017).

Eine erfolgreiche Behandlung ist nur durch das wiederholte Durcharbeiten möglich, weil einfach gewonnene, rasche Einsichten dauerhaft keinen Erfolg zeigen. Ziel ist dabei die Veränderung von Spaltung und Fragmentierung hin zu einer integrierteren Identität.

Behandlungsrahmen

Zunächst muss der Behandlungsrahmen festgelegt werden. Die Funktionen des Behandlungsvertrags sind mannigfaltig, es geht anfangs um eine Verständigung über die zu bearbeitenden Problembereiche, aber auch um die Definition der beiderseitigen Verantwortlichkeiten, des Weiteren den Schutz von Patientin und Therapeut, schließlich darum, wie man sekundären Krankheitsgewinn begrenzen kann (z. B. verstärkte Zuwendung bei Selbstverletzung reduzieren), Schaffung eines sicheren Behandlungsraums, aber auch eine Vorbereitung auf Deutung im Allgemeinen und auch auf die Deutung der etwaigen Abweichungen vom Behandlungsvertrag (Yeomans et al. 2017). Vor allem muss Einigkeit darüber erzielt werden, dass Hoffnung bestehen kann, durch ein tiefreichendes, besseres Verstehen der Innenwelt die Symptome zu bessern, dass durch Containing des Agierens der Behandlungsrahmen erst geschaffen wird und dass definiert wird, worin überhaupt die Behandlung besteht und welche Bedeutung dabei die therapeutische Beziehung hat. Obwohl im Allgemeinen auf Psychoedukation verzichtet wird, wird zumindest eingangs die Diagnose »Borderline-Persönlichkeitsstörung« besprochen, damit der Patientin überhaupt klar wird, worum es geht.

Inhalte des Behandlungsvertrags Anfangs werden exakt die Verantwortlichkeiten von Patientin und Therapeut festgelegt. Zu den Verantwortlichkeiten der Patientin zählen: regelmäßiges Erscheinen, pünktliches Zahlen des Honorars (falls nicht durch die Krankenversicherung abgedeckt), die Bereitschaft zum freien Assoziieren, das erkennbare Bemühen, über sich und das, was man tut, nachzudenken. Zu den Verantwortlichkeiten des Therapeuten zählt, die Termine ebenso pünktlich wahrzunehmen, das interessierte Zuhören mit gleichschwebender Aufmerksamkeit, alles zu unternehmen, was der Patientin zu einem tieferen Verständnis ihrer selbst verhelfen kann, und der Hinweis auf die Grenzen des eigenen Engagements (Yeomans et al. 2017). Yeomans et al. verweisen auch darauf, dass die Therapie die Autonomie und Selbstständigkeit der Patientin unterstützen soll, sodass meist keine Fragen direkt beantwortet werden oder Ratschläge erteilt werden. Die Patientin soll zu eigenen Entscheidungen gelangen.

MERKE

Dies halte ich für kritisch. Hier wird die unmodifizierte psychoanalytische Technik einfach auf die BPS-Behandlung übertragen. Die Patientin ist oft in einem chronisch verwirrten Zustand, und es ist nicht immer hilfreich, sie in dieser zu lassen. Der Therapeut muss aktiver sein und auch immer wieder konkrete Ratschläge erteilen, sonst wird das die Probleme der Patientin eher verschärfen. Groß ist hier die Gefahr, dass der Analytiker sich zu passiv verhält.

In einem Beispiel verweist Yeomans darauf, dass er der Patientin erklärt, wenn sie außerhalb der Sitzungen anruft, eine E-Mail schreibt oder den Therapeuten persönlich sehen möchte, dass er sie meist auf die nächste Sitzung verweisen wird, was bedeuten kann, dass kein Rückruf erfolgt – bis auf echte Notfälle. Sonstige Anrufe würden zu keiner Reaktion des Therapeuten führen. Das halte ich für nicht ungefährlich. Die Patientin wird hierdurch noch zusätzlich belastet und verwirrt. Welcher Notfall rechtfertigt einen Anruf? Was soll ein »echter Notfall« sein? Wie soll der Patientin das bloß klar voneinander trennen?

Das Ringen um den Behandlungsvertrag Wichtig ist es, dass der Therapievertrag wirklich gemeinsam erörtert wird, der Umgang damit Teil des Therapieprozesses ist. Sowohl Therapeut als auch

Patientin stehen in der Gefahr, allzu leicht darüber hinwegzugehen und ihn einfach abzuhaken. Doch gerade die dabei auftretenden Probleme sagen viel über die Beziehung und die Innenwelt der Patientin aus. Das Aushandeln des Vertrags ist bereits Teil der Therapie.

Eine Pseudovereinbarung nutzt jedenfalls niemandem, sie muss tragfähig und erarbeitet sein. Die Gefahr besteht auch, dass der Therapeut grundsätzliche Bedenken hat. So könnte er beispielsweise denken, dass ein solcher Vertrag die Patientin zu sehr einengt. Mitunter hat dies den Grund, dass der Therapeut die traumatisierte Patientin zu leicht nur als Opfer sieht, anstatt einen Raum für die Untersuchung und Exploration der chaotischen Innenwelt zu bieten, die eben auch Täteranteile birgt. Falls die Patientin später gegen den Vertrag verstößt, sollte der Therapeut ihr eine zweite Chance einräumen, den Vertrag erneut genau abstecken und mit der Patientin betrachten, welche Bedeutung ein Vertragsbruch innerhalb der therapeutischen Beziehung hat. Falls es danach aber wieder zum Vertragsbuch kommt, wäre dies möglicherweise das Zeichen mangelnder Kooperativität und sollte zur Weiterüberweisung in eine andere Behandlung führen.

Widerstände Yeomans definiert typische Widerstände und Gefährdungen der Behandlung, er nennt hier suizidale und schwerwiegende selbstdestruktive Verhaltensweisen, Mordimpulse, Lügen, Substanzabhängigkeit, essgestörtes Verhalten, mäßige selbstdestruktive Verhaltensweisen (»Ritzen«), unregelmäßiges Erscheinen zu den Sitzungen, häufige Telefonanrufe oder andere Versuche, ins Leben des Therapeuten einzudringen, Nichtbezahlen von Rechnungen, Schaffung von Problemen außerhalb der Therapie, die die Fortführung der Behandlung erschweren, auch das Festhalten an einer chronisch passiven Lebensweise. Einige dieser Punkte stimmen, aber suizidale Verhaltensweisen der Patientin, Substanzabhängigkeit und auch »Ritzen« sind komplexe Phänomene, die oft eine lange Vorgeschichte haben. Es scheint zu einfach betrachtet, zu glauben, dies wäre allein im Rahmen des Widerstandes gegen die Behandlung zu sehen.

Ausschluss von Komorbiditäten Wichtig ist, dass der Therapeut sorgfältig andere Störungen, z. B. Psychosen, vor Behandlungsbeginn ausschließt, damit diese zuvor ausreichend behandelt werden können. Besondere Gefährdungen und der Umgang mit diesen müssen in den Therapievertrag aufgenommen werden. Dies ist z. B. notwendig, wenn die Patientin regelmäßig betrunken zur Therapie erscheint. Besonders sorgfältig ist der Umgang mit Suizidalität zu besprechen.

Drogen Bei Drogenkonsum schlagen Yeomans et al. vor, dass die Patientinnen vor Beginn der Therapie mindestens drei Monate lang völlig abstinent gelebt haben müssen – dadurch zeigten sie, dass sie es mit der Abstinenz ernst meinen. Patientinnen mit schwerer Abhängigkeit sollten zunächst stationär entgiftet werden.

Essstörungen Beim Umgang mit Essstörungen ist zu beachten, dass der Therapeut das Problem und den unbewussten Zug in Richtung weiterer Gewichtsabnahme nicht einfach ignoriert, sondern gebührend ernst nimmt. Im Zweifelsfall muss ein Internist hinzugezogen werden oder die Überweisung in ein spezifisches Essstörungssetting erfolgen. Auch darf die etwaige psychosoziale Abhängigkeit der Patienten nicht außer Acht gelassen werden. Dies sollte auch in den Behandlungsvertrag übernommen werden. So gibt es Patienten, die aufgrund passiv-infantiler oder antisozialer Züge nicht arbeiten gehen, obwohl sie es könnten, oder soziale Hilfsangebote missbrauchen.

Dies darf nicht ignoriert werden, stattdessen muss der Umgang damit im Behandlungsvertrag festgeschrieben und später auch gedeutet werden (z. B. das Bestehen von Wiedergutmachungswünschen gegenüber der Umwelt). Wichtig ist, dass der Therapeut etwaige Widerstände nicht zu deuten beginnt, bevor der Behandlungsvertrag ausgehandelt ist – das würde die Ebenen durchmischen. Ein zu einfaches Einwilligen des Patienten in den Behandlungsvertrag darf nicht ignoriert werden, sondern sollte Anlass zu interessiertem Nachfragen geben. Auch kann der Therapeut Angst haben, genauer nachzufragen, oder sich zu lange mit dem Vertrag aufzuhalten, weil er das Auftauchen einer negativen Übertragung verhindern möchte. Stattdessen muss gerade dies aber zugelassen und contained werden.

FALLBEISPIEL **Das voreilige, abwesend wirkende Zustimmen**
Mit der frisch aufgenommenen Borderline-Patientin hatte ich gerade zahlreiche Regeln des Behandlungsvertrags erörtert. Jeweils stimmte sie, geistig abwesend wirkend, in raschem Tempo jeder Regel zu, sie bekräftigte hierbei, dass sie ja nur wolle, dass es ihr besser gehe und die Therapie rasch eine Wende in ihrem Leben herbeiführe. Am nächsten Morgen auf der Station ankommend, musste ich feststellen, dass die Patientin in der kurzen Zeit bereits gegen drei Regeln des Vertrages verstoßen hatte: Sie war nicht rechtzeitig aus dem Ausgang zurückgekommen, hatte unabgesprochen Medikamente eingenommen und zudem nicht an einem wichtigen Therapiegespräch teilgenommen.

Medikamente Medikamente werden seitens der TFP als legitime Behandlungsmöglichkeit angesehen, z. B. um im Anfangsstadium der Behandlung, wenn die Affekte noch wüten, die Patientin überhaupt erst zu öffnen für die Behandlung. Allerdings gibt es kein Medikament, das gegen alle Aspekte der

Erkrankung hilft, wenngleich zunehmend Stimmungsstabilisierer und niedrig dosierte Antipsychotika wie Aripiprazol
erprobt werden (Silk und Friedel 2015; Stoffers et al. 2010).

Die Psychoanalyse der Funktion von Medikamenten Aber selbst
die Medikamentengabe bedarf bezüglich ihrer Funktion der
Analyse im therapeutischen Kontext: So sollte sie bezüglich
dessen untersucht werden, welche Überzeugungen und Phantasien die Patientin im Hinblick auf ihre Wirkungen in sich trägt.
Auch sollte die Bedeutung exploriert werden, die es in der konkreten Übertragungssituation hat, sowie die Bedeutung für den
Therapeuten innerhalb seiner Gegenübertragung (Yeomans
et al. 2017).

Interessant ist auch, dass Patientinnen bei Medikamentengabe sich entweder eher als biologisches Selbst oder als psychi-
sches Selbst repräsentiert sehen (ebd.). Im ersteren Fall werden
eigene Impulse und Gefühle auf chemisch-physiologischer
Ebene interpretiert, ohne Medikamente eher auf psychischer
Ebene.

Kombination von TFP mit anderen Verfahren

Sinnvoll scheint aus TFP-Sicht durchaus eine sequenzielle Behandlung, in der zunächst z.B. mithilfe von Skillstraining mit
DBT und zunächst symptomatisch gearbeitet wird, um dann
Identitäts- und interpersonelle Probleme in der TFP tiefer nachzubearbeiten.

Behandlungstechnik im Einzelnen

Die Objektbeziehungen, die in den Übertragungen von BPS-Patienten aktiviert werden, sind ein buntes Sammelsurium verzerrter Repräsentationen früherer Beziehungen, die Patientin wie Therapeut gleichermaßen verwirren. Somit unterscheidet sich dies gründlich von der seelischen Binnenstruktur neurotischer Patienten, denen es gelungen ist, komplexe, zusammenhängende, integrierte intrapsychische Strukturen zu entwickeln – mit einem oft noch klar vorhandenen Identitätsgefühl und einem stimmigen Über-Ich.

Bei BPS-Patientinnen fehlt die Integration solcher Zustände, sodass es zur Dissoziation kommt bzw. einer primitiven Abwehr und Spaltung von Ich-Zuständen, die rasch wechseln.

Die TFP wendet sich diesen Problemen mit den Techniken Deutung, Übertragungsanalyse, Verwendung technischer Neutralität und Arbeit mit der Gegenübertragung zu (Yeomans et al. 2017).

Behandlungs- und Deutungsprozess

Anfangs nimmt die Patientin den Therapeuten oft konkretistisch wahr, da er nicht zwischen innen und außen unterscheiden kann. Der Therapeut ähnelt nicht früheren beziehungstraumatisierenden Instanzen, sondern *ist* diese selbst. Die therapeutische Situation ist beherrscht von Idealisierung, Entwertung und Angst und geht mit beiderseitiger Verwirrung einher. Der Therapeut hat die Aufgabe, dies zu containen und in mehreren Schritten zu deuten. Er muss zunächst den augenblicklichen Zustand der Patientin zu identifizieren und verstehen, sich aber zusätzlich seine eigene Erlebnisweise bewusst machen, außerdem den momentanen Zustand in größeren Kontext einordnen und verstehen, wie die Dyaden aktiv werden, und die verschiedenen Ebenen der voneinander abgespaltenen Dyaden aufgreifen, indem er die Gründe für die Spaltung deutet. Im Gegensatz zum üblichen therapeutischen Vorgehen wird auf das Hier und Jetzt fokussiert und weniger auf genetische Deutungen (die sich also auf frühere Entwicklungsstadien des Patienten beziehen) (Caligor et al. 2009).

Klärung   Der Deutungsprozess beginnt mit der Klärung, wobei der Therapeut ermuntert, unklare oder widersprüchliche Informationen durch die Patientin erklären zu lassen.

Konfrontation   Bei der Konfrontation wird die Patientin höflich, taktvoll und wohlwollend und von echtem Interesse begleitet mit Widersprüchen ihrer Schilderungen bekannt gemacht, auch auf die Gefahr hin, dass die Patientin dies zunächst als feindselig erlebt.

Die Kompetenz des Therapeuten liegt darin, wie klar die Deutung ist, ob er zum angemessenen Zeitpunkt deutet, ob die Deutung Relevanz besitzt und ob sie, bezogen auf den Jetzt-Zustand, von der Tiefe her angemessen ist (Yeomans et al. 2017).

Übertragungsanalyse in technischer Neutralität   Wichtig ist des Weiteren die fortlaufende Analyse der realen Beziehung zwischen Therapeut und Patientin, in technischer Neutralität. Der Therapeut deutet die aktuelle Beziehungssituation in der Therapie, ohne aber konkret zum Handeln aufzufordern, also z. B. zu heiraten, sich zu trennen, sich so und so gegenüber dem Arbeitgeber zu verhalten, ohne über seinen eigenen letzten Urlaub zu berichten usw. In der Forschung bzw. der Literatur gibt es einen großen Streit darüber, ob Übertragungsdeutungen sinnvoll sind, und wenn ja: in welcher Frequenz. Hierzu ist das letzte

Wort nicht gesprochen. Allerdings gibt es Hinweise darauf, dass Patientinnen, die im Verlauf ihrer frühen Kindheitsentwicklung schlechte Erfahrungen mit ihren primären Objekten (z. B. der Mutter) gemacht haben, bessere Behandlungsergebnisse erhalten, wenn der Therapeut Übertragungsdeutungen anbietet statt sie zu vermeiden (Høglend et al. 2008).

Im Kontext der Übertragungsanalyse müssen auch primitive Abwehrmechanismen gedeutet werden. Dazu zählen Spaltung, projektive Identifizierung, Idealisierung und Entwertung, Verleugnung, Omnipotenz und omnipotente Kontrolle (Yeomans et al. 2017).

FALLBEISPIEL Der beste Therapeut

Geschmeichelt schloss ich die Tür des Behandlungszimmers. »Noch nie hat mir jemand so geholfen wie Sie! Noch nie habe ich mich so verstanden gefühlt«, hatte die Patientin gesagt und es auch so gemeint. Am nächsten Morgen erfahre ich, dass sie sich wütend bei der Nachtschwester beschwert hatte über meine fehlende Empathie und die vielen Regeln, die sie ihr aufzwingen wollte.

Dies ist wieder so eine Situation, wo sich die Wichtigkeit des Behandlungsteams und der Supervision offenbart. Egal wie gründlich man arbeitet, man kann solche Situationen grundsätzlich nicht ausschließen, sondern stattdessen sie interessiert (auch wenn wir hier von TFP reden: gerne im MBT-»Stop-and-rewind«-Modus) genau explorieren, um aus den Fragmenten der oft konfusen Innenwelt der Patientin wieder ein Ganzes zusammenzusetzen.

Gefahren der therapeutischen Arbeit

Die befriedigende, schützende therapeutische Beziehung darf das normale Leben nicht ersetzen (Yeomans et al. 2017). Dann befriedigt die Patientin ihre Bedürfnisse innerhalb der Sitzungen und lernt nichts für ihr Leben. So entsteht eine Abhängigkeit vom Therapeuten statt dem Finden einer eigenen befriedigenden Liebesbeziehung. Mögliche sekundäre Krankheitsgewinne müssen also vom Therapeuten erkannt und gedeutet werden. Vor allem ist jegliche Parteinahme zu vermeiden, z. B. im Konflikt mit dem Partner, der Mutter, dem Bruder, dem Chef etc. Eine solche würde die gespaltenen dyadischen Muster verfestigen.

Arbeit mit der Gegenübertragung

Ein weiterer Weg des Austauschs mit dem Patienten ist die Gegenübertragung.

DEFINITION

Gegenübertragung meint die Gesamtheit der emotionalen Reaktionen des Therapeuten auf den Patienten (Auchincloss und Samberg 2012).

Sie wird ausgelöst durch Übertragung der Patientin auf den Therapeuten, die Lebensrealität der Patientin, die Reaktionsbereitschaft des Therapeuten, die durch seine innere Welt vorbestimmt ist und die aktuelle Lebensrealität des Therapeuten (Yeomans et al. 2017). Die Gegenübertragung kann **konkordant** oder **komplementär** sein (Racker 1957), d. h., der Therapeut identifiziert sich mit dem subjektiven Erleben der Patientin oder eben nicht. Das bedeutet, dass die Patientin einen eigenen, nicht zu ertragenden Anteil auf den Therapeuten projiziert, den dieser dann erlebt.

Darüber hinaus sind akute von chronischen Gegenübertragungsgefühlen zu unterscheiden. Die chronischen sind problematisch, weil hier unbemerkte Übertragungs- und Gegenübertragungsprobleme eine Rolle spielen können, die nicht ausreichend bearbeitet wurden. Am wichtigsten ist, dass der Therapeut innerhalb dieser Geflechte immer beachten muss, ob er sich real sicher fühlt. Falls er sich bedroht fühlt, muss er zunächst für ausreichend Sicherheit sorgen.

Die Gegenübertragung ist oft so etwas wie der Laborwert des Therapeuten. So wie der Internist aus Blutbild, Elektrolyten usw. wichtige Hinweise gewinnt, so erhält der Psychotherapeut aus seiner Gegenübertragung Hinweise über den Therapieprozess. In der Behandlung des Narzissten z. B. stellt sich typischerweise Müdigkeit und Langeweile ein. Der Narzisst redet und redet über seine Erfolge, man will diese Selbstbeweihräucherung nicht hören und schläft beinahe ein. Die Borderlinerin hingegen ärgert den Therapeuten typischerweise und macht ihn wütend. Abgesehen davon, dass man diese Gegenübertragung nicht ausagieren sollte (z. B. indem man die Patientin subtil abstraft), kann man daraus doch wichtige Hinweise über den Therapieprozess ziehen.

Gelungene Deutungen

Wodurch zeichnen sich gelungene Deutungen aus? Sie zeichnen sich durch **Klarheit**, **Geschwindigkeit**, **Relevanz** und **Tiefe** aus. Klarheit besagt, dass sie nicht mit etlichen Einschränkungen vorsichtig vorgebracht wird, sondern unmissverständlich formuliert sind. Außerdem dürfen sie nicht verzögert werden, sondern müssen, um gut wirksam zu sein, rasch vorgebracht werden. Die Gefahr besteht, dass der Therapeut, weil er glaubt, er hätte noch nicht genug Material zusammen oder selbst Angst vor der Auseinandersetzung mit der Patientin, es nicht wagt, eine Deutung zu geben. Relevant ist die Deutung dann, wenn sie das Material mit höchster affektiver Bedeutung anspricht (ökonomisches Prinzip) und sich auf die aktuelle Sitzung bezieht.

Deutung von der Oberfläche zur Tiefe

Gedeutet werden soll **von der Oberfläche in die Tiefe**. Wenn die Patientin z. B. wütend blickt, kann zunächst angesprochen werden, dass die Patientin Angst haben könnte, zu explodieren (nur der Impuls wird angesprochen). Als Nächstes könnte dann eine Ebene tiefer angemerkt werden, dass dies dazu dienen könnte, mit dem Therapeuten in Konflikt zu geraten (Abwehrebene). Die tiefste Ebene wäre erreicht, wenn dahintersteckende Abhängigkeitswünsche (Triebebene) angesprochen werden können. Eine zu früh gegebene, zu tiefe Deutung kann die Patientin hingegen überfordern.

Ebenen der Deutung Die drei Ebenen der Deutung sind: Deutung primitiver Abwehrmechanismen, Deutung der aktiven Objektbeziehung (Beschreibung der Selbst- und Objektrepräsentationen in der Dyade) und Deuten der Objektbeziehung, durch die die aktive Objektbeziehung abgewehrt wird (Yeomans et al. 2017). Zunächst erfolgt auf der **ersten Ebene die Deutung der primitiven Abwehrmechanismen** (Spaltung, Idealisierung und Entwertung, omnipotente Kontrolle, Projektive

Identifizierung, Projektion, primitive Verleugnung). Die **nächste Ebene wäre diejenige der augenblicklich aktiven Objektbeziehung.** Die **tiefste Ebene schließlich ist die Deutung der Objektbeziehung, die abgewehrt wird**.

Weitere Elemente des Deutungsprozesses

Frühe tiefe Deutung der Übertragung Manchmal muss der Therapeut früh tiefe Deutungen geben, etwa dann, wenn die Patientin droht, ihr inneres Erleben in einer destruktiven Weise zu agieren. Beispielsweise könnte er das völlige Verstummen der Patientin im Sinne eines Machtkampfes zwischen ihm und dem Therapeuten deuten. Damit ginge der Therapeut also von der Beziehung im Hier und Jetzt auf die Ebenen unrealistischerer phantasierter Objektbeziehungen. Das kann allerdings die Gefahr bergen, dass die Patientin die Deutung verwirft, aufgrund noch sehr starker Abwehr, durch die sie sich bislang vor für sie als unerträglich erlebten Gedanken oder Gefühlen schützte.

Beschreibung des Konflikts Wichtig ist es auch, in die Überlegungen einzubeziehen, was die Deutung für die Patientin bedeutet. Oft kann die Patientin den Inhalt der Deutung anfangs gar nicht aufnehmen, sondern hält die Deutung entweder für falsch oder nutzlos, sieht in ihr einen Ausdruck der Entwertung gegenüber dem Therapeuten. Es kann aber auch sein, dass sie den Therapeut idealisiert – dann nimmt sie die Deutung als großartiges Geschenk wahr. In diesem Fall wäre es wichtig, dies in der Therapie ebenso anzusprechen und bewusst zu machen. Falls die Deutung wirksam ist, führt dies dazu, dass sie die Patientin zu weiteren Betrachtungen anregt. Misslingt das, indem die Patientin nur oberflächlich zustimmt und die Ausführungen nicht vertieft, muss das angesprochen und bewusst gemacht werden. Die oberflächliche Zustimmung könnte z. B. zu verstehen sein als Ausdruck eines im Grunde bestehenden tiefen Misstrauens dem Therapeuten gegenüber.

Aktive Rolle des Therapeuten

In der TFP ist der Therapeut aktiver als in anderen psychoanalytischen Settings. Wenn die Patientin Dinge anspricht, die dem Therapeuten nicht ganz klar sind, muss er nachfragen und um Klärung bitten. Auch darf er nicht einfach den Assoziationen der Patientin beliebig folgen, sondern muss damit rechnen, dass zum Teil Spaltungen geschehen, dass also Assoziationen erfolgen, die scharf getrennt von anderen sind, die andere Selbst- und Objektrepräsentanzen enthalten. Auch können Assoziationen zum Teil der Abwehr dienen, sodass es dann erforderlich ist, dies anzusprechen. Da die Patientin aus Sicht der TFP häufig »spaltet« (eine Sichtweise, die von manchen vehement abgelehnt wird und sogar teils als Diffamierung gegeißelt wird), muss der Therapeut zeigen, dass die Sicht nicht nur schwarz oder weiß sein kann. Er kann, auch wenn er selbst nicht sicher ist, welche Deutung zutrifft, zwei Alternativen der Deutung anbieten und die Patientin selbst entscheiden lassen, welche zutreffender ist. Grundsätzlich ist die Deutung die entscheidende Intervention, die durch Klärung und Konfrontation vorbereitet werden muss. Manchmal muss früh tief gedeutet werden, wenn die Patientin sich therapieschädigend verhält. Wenn dies aber nicht das Agieren eindämmen kann, muss der Therapeut behutsam, aber deutlich Grenzsetzungen vornehmen.

»Verbotene« Techniken

Wie andere psychoanalytische Verfahren auch verzichtet die TFP auf sogenannte **supportive Techniken**, wie sie in vielen anderen Therapieformen Verwendung finden (doch in der Psychoanalyse ist dies fast ein Schimpfwort). Einfache Beruhigungen, Empfehlungen, Ratschläge, Belehrungen vermeidet sie. Dennoch wirkt die Therapie natürlich letztlich auch supportiv, also unterstützend, die genannten Techniken aber verhindern die freie Entwicklung der Übertragung und Gegenübertragung und behindern so die Therapie an sich, so glaubt die TFP. Die gegebenen Konfrontationen sind auch nicht etwa als Angriff auf die Patientin zu verstehen, sondern es wird durchaus auch auf schonende Weise der Patientin eine Rückmeldung zu widersprüchlichen Denk- und Verhaltensweisen gegeben. Auch sollen die Deutungen die Patientin nicht überfordern, sondern gehen ja von der Oberfläche in die Tiefe, d. h., sie beginnen mit einfachen Feststellungen, wo die Beobachtungen von Patientin und Therapeut noch nicht weit auseinanderliegen.

Zusammenfassung

Zusammengefasst sind die Grundprinzipien der TFP **Deutung**, **Übertragungsanalyse**, **Arbeit der Gegenübertragung** sowie die **Position der technischen Neutralität** (Yeomans et al. 2017). Die Deutung beginnt mit dem Containing starker Affekte und mit der Benennung von Selbst- und Fremdwahrnehmungen, die mit dem Affekt zusammenzuhängen scheinen (ebd.). Nach der Deutung folgen Klärung, Konfrontation und Deutung im Hier und Jetzt. Die Übertragung analysiert die verzerrte Sicht der Patientin auf die reale Therapeut-Patienten-Beziehung. Der

TFP-Therapeut verhält sich neutral in dem Sinne, dass er niemals Partei nimmt für die an den Konflikten der Patientin beteiligten Personen, und leitet die Patientin so an, sich selbst zu beobachten und über sich und ihren inneren Zustand nachzudenken. Falls der Therapeut von der technischen Neutralität abweicht, geschieht dies oft unerkannt, bewusst abweichen sollte er nur davon, wenn die Sicherheit gefährdet ist und dies nicht deutend aufgelöst werden kann.

5.8 Einzelne Behandlungstaktiken

Die Behandlungstaktiken der TFP bestehen aus folgenden Punkten: Vereinbarung des Behandlungsvertrags, Festlegung des Behandlungsrahmens, Auswahl und Bearbeitung des prioritären Themas unter Beachtung aller Kommunikationskanäle, Aufrechterhalten einer Balance zwischen Deutung, vorbereitendem konfrontierenden Vorgehen und der Regulation der Affektintensität (Yeomans et al. 2017).

Aufrechterhalten des Behandlungsrahmens Dies wird sichergestellt, indem das Deuten und das Setzen von Grenzen kombiniert wird.

Agieren in der Sitzung ausschalten Wenn die Patientin in der Sitzung therapiegefährdendes Verhalten oder ein die Therapie unmöglich machendes Verhalten zeigt, wird zunächst die Aufmerksamkeit darauf gelenkt. Dann wird das Verhalten gedeutet. Wenn es dann immer noch fortbesteht, kann der Therapeut an die praktische Realität erinnern (z. B. »Ihr permanentes Geschrei stört die Nachbarn«); des Weiteren kann, wenn das nicht gelingt, ein weiterer Therapeut hinzugezogen werden. Wenn auch das nicht ausreicht, kann die Therapie temporär oder ganz beendet werden oder welche begrenzende Reaktion sonst angemessen scheinen möge.

Sekundären Krankheitsgewinn ausschalten Die Patientin könnte durch häufiges Agieren, z.B. durch Selbstverletzungen, versuchen zu erwirken, dass der Therapeut ihr mehr Beachtung schenkt (**sekundärer Krankheitsgewinn**). Dies muss der Therapeut begrenzen, indem er beispielsweise bei Selbstverletzung nicht etwa Zusatzstunden einräumt, sondern an die Notaufnahme verweist. Auch darf der Therapeut nicht zulassen, wenn die Patientin sich außerhalb der Therapie nicht produktiv einsetzt (z.B. nach Arbeit sucht). Wenn dies hingegen fälschlicherweise toleriert wird, geht es in der Therapie nicht weiter. Gerade passiv-inaktives Verhalten kommt aber bei BPS-Patientin häufig vor.

Bearbeitung des prioritären Themas Wie findet man das zu bearbeitende Thema heraus, angesichts der Fülle des von der Patientin dargebotenen Materials? Hierbei sind die drei Kommunikationskanäle, des Weiteren die ökonomischen, dynamischen und strukturellen Interventionsprinzipien und die Rangfolge des Materials (wie von der Patientin dargeboten) zu beachten (Yeomans et al. 2017).

Drei Kommunikationskanäle Die Kommunikationskanäle betreffen den Inhalt der Äußerungen der Patientin, aber auch ihre nonverbale Kommunikation (z.B. Körpersprache) und die Gegenübertragung des Therapeuten.

Das ökonomische, dynamische und strukturelle Prinzip Das **ökonomische Prinzip** besagt, dass man dasjenige Thema auswählt, welches affektiv am stärksten besetzt ist oder aber – wenn der Affekt ganz fehlt –, weil er z. B. verdrängt oder verschoben wurde. Narzissten mit vermeidendem Bindungsstil vermeiden hingegen affektiv besetzte Themen.

Das **dynamische Prinzip** hingegen meint, dass man nach Identifikation des affektiv am stärksten besetzten Materials die intrapsychischen Kräfte, die im Konflikt miteinander liegen, exploriert. Hier kann sich der Therapeut fragen, was der Patient abwehren muss, und dann zunächst darauf eingehen.

Das **strukturelle Prinzip** besagt, das übergeordnete Muster zu erkennen, z. B. welche Übertragungsthemen besonders bedeutsam sind und in welchem Verhältnis sie zueinander stehen, also z. B. herauszufinden, welche chronische durchgängige Übertragung besteht, die den Hauptkonflikt repräsentiert.

Die drei Prinzipien zeigen dem Therapeuten also an,

- den Affekt als Hinweis auf die Objektbeziehung zu verstehen,
- das Material anzusprechen, das der Abwehr dient, und
- die Gesamtorganisation der Dyaden zu begreifen, also welche übergeordnete welche tiefere Dyade abwehrt.

Ähnlich wie bei der DBT legt auch die TFP eine Hierarchie fest, nach der die Themen inhaltlich bearbeitet werden. An oberster Stelle steht auch hier die klinische Notfallsituation.

Behandlungshierarchie

Die Hierarchie lautet wie folgt (Yeomans et al. 2017): **Behinderung der Übertragungserforschung** steht an erster Stelle, gekennzeichnet durch Suizid oder Morddrohungen, aber auch die Gefährdung der Therapie, das Verschweigen von Informationen, unregelmäßiges Erscheinen oder Drogengebrauch vor Therapie, Therapievertragsverstöße, Agieren innerhalb der Sitzungen, Agieren auch zwischen den Sitzungen sowie Ansprechen bedeutungslosen Materials.

An **zweiter Stelle stehen unverhohlene Übertragungsmanifestationen** wie das verbale Bezugnehmen auf den Therapeuten, »Acting-in«, z. B. verführerisches Verhalten. Andere Themen sind nachrangig.

Therapiegefährdendes Verhalten Beispiele für therapiegefährdendes Verhalten im engeren Sinn sind suizidales Verhalten, Mordimpulse, Bedrohung des Therapeuten, Verschweigen von wesentlichen Informationen, unregelmäßiges Erscheinen, Substanzmissbrauch, unkontrollierbare Essstörungen, häufige Telefonanrufe, das Nicht-Begleichen von Rechnungen, Aufnahme von Parallelbehandlungen, Trivialisierung, Schaffung äußerer Probleme, die den Behandlungsablauf stören, ein chronisch passiver Lebensstil (Yeomans et al. 2017). Wichtig ist, dass der Therapeut ständig alles für die Behandlung Relevante im Auge behält, sowohl die verbalen Mitteilungen als auch die nonverbalen, die Beobachtung des Verhaltens der Patientin, aber auch der eigenen Gegenübertragung. Wenn die Patientin sich an eine Vereinbarung nicht hält, z. B. sich nach Selbstverletzung ärztlich behandeln zu lassen, ist die Therapiestunde zu beenden. In der nächsten Stunde kann dann mit höchster Priorität untersucht werden, warum die Patientin den Vertrag brach.

Lügen Bezüglich des Lügens ist zu sagen, dass die Patientinnen aus den unterschiedlichsten Gründen lügen. Es kann sein, dass sie damit die Konfrontation vermeiden wollen, mit einem Verhalten, für das sie Verantwortung übernehmen müssten, aber auch, um Kritik des Therapeuten zu vermeiden, ihn zu kontrollieren, um sich ihm überlegen fühlen zu können, den Therapeuten auf Distanz zu halten ohne in eine echte Beziehung treten zu müssen oder aber um den Therapeuten zu manipulieren und auszunutzen (Yeomans et al. 2017). Das Lügen kann z. B. Ausdruck der Überzeugung zu sein, dass menschliche Beziehungen grundsätzlich ausbeuterisch sind, was dann wie gewohnt gedeutet werden muss.

Verpassen von Sitzungen   Auch das Ausfallenlassen von Sitzungen – aus welchen Gründen auch immer – behindert nachhaltig die Therapie und muss daher vom Therapeuten nachdrücklich angesprochen werden. Die Bedeutung des Ausfallens muss gründlich erforscht werden, und zwar in seiner Bedeutung und seinem Mitteilungsgehalt. Daher kann man auch keine feste Anzahl von Sitzungen angeben, nach denen man die Therapie abbrechen muss.

Drogenkonsum   Bei Alkohol oder Drogenkonsum, sprich: intoxikiertem Erscheinen ist sinnvolle Arbeit unmöglich, daher ist in einem solchen Fall die Sitzung zu beenden.

Trivialisieren   Trivialisieren heißt, dass die Patientin nur noch unwichtige Themen anbringt oder die Therapie dahinplätschert und die Therapie an sich nur noch zur Befriedigungsquelle verkommt, der Therapeut wird missbraucht als interessierter Begleiter. Die Patientin denkt nicht wirklich über sich nach. Dann muss dies vom Therapeuten nachdrücklich angesprochen werden.

Erforschung inkompatibler Sichtweisen   Dies erfolgt, wie gewohnt, mit den Techniken von Klärung, Konfrontation und Deutung.

Umgang mit häufigen Behandlungskomplikationen

Häufig vorkommende Behandlungskomplikationen sind z.B. suizidales Verhalten, Aggression, Eindringen in das Privatleben des Therapeuten, Gefahr des Therapieabbruchs, fehlende Compliance in begleitenden Therapiemaßnahmen, Schwierigkeiten bei sexuellem Missbrauch, psychotische Episoden, dissoziative Reaktionen, depressive Episoden, Inanspruchnahme von Notfallambulanzen, stationäre Behandlungen, Telefonanrufe beim Therapeuten, Abwesenheiten des Therapeuten, Schweigen des Patienten, Somatisierung.

Umgang mit Suiziddrohungen Wenn Suizidandrohungen auftreten, kann dies verschiedene Funktionen haben. Es kann ein Ausdruck von Wut sein, der Versuch, den Therapeuten zu kontrollieren, sadistische Motive als Ursache haben oder der Ausdruck von Verzweiflung sein. Der Therapeut muss versuchen zu verstehen, wer in der Realität des Patienten Ziel der Aggressionen ist und welche Funktionen das Auftreten zu diesem Zeitpunkt interpersonell hat. Wichtig ist, dass der Patient lernt, dass er den Therapeuten damit nicht kontrollieren kann, der Therapeut klarmacht, dass er sich nicht schuldig fühlen würde, wenn der Patient stürbe. Die Möglichkeit des negativen Ausgangs muss akzeptiert werden (Yeomans et al. 2017). Zunächst muss geklärt werden, ob eine Major Depression bzw. schwere depressive Episode vorliegt und möglicherweise eine stationäre Aufnahme und medikamentöse Behandlung erforderlich ist. Gibt es aber keine Hinweise auf suizidale Absichten, kann die Exploration weitergehen.

Gefährdung Dritter Falls andere gefährdet sind, erklärt der Therapeut, dass er Außenstehende, die gefährdet sind, informiert. Er sorgt für sich und muss vorübergehend seine neutrale Hal-

tung aufgeben. Oft ist es wichtig, auch die Angehörigen einzubeziehen. Wenn der Patient die Reputation des Therapeuten
beschädigen will, kann dies vor dem Hintergrund vermutlicher
Neidgefühle analysiert werden, schlimmstenfalls muss die
Therapie beendet werden.

Drohung des Therapieabbruchs Zu Therapieabbruchsimpulsen
seitens der Patienten können führen: eine negative Übertragung, narzisstische Problematik (z. B. Konkurrenz mit dem
Therapeuten, der beneidet wird), Eifersucht, dass der Therapeut
sich anderen Patienten mehr zuwenden könnte, auftretende
Bindungsgefühle zum Therapeuten, die der Patientin Angst
machen, oder Druck seitens der Familie. In diesen Fällen verhält
sich der Therapeut aktiver (angesichts der hohen Abbruchszah-
len von Borderline-Patienten) und ruft die Patientin z. B. an.

Komplikation Dissoziation Bei Dissoziieren des Patienten muss
der Therapeut aktiv eingreifen und den Patienten erden (z. B.
Vorhalten von Flashcards: »Du bist sicher« o. Ä.). Natürlich wäre
es schön, wenn man hier die explorierende beobachtende Haltung einnehmen könnte, der Patient ist im dissoziierten Zustand aber gar nicht präsent oder quasi ausgeblendet und kann
so von Therapie nicht profitieren. Verschiedenste Impulse können bei Trauma-Patienten in einer Art Wiederholungszwang
reaktiviert werden, u. a. das Bedürfnis, sich an dem traumatisierenden Objekt zu rächen, es zu zerstören, der Versuch, eine
traumatische Erfahrung in eine erregende zu transformieren,
oder der Drang, mit dem in der Phantasie omnipotenten Objekt
Therapeut zu verschmelzen (Yeomans et al. 2017).

Psychotisches Erleben Psychotisches Erleben kommt bei Borderline-Patienten häufiger vor, meist bezieht sich dies auf die
Übertragung als sogenannte Übertragungspsychose. So kann

z. B. der Therapeut als bedrohliche teuflische Figur wahrgenommen werden. Dies kann mit den üblichen TFP-Techniken exploriert werden. Darüber hinaus gehendes psychotisches Erleben kann gegebenenfalls durch Antipsychotika behandelt werden. Hierbei und bei drogeninduzierten Psychosen ist oft eine Klinikeinweisung erforderlich.

Stationäre Aufnahmen Auch die manchmal erforderliche stationäre Aufnahme sollte im Rahmen der Übertragung gedeutet und verstanden werden: So kann sie Protest bedeuten, z. B. gegen scheinbar unerfüllbare Auflagen des Behandlungsvertrags, sie kann aber auch eine Entwertung des Therapeuten bedeuten, dass dessen Therapie überhaupt nicht hilft usw. All dies muss später im ambulanten Setting gedeutet werden.

Abwesenheit des Therapeuten Abwesenheiten sollten geplant und dem Patienten angekündigt werden. In jedem Fall ist dies eine Belastungssituation für die Beziehung, oft fällt es den Patienten schwer, das innere Bild des positiven Objekts Therapeut aufrechtzuerhalten, es entwickelt sich Wut auf das im Stich lassende Objekt Therapeut. Jede Unterbrechung der Therapie ist dazu geeignet, die innere negative Repräsentanz des Therapeuten zu verstärken (Yeomans et al. 2017).

Der schweigende Patient Auch das Schweigen des Patienten kann anhand der Gesamtszene und den nonverbalen Reaktionen gedeutet werden. Schweigen kann alles Mögliche bedeuten, sei es Scham, Arroganz, Provokation oder anderes. Falls der Patient dauerhaft nicht reagiert, ist die Frage, ob die Therapie noch fortgesetzt werden kann.

Somatisierung Nach Ausschluss organischer Ursachen kann auch das Somatisieren als präsymbolischer Ausdruck des Affekts

(Yeomans et al. 2017) gedeutet werden. Die Abwehr des Patienten ist oft so stark, dass es zäher und langwieriger Therapiebemühungen bedarf.

Patientinnen mit BPS und sexuellem Missbrauch in der Anamnese

Ein hoher Anteil von BPS-Patientinnen ist im engeren Sinne Opfer sexueller Gewalt geworden, beileibe aber nicht alle. Was ist bei der Behandlung dieser zu beachten?

In der Übertragung ergeben sich oft Situationen, in denen sich ein Täter-Opfer-Dualismus einstellt, d. h., entweder erlebt sich die Patientin als Opfer des Therapeuten oder attackiert den Therapeuten und wird so gewissermaßen selbst zum Täter (Yeomans et al. 2017). Manche Patientinnen vermeiden Sexualität völlig bzw. können diese nicht aushalten, andere prostituieren sich oder suchen ständig wechselnde Sexualpartner. Da die BPS-Patientinnen mal dieses, mal jenes Muster aktivieren, muss der Therapeut diese doppelte Identifizierung herausarbeiten. Nur dann können die widersprüchlichen Erfahrungen und Gefühle integriert werden, die von Schuldgefühlen bis zu Angst, Ekel, Erregung und dergleichen reichen.

Hier noch ein Beispiel, das zeigt, wie chaotisch und instabil die Beziehungen, in denen Borderlinerinnen leben, oft ausfallen.

FALLBEISPIEL Die treue Ehefrau

Wie oft habe ich die folgende Situation erlebt? Eine Patientin kommt in Begleitung ihres Mannes auf die Station, der den Kinderwagen mit dem kleinen Kind fährt. Eine augenscheinlich prächtige Ehe, die Patientin gibt an, eine glückliche Ehe zu führen. Am nächsten Morgen stellt sich heraus, dass die Border-line-Patientin (gegen die Stationsregeln verstoßend) auf dem Bett sitzend in verfänglicher Situation mit einer anderen Neu-aufnahme angetroffen wurde. Die beiden sind ebenso augen-scheinlich bereits ein Herz und eine Seele. Die Patientin schwört Stein und Bein, dass »da nichts gewesen sei«. (Die Verleugnung ist die primitivste Form unter den psychischen Abwehrmecha-nismen und kommt demzufolge bei der typischen struktur-schwachen Borderline-Patientin gehäuft vor.)

Die brüchige Innenwelt der Patientinnen führt zu den aberwit-zigsten Verstrickungen und Beziehungsabbrüchen. Umso wich-tiger ist es, auf der Station klare Grenzsetzungen vorzunehmen und andererseits konsequent in der Therapie die brüchige Welt der inneren Beziehungsrepräsentanzen zu explorieren.

Zusammenfassung

Zusammenfassend ist zu sagen, dass der Therapeut zu jeder Zeit die mehreren Kommunikationskanäle in Form der verbalen Mitteilungen der Patientin, aber auch ihre nonverbalen Signale und ständig seine Gegenübertragung wie empfindliche Labor-parameter beobachten muss. Die wichtigste Grundregel lautet, vor allem dem Affekt der Patientin aufmerksam zu folgen, ihn zu containen und zu explorieren.

Nach Feststellung des führenden Affekts wird nach gewissen inhaltlichen Sortierungsprinzipien vorgegangen, die bereits erwähnt wurden. Die einen Widerstand ausdrückenden Verhal-tensweisen der Patientin sind meist prioritär zu betrachten.

5.9 Frühe Behandlungsphase

Idealerweise schafft es der Therapeut in der initialen Behandlungsphase, die starken Affekte der Patientin zu containen, und der Patientin gelingt es, die Beziehung zum Therapeuten irgendwie aufrechtzuerhalten. Indem der Therapeut dem Behandlungsrahmen treu bleibt und dafür sorgt, dass die Patientin keinen sekundären Krankheitsgewinn durch ihr Verhalten erlebt, kann zunehmend eine beobachtendere Position eingenommen werden. Suizidales und selbstschädigendes Verhalten werden vermindert. Intensive Affekte verbleiben idealerweise in der Behandlungssituation. Aktivitäten außerhalb der Therapie werden vom Therapeuten eingefordert. Das Selbst- und Objektkonzept bleibt aber noch im Wesentlichen unbeeinflusst. Abbruchgedanken können bei der Patientin noch häufig auftreten, aufgrund der hohen Anforderung, über die eigenen Ängste nachdenken zu müssen, zunehmender Bindung an den Therapeuten, die ängstigen kann, oder paranoider Reaktionen auf den Therapeuten aufgrund projizierter Aggressionen.

Das therapeutische Bündnis

Bei der TFP wie auch bei BPS-Behandlungen im Allgemeinen besteht eine hohe Wahrscheinlichkeit des Therapieabbruchs durch die Patientin. Hierfür sind als Ursachen Impulsivität, Wut, Angst, Motivationsmangel in Bezug auf Veränderung zu nennen, zusätzlich Vermeidungsverhalten und vor allem eine schwache therapeutische Bindung. Letzteres ist der wichtigste Prädiktor für einen Therapieabbruch (Barnicot et al. 2011; Wnuk et al. 2013).

Schwierigkeiten, ein therapeutisches Arbeitsbündnis zu erzielen, hat man vor allem bei antisozialen und narzisstischen Charakteren, bei ersteren wegen ihrer Neigung, ihre Objekte auszunutzen, bei Narzissten ist das Problem der Neid (der Leitaffekt des Narzissmus), der den Therapeuten zur Zielscheibe von Aggression werden lässt.

Anzeichen für ein entstandenes therapeutisches Bündnis Anzeichen für ein etabliertes erstes therapeutisches Bündnis können sein (Yeomans et al. 2017): ein gelungener Minimalkonsens über die Ziele der Behandlung, eine gewisse basale Einigung über die Behandlungsbedingungen, ähnliche Erwartungen von Patientin und Therapeut in Bezug auf die Behandlung, eine affektive Besetzung des Patienten durch den Therapeuten, beiderseitiges Tolerieren starker Affekte, die Bereitschaft beider, sich über wesentliche Dinge zu unterhalten, frühes Feststellen einer negativen Übertragung, die dann auch zum Thema gemacht wird.

Testen der Therapie und des Rahmens Oft testen Patienten den Behandlungsrahmen anfangs, auch aus dem unbewussten Wunsch heraus, das Gegenüber zu kontrollieren, um nicht verlassen zu werden. Hier können zusätzlich destruktive Tendenzen der Lust an der Macht dazukommen, wenn es sich um antisoziale oder narzisstisch veranlagte Patienten handelt, verbunden mit der stillen Hoffnung, der Therapeut möge dies omnipotent erkennen und dem standhalten.

Versäumen von Sitzungen in der frühen Phase Falls Patienten Sitzungen ausfallen lassen, telefoniert der Therapeut angesichts der hohen Abbruchgefahr dem Patienten hinterher und klärt über den Nutzen der Therapie auf.

Suiziddrohungen Wie bei der DBT haben Suizidandrohungen Vorrang, sie können aber in der Priorität nach hinten wandern, wenn der Patient diese offensichtlich einsetzt, um von anderen Themen abzulenken, den Therapeuten zu kontrollieren o. Ä.

Einführung neuer Parameter und juristischer Fragen Falls unvorhergesehene Probleme oder juristische Fragen auftauchen, müssen diese im Behandlungsvertrag Eingang finden und sollten frühzeitig vom Therapeuten aufgegriffen werden.

Nicht-lebensgefährliche Selbstdestruktivität Oft sind Patienten nicht im eigentlichen Sinn suizidal, unternehmen aber parasuizidale Verhaltensweisen, laufen also z. B. an den Schienensträngen entlang. Dies kann z. B. ein Agieren sein, das als Widerstand gegen das Explorieren zu verstehen ist. Dann ist dies eingehend zu thematisieren. Auch können diese Verhaltensweisen durch Aufnahme in den Therapievertrag reduziert werden. Dies ist insbesondere dann notwendig, wenn sich der Therapeut durch die Verhaltensweisen in seiner Deutungs- und Reflexionsfähigkeit beeinträchtigt sieht (Yeomans et al. 2017).

Affektstürme Falls eine Patientin einen Affektsturm erlebt, d. h. während der Therapie schreit und tobt, ist dies vom Therapeuten zu containen. So macht er klar, dass er bereit ist, das Verhalten auszuhalten und die Deutung und Reflexion weiter fortzusetzen – er muss aber seinen Tonfall und sein Engagement richtig dosieren. Zu passives kühles Verhalten könnte die Patientin noch mehr anstacheln, weil es Desinteresse signalisieren könnte.

Leben außerhalb der Therapiesitzungen Der Therapeut muss darauf hinwirken, dass der Patient auch außerhalb der Therapie Bemühungen unternimmt, und regelmäßig diesbezüglich nachfragen. Auch die damit verbundenen Ängste sind unter Berücksichtigung der entsprechenden Übertragungsthemen zu thematisieren.

Verlauf einer Sitzung in der frühen Behandlungsphase

Normalerweise lässt der Therapeut die Patientin beginnen zu reden. Der Therapeut verhält sich aktiver als in anderen psychodynamischen Therapieverfahren, weil die Patientin nach Ansicht der TFP durch Spaltungsprozesse verschiedene Anteile der Persönlichkeit getrennt hält. Dies zeigt sich in Diskrepanzen der Kommunikationskanäle, der Therapeut muss darauf Bezug nehmen und es bewusst machen. Auch kann die Patientin auf banale Themen ausweichen, weil das eigentliche Thema zu belastend ist. Daher muss der Therapeut wach sein und versuchen, weiterhin die relevanten Themen anzusprechen.

Beendigung der Therapiesitzung Patienten neigen dazu, auch aus Trennungsangst, wichtige Themen an den Schluss zu legen, im Allgemeinen sollte der Therapeut aber den Rahmen beibehalten. Er könnte allerdings theoretisch die Stunde verlängern und die Zeit stattdessen von der nächsten Stunde abzweigen. (Otto Kernberg, der Pionier der Behandlung der Borderline-Störung, beschrieb einmal eindrücklich, wie ihn seine Sekretärin wie einen Mörder ansah, nachdem er trotz allen Leides eine aufgelöste Borderline-Patientin, die Grenzen streng einhaltend, pünktlich nach Ablauf der Stunde nach Hause schickte.)

Zusammenfassung

Wichtig ist in der frühen Behandlungsphase, die intensiven Affekte der Patientin auszuhalten, ohne die eigene Gegenübertragung auszuagieren oder sich allzu defensiv zu verhalten. Durch den Behandlungsvertrag wird impulsives und selbstschädigendes Verhalten kontrollierbarer. Affektstürme müssen vom Therapeuten in angemessener Weise contained werden. Verstöße gegen den Behandlungsvertrag sind anfänglich häufig, damit muss der Therapeut angemessen umgehen lernen.

5.10 Mittlere Behandlungsphase

Zeichen der begonnenen mittleren Behandlungsphase ist, wenn sich die Patientin zunehmend besser an den Rahmen der Behandlung halten kann. In der Beziehung können nun intensive Affekte in der Beziehung zum Therapeuten lebendig werden, dies kann allerdings scheitern, wenn die Patientin negative Affekte abspaltet und auf ein böses Objekt außerhalb der Therapie projiziert oder aber umgekehrt den positiven Affekt abwehrt. Ersteres tritt vor allem auf, wenn der Therapeut seine eigene Gegenübertragungsangst agiert und krampfhaft versucht, Frieden und Ruhe in der Therapie zu bewahren (Yeomans et al. 2017).

Die wichtigsten Aufgaben der mittleren Behandlungsphase sind, das Verständnis von Selbst- und Objektrepräsentation in den vorherrschenden Übertragungsthemen zu vertiefen und dies wiederholt durchzuarbeiten. Extreme unzusammenhängende Selbstanteile werden besser integriert. Der Therapeut lenkt die Aufmerksamkeit auf die dauernde Abwehr bestimmter Dyaden durch andere. Die Patientin kann zunehmend besser eine beobachtende Position einnehmen und ihre Affekte besser containen, sie kann auch besser die Verantwortung für eigene Aggressionen übernehmen.

Vertieftes Verständnis wichtiger Übertragungsmuster

In der Borderline-Behandlung kommen nach Yeomans (Yeomans et al. 2017) vorrangig vier grundlegende Übertragungsmuster an die Oberfläche: die **narzisstische**, die **antisoziale**, die **paranoide** und die **depressive Übertragung**.

Narzisstische Übertragung Bei der narzisstischen Übertragung lehnt die Patientin den Therapeuten unbewusst ab und entwertet ihn, um ihn als Angst und Neid erzeugendes Objekt auszuschalten.

Antisoziale Übertragung Des Weiteren, als Zeichen einer besonders niedrigen Struktur und ausgeprägten Persönlichkeitspathologie, kommt die antisoziale Übertragung vor, die schwer zu behandeln ist. Diese Patientinnen neigen dazu, andere in psychopathischer Weise zu benutzen und auszubeuten. Sie haben oft keinen eigenen Auftrag, sondern kommen als Auflage eines Gerichts oder aufgrund des Drucks von Angehörigen in Behandlung.

Paranoide Übertragung Bei der paranoiden Übertragung hingegen besteht die Angst, dass der Therapeut die Patientin schädigen könnte. Diese dient nach Ansicht der TFP der Abwehr der idealisierten libidinösen Übertragung und auch der depressiven Übertragung. Der TFP-Therapeut hilft der Patientin, sich von der paranoiden in die depressive Übertragung zu entwickeln und diese dann aufzulösen.

Depressive Übertragung Die depressive Position ist insofern reifer, als dass die Patientin den inneren Ursprung der zuvor projizierten aggressiven Impulse erkennt und Schuldgefühle entwickeln kann. Die Auflösung erfolgt zweischrittig: Zunächst müssen die Rollenwechsel in den Dyaden bearbeitet werden können, im zweiten Schritt wird das Oszillieren zwischen gegensätzlichen Dyaden durchgearbeitet und integriert.

Integration negativer Affekte Üblicherweise treten bei Borderline-Patientinnen heftige negative Übertragungsgefühle auf wie Wut oder Zorn, die Patientin muss dann lernen, dass diese einem bösen Objekt geltenden Gefühle in ihr selbst sind (dem bösen Objekt ähnliche Selbstanteile) und diese als solche akzeptieren lernen. Dieser hasserfüllte Selbstanteil muss dann nach und nach verstanden und integriert werden. Der innere Hass kann dann beispielsweise weiter gedeutet werden als Reaktion auf Neid auf andere. Auch sadistische Gefühle müssen erörtert und die doppelte Identifizierung mit Opfer und Täter erkannt und durchgearbeitet werden.

Latente Aggression Häufig ist es so, dass die Patientin im Dienste der Abwehr wichtige Themen trivialisiert. Dies muss der Therapeut aufmerksam beachten, um zu verhindern, dass die Patientin in einer Art »Als-ob-Modus« ins Schwafeln gerät. Neben der in der Therapie auftretenden aggressiv besetzten Objektbeziehungsdyade kann diese aber auch dazu dienen, eine tiefer liegende, libidinös besetzte abzuwehren – und umgekehrt (Yeomans et al. 2017). In der therapeutischen Frühphase kommen meist die paranoide Übertragung und Bindungsängste vor.

Die Sexualität der BPS-Patientin

Bei der BPS ist die **Identitätsdiffusion** kennzeichnend, was dazu führen kann, dass die Patientin gar nicht weiß, ob sie sich zu Männern oder Frauen hingezogen fühlen soll, was z.B. zu bisexuellem Verhalten führen kann. Mitunter fehlt es an der Fähigkeit, sexuelle Lust zu empfinden, nicht zuletzt auch aufgrund zugrundeliegender traumatischer Erfahrungen. Des Weiteren fehlt es mitunter an der Fähigkeit, tiefe Liebesbeziehungen aufzubauen. Während BPS-Patientinnen mit hohem Strukturniveau zur sexuellen Erregung fähig sind und instabile idealisierende Beziehungen zu Partialobjekten aufweisen, zeigen Patientinnen mit narzisstischer Persönlichkeit eine Unfähigkeit zu tiefer emotionaler Besetzung des Objekts. Patientinnen mit Aggressionen zeigen gefährliches Sexualverhalten, solche mit niedrigem Strukturniveau können kaum Lust empfinden, sind sexuell quasi nicht erregungsfähig.

Aggressive Infiltrierung des Sexualverhaltens Bei manchen Patientinnen kann sich selbst schädigendes oder fremdschädigendes Sexualverhalten einstellen oder vorkommen, was in der mittleren Therapiephase durchgearbeitet werden muss.

Die erotisierte Übertragung Unvermeidlich wird es immer wieder in der Übertragung zu Liebesgefühlen kommen. Diese können aber auch in aggressiver Weise der Abwehr einer tragfähigen Beziehung zum Therapeuten dienen. Die Patientin muss dann die Möglichkeit haben, die erotischen Gefühle frei zu äußern – unter Wahrung der festgelegten Grenzen. Daher wird sich die Patientin dann möglicherweise abgelehnt fühlen. Anschließend sind ihre sexuellen Erwartungen und Phantasien vollständig durchzuarbeiten. Auch der Therapeut muss seine Gegenübertragungsgefühle voll anerkennen und wahrnehmen. Dies ist wohlgemerkt noch kein Verstoß gegen die Behandlungsgrenzen.

Vertieftes Verständnis der Spaltung und Integrationsbestrebungen

Anfangs wird es zur großen Frustration des Therapeuten immer wieder Regressionen geben, aber auch erste zarte Anzeichen von beginnender Integrationsfähigkeit werden in der mittleren Behandlungsphase sichtbar werden.

Wechselnde Projektionen, Integration und verbesserte Realitätsprüfung

Im Laufe der Therapie gelingt es dann der Patientin, negative Gefühle im Laufe einer Liebesbeziehung besser zu tolerieren.

Erweiterung des Fokus in der mittleren Behandlungsphase

Laut Yeomans et al. (2017) ist in der mittleren Phase die Fokussierung auf die Übertragung um folgende Themenbereiche zu erweitern: die augenblickliche äußere Realität der Patientin, die Entwicklung ihrer Interaktionsmuster, ihre Lebensgeschichte und ihre Phantasien, die sich von der Realitätswahrnehmung zu unterscheiden beginnen (im Gegensatz zum vorher bestehenden Äquivalenzmodus, wie die MBT es nennen würde).

Der Patientin gelingt es dann, allmählich ihre paranoiden Annahmen über andere zu korrigieren, erweitert ihre sozialen Beziehungen, was aber mitunter Ängste auslöst. Andere Menschen werden umfassender wahrgenommen.

Ausgewogene Betrachtung der Übertragung und des äußeren Lebens der Patientin in der Therapie

Der TFP-Therapeut hat im Gegensatz zu Behandlern, die andere psychodynamische Verfahren anwenden, die Aufgabe, sich auch aktiv nach dem Leben außerhalb zu erkundigen, da die Patientin mitunter wichtige Konflikte weiterhin außerhalb der Therapie agiert.

Innere Repräsentationen, Identifizierung und Projektionen

Das Prinzip in der mittleren Behandlungsphase ist die in Übertragung, in Beziehung und außerhalb auftretenden Projektionen konsequent zu ergründen.

Fortschritte in der Therapie und Reaktion der Patientin

Die Patientin macht Fortschritte, und dies macht ihr Angst. Dies ist aufmerksam zu verfolgen und zu berücksichtigen.

Zusammenfassung

Zusammenfassend gesagt, ist in der mittleren Behandlungsphase das Agieren auf dem Rückzug. Die Interaktion zwischen
Patientin und Therapeut kann näher betrachtet werden. Die
führende Übertragung entwickelt sich von antisozialer, narzisstischer oder paranoider in Richtung depressiver Übertragungsgefühle. Die Patientinnen können besser negative Affekte
aushalten, regredieren aber häufiger auf die Projektion. Auch
libidinöse Wünsche und Übertragungen dürfen nicht ausgeblendet, sondern müssen untersucht werden.

Der Fokus der Sitzungen erweitert sich. Das Verständnis pro-
blematischer Aspekte von Liebesleben, Arbeitsfähigkeit und
Freizeit erweitert sich.

5.11 Fortgeschrittene Behandlungsphase

Diese tritt ein, wenn die bisher abgespaltene Übertragung ausreichend durchgearbeitet wurde (Yeomans et al. 2017). Die Patientinnen können

- andrängende Affekte besser aushalten,
- spontane innere Reaktionen auf Trigger von der Komplexität
  der äußeren Situation unterscheiden,
- Phantasie und Reales besser unterscheiden.

Selbstverletzungen nehmen ab, ein offeneres Gespräch mit
dem Therapeuten in Bezug auf die therapeutische Beziehung ist
möglich. Deutungen können fortgesponnen werden. Deutungen wirken entlastend, die paranoide Übertragung löst sich allmählich auf, das Verstehen projizierter Aggressionen verbes-

sert sich. Es kommt zur Auflösung antisozialer, psychopathischer und paranoider Übertragungen. Die paranoide oder sogar psychopathische Übertragung, die u. a. die bewusste Täuschung des Therapeuten beinhaltet, wird überwunden. Eine ehrlichere Kommunikation wird möglich.

Agieren außerhalb der Sitzungen

Das Agieren außerhalb der Sitzungen lässt innerhalb des ersten halben Jahres nach. Die Patientin hat gelernt, dass sie außerhalb der Therapie das Agieren begrenzen und innere Reaktionen auf äußere Ereignisse in der Therapie ansprechen muss. Teilaspekte der Haltung des Therapeuten werden internalisiert, und die Reflexionsfähigkeit im Allgemeinen nimmt zu.

Anzeichen für strukturelle Veränderungen

Die Patientin lernt, sich besser selbst zu beobachten, untersucht gründlicher das, was der Therapeut ihr mitteilt, statt reflexhaft zu reagieren. Aggressive und Liebesgefühle gegenüber dem Therapeuten können zunehmend besser integriert und müssen nicht mehr ausagiert werden. Eigene Phantasien können besser toleriert werden. Idealerweise verändern sich die dominanten Übertragungsmuster in Richtung auf eine depressive Übertragung, mit Trauer um das ideale Objekt und Reue über die aggressiven Affekte, was nun besser wahrgenommen werden kann (Yeomans et al. 2017).

Schwieriger kann die Entwicklung bei narzisstischen Personen ablaufen, besonders bei Patientin mit **malignem Narziss-**

mus, wo sich einige Symptomverbesserungen zeigen, sich aber auf gewissen Ebenen noch ein hartnäckiger Widerstand gegen Veränderung offenbart.

Es kann dergestalt zu Komplikationen kommen, dass die Patientin unbewusst eine weitere Besserung vermeidet, um so den Preis für erzielte Fortschritte zu entrichten (aufgrund von starken Schuldgefühlen).

Technisches Vorgehen in der fortgeschrittenen Behandlungsphase

Auch hier steht die systematische Analyse der dominanten Übertragung im Vordergrund. Währenddessen intensiviert sich die depressive Übertragung, die affektive Beziehung seitens der Patientin zum Therapeuten vertieft sich idealerweise. Wichtig ist, dass sich der Therapeut nicht von der eingeschränkten Weltsicht der Patientin anstecken lässt, die die Zukunft als eher pessimistisch beurteilt.

Weiterentwicklung der Behandlungstechniken Der Therapeut verhält sich aktiv und eher ungeduldig in der Einzelsitzung, treibt den Fortschritt voran. Er darf jetzt auch direktere Deutungen einstreuen als bisher, sich weniger vorsichtig zeigen. Auch genetische Deutungen (also solche, die eine Verbindung zwischen gegenwärtigem Erleben und vergangenen Erfahrungen herstellen) sind jetzt eher möglich.

Beendigung der Therapie

Bei weniger schwer gestörten Patienten zeigen sich am Ende der Behandlung zwar Traurigkeit, Verlustgefühle, Trauer, aber auch Zufriedenheit. Bei Borderline-Patientinnen verläuft dies komplizierter: Schon bei normalen Trennungen wie Urlaub wird eine schwere Ängste bei der Patientin ausgelöst, sie regrediert in die paranoid-schizoide Position, erlebt es als Angriff durch das verschwundene Objekt, wird selbst zum Verfolger. Es zeigt sich ein dyadischer Rollenwechsel vom Opfer zum Angreifer, die Patientin greift den Therapeuten an.

Bei Narzissten fällt diese Reaktion noch heftiger aus, es kommt zu einer dem Selbstschutz dienenden Entwertung des Therapeuten. So kann sich das Gefühl einstellen, den Therapeuten ohnehin nie gebraucht zu haben: »Ich habe Sie überhaupt nicht vermisst.«

Die Trennung muss durch Analyse der Trennungsangst genau durchgearbeitet werden: Die Trennung wird erlebt als Angriff durch den Therapeuten, die Patientin empfindet insgeheim Hass, hofft, dass der Therapeut sich schuldig fühlt, wünscht ihm, den Urlaub zu ruinieren, etc. Sie zeigt Befürchtungen, der Therapeut hege böse Absichten.

Der Therapeut sollte bei der Beendigung der Therapie nicht etwa wöchentlich Sitzungen reduzieren, empfiehlt die TFP, sondern die Patientin muss die entstehende Trauer aushalten lernen und ihr nicht ausweichen. Also soll der Therapeut die Patientin rechtzeitig darauf vorbereiten, dass Trauer unvermeidlich auftreten wird.

Gegenübertragung Auch der Therapeut kann paranoid reagieren, das Gefühl entwickeln, dass die Patientin aus der Therapie flüchtet, ihn entwertet, ihn verleugnet; der Abschied wird als inszenierter Angriff begriffen. Auch depressive Reaktionen sind möglich sowie Gefühle, der Patientin nicht gerecht zu werden. Die Beendigung der Behandlung durch den Therapeuten sollte erst erfolgen, wenn wesentliche Ziele erreicht wurden, und dann sollte man, falls es nicht weitergeht, Supervision aufsuchen. Der Abschied sollte wenigstens drei Monate vor Abschluss der Behandlung angesprochen werden. Die Beendigung der Therapie zeichnet sich oft durch eine Mischung paranoider und depressiver Themen aus.

FALLBEISPIEL »Ich bestimme hier, was gemacht wird«

Kurz nach der Aufnahme, als ich die Patientin über einen voraussichtlich 4–6 Wochen dauernden Aufenthalt aufkläre, sagt sie: »Ich sage Ihnen gleich, da werden ein paar Wöchelchen Behandlung nicht ausreichen!« Sie faucht mich geradezu an. »Selbst nach drei Monaten werde ich noch lange nicht so stabil sein, dass sie mich einfach entlassen können!«

Hier macht der Abschied schon Angst, bevor er überhaupt Thema sein sollte.

Auch diese Situation habe ich so oder ähnlich schon oft erlebt, und sie zeigt, dass hier erst intensiv ein Vertrauensverhältnis aufgebaut werden muss und die Regeln des Aufenthalts genau abgesteckt werden müssen, angesichts der oft panischen Verlassensängste der Patientin, andererseits dem Wunsch, das Gegenüber zu kontrollieren.

5.12 Veränderungsprozesse in der TFP

Patientinnen mit BPS sind letztlich eher auf Langzeitpsychotherapie angewiesen. Die Therapien verlaufen nicht gleich, weil es Untergruppen von Borderline-Patientinnen gibt, die Patientinnen auch auf unterschiedlicher Entwicklungsstufe stehen und sich die Übertragungsmuster unterschiedlich entwickeln (Yeomans et al. 2017).

Untergruppen der BPS aus TFP-Sicht

Bezüglich der Untergruppen ist zu sagen, dass man drei phänotypisch unterschiedliche Gruppen feststellen konnte.

Zur ersten Gruppe zählen Personen mit wenig paranoiden, antisozialen und aggressiven Eigenschaften. Sie zeigen weniger negative Emotionen, wurden seltener in der Kindheit misshandelt und zeigen ein höheres soziales Funktionsniveau.

Die zweite Gruppe umfasst Individuen mit mehr paranoiden, aber weniger antisozialen und aggressiven Eigenschaften. Sie erzielen niedrigere Werte in Tests für soziale Nähe, haben häufiger sexuellen Missbrauch erlebt.

Die dritte Gruppe hingegen zeigt eher antisoziale und aggressive Eigenschaften, aber wenig paranoide Züge. Sie zeichnet sich aus durch hohe Impulsivität und hohe Identitätsdiffusion.

Dies wurde mehrfach repliziert (Lenzenweger er al. 2008; Hallquist und Pilkonis 2012; Yun et al. 2013). Notwendig ist daher anfangs eine ausführliche Diagnostik, sodass man auf die genannten Spezifitäten eingehen kann. Besonders der Anfang der Therapie ist wichtig. Patientinnen, die ein manifest suizidales Verhalten zeigen, Substanzmissbrauch betreiben, sich impulsiv und aggressiv verhalten, müssen aktiver therapeutisch gemanagt werden. Wichtig und Pflicht ist die Kontrolle des Agierens.

FALLBEISPIEL **Der Abschied ist mir egal**

Nach einem erneuten massiven Regelverstoß wurde die Patientin zur Erleichterung des hochgestressten Teams entlassen. Zur

Verwunderung aller schien die Patientin unbeeindruckt: »Kein Problem. Hierhin werde ich eh nie wieder zurückkommen.« Am nächsten Morgen war zu erfahren, dass die Patientin keine vier Stunden später sich wieder an den Arzt vom Dienst gewandt hatte und auf der Akutstation aufgenommen worden war. Am Morgen wollte sie nun auf die offene Station verlegt werden. Situationen dieser Art sind in Psychiatrien gang und gäbe.

Hier hilft auch nur eine intensive Abstimmung innerhalb der Klinik. In diesem Fall wurde entschieden, die Patientin sofort nach Ende der Krisenintervention wieder zu entlassen. Für schwerste Fälle macht es häufiger Sinn, dreimonatliche kurzzeitige Intervallbehandlungen durchzuführen, dann weiß die Patientin, dass sie nicht im Stich gelassen wird, sondern man ihr weiter ein Behandlungsangebot macht.

Bindung

Wichtig ist es vor allem, in der Therapie das Bindungsmuster zu berücksichtigen: Patientinnen mit BPS haben in der Regel eine unsichere Bindungsorganisation (Levy et al. 2006). Es gibt hier Unterschiede:

> **MERKE** Unterschiede bei unsicherer Bindungsorganisation
> - Patientinnen mit unsicher-ablehnendem Bindungstypus schildern ihre Beziehungen vage und widersprüchlich.
> - Patientinnen mit unsicher-verstrickter Bindung beschreiben Beziehungen und Gefühle weitschweifig und verwirrend.
> - Patientinnen mit unsicher-desorganisierter Bindung und mit Trauma-Vorerfahrungen können nicht kohärent über ihre Missbrauchserfahrungen sprechen.

All dies muss in der Therapie berücksichtigt werden (Yeomans et al. 2017). Üblicherweise sind am Ende der Therapie mehr Patientinnen »sicher gebunden« als vorher.

5.13 Zeichen der Besserung nach TFP

Das Agieren nimmt ab, auch das Somatisieren. Konflikte können besser ausgehalten und reflektiert werden, negative Erfahrungen sind besser integriert, eigene Ambivalenzen können besser ausgehalten werden. Abwehrmechanismen werden reifer. Narzissten können neidbedingte Konflikte besser integrieren. Sie können nun eher Dankbarkeit und Freude empfinden. Es zeigt sich ein wachsendes produktives Engagement in beruflichem Leben und in Liebesbeziehungen. Insgesamt ergeben sich sehr heterogene Verläufe – je nach Subtypus.

Literatur

Literatur zum Einführungsabschnitt

Clarkin JF, Panfilis C de (2013). Developing conceptualization of borderline personality disorder. The Journal of nervous and mental disease; 201(2): 88–93.

Doering S (2016). Übertragungsfokussierte Psychotherapie (TFP). Göttingen: Vandenhoeck & Ruprecht.

Kernberg OF (1992). Objektbeziehungen und Praxis der Psychoanalyse. Stuttgart: Klett-Cotta.

Yeomans FE, Clarkin JF, Kernberg OF (2017). Übertragungsfokussierte Psychotherapie für Borderline-Patienten. Das TFP-Praxismanual. Online:
Videos. Stuttgart: Schattauer.

Literatur zu Abschn. 5.1

Yeomans FE, Clarkin JF, Kernberg OF (2017). Übertragungsfokussierte Psychotherapie für Borderline-Patienten. Das TFP-Praxismanual. Online:
Videos. Stuttgart: Schattauer.

Literatur zu Abschn. 5.2

Bateman A, Fonagy P (2008). Psychotherapie der Borderline-Persönlichkeitsstörung. Ein mentalisierungsgestütztes Behandlungskonzept; mit
einem umfangreichen Behandlungsmanual. Gießen: Psychosozial.
Klein M (2000). Gesammelte Schriften. Stuttgart-Bad Cannstatt: From-
mann-Holzboog.
Yeomans FE, Clarkin JF, Kernberg OF (2017). Übertragungsfokussierte Psychotherapie für Borderline-Patienten. Das TFP-Praxismanual. Online:
Videos. Stuttgart: Schattauer.

Literatur zu Abschn. 5.3

Yeomans FE, Clarkin JF, Kernberg OF (2017). Übertragungsfokussierte Psychotherapie für Borderline-Patienten. Das TFP-Praxismanual. Online:
Videos. Stuttgart: Schattauer.

Literatur zu Abschn. 5.4

Bion WR (1990). Lernen durch Erfahrung. Frankfurt am Main: Suhrkamp.

Yeomans FE, Clarkin JF, Kernberg OF (2017). Übertragungsfokussierte Psychotherapie für Borderline-Patienten. Das TFP-Praxismanual. Online: Videos. Stuttgart: Schattauer.

Literatur zu Abschn. 5.6

Diamond D, Yeomans FE, Stern B, Levy KN, Hörz S, Doering S, Fischer-Kern M, Delaney J, Clarkin JF (2013). Transference focused psychotherapy for patients with comorbid narcissistic and borderline personality disorder. Psychoanalytic Inquiry; 33(6): 527−551.

Høglend P, Johansson P, Marble A, Bøgwald K-P, Amlo S (2007). Moderators of the effects of transference interpretations in brief dynamic psychotherapy. Psychotherapy Research; 17(2): 160−171.

Levy KN, Beeney JE, Temes CM (2011). Attachment and its vicissitudes in borderline personality disorder. Current psychiatry reports; 13(1): 50−59.

Ogrodniczuk JS (ed) (2013). Understanding and treating pathological narcissism. Washington, D.C: American Psychological Association.

Rockland LH (1992). Supportive therapy for borderline patients. A psychodynamic approach. New York: Guilford Press.

Stern BL, Yeomans F, Diamond D, Kernberg OF (2013). Transference-focused psychotherapy for narcissistic personality. In: Ogrodniczuk JS (ed). Understanding and treating pathological narcissism. American Psychological Association: Washington, D.C.; 235−252.

Yeomans FE, Clarkin JF, Kernberg OF (2017). Übertragungsfokussierte Psychotherapie für Borderline-Patienten. Das TFP-Praxismanual. Online: Videos. Stuttgart: Schattauer.

Literatur zu Abschn. 5.7

Auchincloss EL, Samberg E (2012). Psychoanalytic terms & concepts. New York, New Haven: American Psychoanalytic Association; Yale University Press.

Caligor E, Kernberg OF, Clarkin JF (2009). Übertragungsfokussierte Psychotherapie bei neurotischer Persönlichkeitsstruktur. Stuttgart: Schattauer.

Livesley WJ, Dimaggio G, Clarkin JF (eds) (2016). Integrated treatment for personality disorder. A modular approach. New York: Guilford Press.

Racker H (2017). The meanings and uses of countertransference. The Psychoanalytic Quarterly; 26(3): 303–357.

Silk KR, Friedel RO (2016). Psychopharmacological considerations in integrated treatment. In: Livesley WJ, Dimaggio G, Clarkin JF (eds). Integrated treatment for personality disorder. A modular approach. New York: Guilford Press; 211–231.

Stoffers J, Völlm BA, Rücker G, Timmer A, Huband N, Lieb K (2010). Pharmacological interventions for borderline personality disorder. Cochrane Database Syst Rev; (6): CD005653.

Yeomans FE, Clarkin JF, Kernberg OF (2017). Übertragungsfokussierte Psychotherapie für Borderline-Patienten. Das TFP-Praxismanual. Online: Videos. Stuttgart: Schattauer.

Literatur zu Abschn. 5.8

Yeomans FE, Clarkin JF, Kernberg OF (2017). Übertragungsfokussierte Psychotherapie für Borderline-Patienten. Das TFP-Praxismanual. Online: Videos. Stuttgart: Schattauer.

Literatur zu Abschn. 5.9

Barnicot K, Katsakou C, Marougka S, Priebe S (2011). Treatment comple-
tion in psychotherapy for borderline personality disorder. A systematic
review and meta-analysis. Acta psychiatrica Scandinavica; 123(5):
327–338.

Wnuk S, McMain S, Links PS, Habinski L, Murray J, Guimond T (2013). Factors related to dropout from treatment in two outpatient treatments
for borderline personality disorder. Journal of personality disorders;
27(6): 716–726.

Yeomans FE, Clarkin JF, Kernberg OF (2017). Übertragungsfokussierte Psychotherapie für Borderline-Patienten. Das TFP-Praxismanual. Online:
Videos. Stuttgart: Schattauer.

Literatur zu Abschn. 5.11

Yeomans FE, Clarkin JF, Kernberg OF (2017). Übertragungsfokussierte Psychotherapie für Borderline-Patienten. Das TFP-Praxismanual. Online:
Videos. Stuttgart: Schattauer.

Literatur zu Abschn. 5.12

Hallquist MN, Pilkonis PA (2012). Refining the phenotype of borderline
personality disorder. Diagnostic criteria and beyond. Personality disorders; 3(3): 228–246.

Lenzenweger MF, Clarkin JF, Yeomans FE, Kernberg OF, Levy KN (2008).
Refining the borderline personality disorder phenotype through finite
mixture modeling. Implications for classification. Journal of personality disorders; 22(4): 313–331.

Levy KN, Meehan KB, Kelly KM, Reynoso JS, Weber M, Clarkin JF, Kernberg
OF (2006). Change in attachment patterns and reflective function in a
randomized control trial of transference-focused psychotherapy for
borderline personality disorder. J Consult Clin Psychol; 74(6):
1027–1040.

Yeomans FE, Clarkin JF, Kernberg OF (2017). Übertragungsfokussierte Psychotherapie für Borderline-Patienten. Das TFP-Praxismanual. Online: Videos. Stuttgart: Schattauer.

Yun RJ, Stern BL, Lenzenweger MF, Tiersky LA (2013). Refining personality disorder subtypes and classification using finite mixture modeling. Personality disorders; 4(2): 121–128.

6 STEPPS

Auch das STEPPS wurde mittlerweile als evidenzbasiert wirksam erkannt, ist aber weniger verbreitet und wird daher in diesem Buch nicht ausführlich behandelt. STEPPS ist die Abkürzung für »Systems Training for Emotional Predictability and Problem Solving«.

Es handelt sich um ein 20-wöchiges manualgestütztes Gruppentherapieprogramm für ambulante Patienten mit BPS, welches sich auf KVT-Elemente und Skillstraining stützt, aber auch systemische Gesichtspunkte einbezieht (Blum et al. 2008). Einzeltherapien gibt es hierbei nicht. Das STEPPS-Programm besteht aus 20 jeweils zweistündigen Sitzungen mit zwei Therapeuten, die jeweils einem ausgearbeiteten Manual folgen. Jeder Teilnehmer bekommt Lehrmaterial inklusive Hausaufgaben ausgehändigt. Auch die Familienmitglieder erhalten Psychoedukation über das Störungsbild und wie man mit der Patientin am besten interagiert. Die Teilnehmer sollen explizit Angehörige einbeziehen und ihre Materialien mit diesen teilen. Im Einzelnen besteht das Programm aus folgenden Hauptkomponenten:

- Psychoedukation,
- Fertigkeitentraining bezüglich Emotionsregulation,
- Fertigkeitentraining in Bezug auf Verhaltensmanagement.

Im Rahmen der Psychoedukation wird Wissen über die Erkrankung vermittelt, und es werden dysfunktionale Schemata herausgearbeitet (»kognitive Filter«). Außerdem wird das Störungsbild »reframed«, also in einen neuen Kontext gestellt, indem die BPS als Störung der »emotionalen Intensität« dargestellt wird, was weniger stigmatisierend wirkt als manch andere Formulierung. Im Rahmen der zweiten Komponente werden verschiedene Grundfertigkeiten der Emotionsregulation eingeübt: sich distanzieren, kommunizieren, herausfordern (»Challenging«), ablenken (»Distracting«) und Problemmanagement. Im Rahmen der dritten Komponente werden folgende Grundfertigkeiten vermittelt: Setzen von Zielen, gesundes Essverhalten, Schlafhygieneregeln, regelmäßige Bewegung, Freizeitaktivitäten, Adhärenz an Medikamente und ähnliche Themen, Vermeidung von Selbstverletzung und effektives interpersonales Verhalten. Insgesamt wird eher eine Art Seminaratmosphäre hergestellt; außerdem wird das Programm aufgelockert durch Kulturelles: Poesie, Singen, künstlerische Aktivität und Entspannungsübungen. Des Weiteren sollen sich die Patientinnen selbst in Bezug auf Gedanken und Gefühle beobachten. Außerdem wird das »Emotionale Intensitätskontinuum«, eine 5-punktige Skala, eingeführt, um das Anspannungslevel zu erfassen. Auch Frühwarnzeichen des Störungsbildes werden vermittelt. In einer RCT (= randomisiert-kontrollierte Studie, dies ist der Goldstandard der aussagekräftigen Studien) von Blum et al. (2008) zeigten sich Verbesserungen in allen Bereichen: in Bezug auf Affekt, Kognition, impulsives Verhalten und gestörte Beziehungen; auch besserte sich die depressive Symptomatik. Impulsivität konnte reduziert werden, auch negative Gedanken und Gefühle wurden reduziert. Allerdings zeigten sich teils hohe Abbruchraten.

Im Folgenden sei ein typisches Manual von STEPPS (Blum et al. 2008) kurz dargestellt:

- In Sitzung 1 stellen sich die Teilnehmer vor. Psychometrische Tests werden ausgefüllt (hier: »BEST«-Skala). Es erfolgt Psychoedukation, und das alternative Konzept der »Emotionalen Intensitätsstörung« wird vorgestellt. Es wird ein »Reinforcement-Team« zusammengestellt. Jedes Gruppenmitglied stellt die persönlichen Ziele vor.

- In Sitzung 2 wird zunächst der »BEST« ausgefüllt (wird von da an vor jeder Stunde ausgefüllt). Auch wird ein Schema-Fragebogen ausgefüllt und Psychoedukation über bestimmte Schemata (»kognitive Filter«) durchgeführt.
- In Sitzung 3 wird erklärt, wie man sich von »emotionaler Intensität« distanziert und entspannendes Atmen eingeübt. Jede folgende Sitzung beginnt mit einer unterschiedlichen Entspannungsübung.
- In Sitzung 4 wird das »Emotionale Intensitätskontinuum« vorgestellt. In Sitzung 4 und 5 wird vor allem dann gelehrt, wie man Gefühle, körperliche Wahrnehmungen, Gedanken u. a. präziser kommuniziert.
- In den Sitzungen 6–8 wird gelehrt, wie man »maladaptive Filter« in Frage stellt, übliche kognitive Verzerrungen identifiziert und durch passendere Gedankengänge ersetzt.
- In den Sitzungen 9 und 10 wird erlernt, wie man übersteigerte emotionale Intensität reduziert.
- In den Sitzungen 11 und 12 lernt man Problemmanagement über typische Problemlösungsansätze, wie man sie schon aus anderen Therapieverfahren kennt.
- In Sitzung 13 werden problematische Lebensstile besprochen und bearbeitet und die Notwendigkeit einer gewissen Lebensbalance diskutiert. Ein Fragebogen wird ausgefüllt, der gegenwärtige Problemfelder aufdecken soll. Es wird genauer definiert, woran jeder Patient arbeiten möchte.
- In Sitzung 14 werden spezifische Ziele für ein jeweils zuvor identifiziertes Problemverhalten definiert.
- In Sitzung 15 wird gesundes Ess- und Schlafverhalten besprochen.

- In Sitzung 16 wird gesundes Verhalten thematisiert im Sinne der Aufnahme von regelmäßiger Bewegung sowie förderlichem Freizeit- und Gesundheitsverhalten.
- In der 17. Sitzung werden Fähigkeiten zur Reduktion von selbstverletzendem Verhalten vermittelt. Techniken zur Identifizierung von Vorboten selbstverletzender und anderer schädlicher Verhaltensweisen werden vermittelt.
- In den Sitzungen 18 und 19 werden verschiedene interpersonelle Problemthemen angesprochen.
- In der abschließenden 20. Sitzung werden die bisherigen Behandlungsfortschritte evaluiert und die gewonnene Fähigkeit, Skills für sich zu nutzen. Man feiert den erfolgreichen Abschluss des Programms.

Literatur

Blum N, St John D, Pfohl B, Stuart S, McCormick B, Allen J, Arndt S, Black DW (2008). Systems Training for Emotional Predictability and Problem Solving (STEPPS) for outpatients with borderline personality disorder. A randomized controlled trial and 1-year follow-up. The American journal of psychiatry; 165(4): 468–478.

7 Exkurs: die PTBS

Angesichts der Tatsache, dass so viele, wenngleich nicht alle BPS-Patienten schwer traumatisiert wurden, z.B. in der Kindheit, soll hier noch einmal kurz der Wissensstand über die Posttraumatische Belastungsstörung referiert werden (→ Heedt 2017). Die fünf großen Themenbereiche bei der Entstehung und Aufrechterhaltung dieses Störungsbildes sind: Angstkonditionierung, fehlregulierte Kreisläufe, Gedächtniskonsolidierung, Genetik und Epigenetik (Domschke 2018). Bei der PTBS kommt es zunächst zu einer klassischen Konditionierungsreaktion. Eigentlich neutrale Reize werden mit einem Traumaerlebnis und damit verbundener Angst gekoppelt. Als Ergebnis wird ein vormals neutraler Reiz zum konditionierten Stimulus und somit zum Trigger für eine Angstreaktion. Außerdem kommt es zu negativer Verstärkung, indem über den Vorgang der operanten Konditionierung die Angstreaktion durch Vermeidung traumaassoziierter Erinnerungen gemindert wird (Domschke 2018; Ross et al. 2017).

7.1 Neurobiologie der PTBS

Die bedeutendste Rolle bei der Entstehung von Angst spielt die Amygdala (Mandelkern). Diese gibt an Hypothalamus, Hirnstamm und basales Vorderhirn die Bedrohungsinformation weiter (im Grunde wie eine Art Feuermelder). Dies führt dann zu einer starken vegetativen Angstreaktion (der Blutdruck steigt, auch wird verstärkte Aufmerksamkeit induziert). Verschiedene Regionen, die eigentlich die Funktion der Amygdala kontrollieren und dämpfen, schaffen dies im Augenblick höchster Bedrohung nicht: medialer präfrontaler Kortex mit orbitofrontalem Kortex, ventromedialen und dorsomedialen präfrontalen Kortex sowie anteriorer cingulärer Cortex (ACC) sowie Hippocampus. Dies führt zu exzessiver Angst.

Das nächste Problem ist, dass sich einmal eingespeicherte destruktive Erinnerungen immer weiter dadurch verfestigen, dass über Intrusionen, Albträume und Flashbacks die Erinnerungsspur tiefer und tiefer wird. Man kann allerdings versuchen, dies durch Betablocker (Propanolol) zu bremsen. Es kann allerdings zu einer Löschung dieser Erinnerungen kommen, wenn im Rahmen der psychotherapeutischen Expositionsbehandlung Erinnerungen wiederabgerufen und dabei verändert werden, indem mit dem traumatischen Erinnerungsmaterial intensiv gearbeitet und dieses modifiziert wird (Ross et al. 2017).

7.2 Genetik

Unglücklicherweise können genetische Faktoren für die Entwicklung einer PTBS prädisponierend wirken, die Erblichkeit liegt hier bei 40–50 %. Dies erklärt sich durch Genvarianten für den Serotonintransporter, den Cannabinoidrezeptor CNR1, den Brain derived neurotrophic factor BDNF, aber auch genetische Faktoren in Bezug auf das Hypothalamus-Hypophysen-Nebennierenrindensystem (FKBP5) und des Dopaminsystems (DRD, DAT1, DRD4) (Domschke 2018).

7.3 Epigenetik

Schließlich spielen auch, wie man mittlerweile weiß, epigenetische Faktoren eine Rolle. Epigenetik beschreibt das Phänomen, dass, während die DNA relativ starr und unveränderlich ist, die Ablesung der DNA durch verschiedenste Faktoren gesteuert wird. So kann über die Methylierung der Cytosinbase in Cytosin/Guanin-reichen Regionen auf die Steuerregion eines Gens Einfluss ausgeübt werden. Dann kann bei negativen Kindheitserlebnissen eine Methylierung des Glukokortikoidrezeptorgens (NR3C1) dazu führen, dass die Stressantwort vermindert gehemmt wird, was anfällig für die Entwicklung einer PTBS macht.

7.4 Psychotherapie

Zur Behandlung der PTBS ist zusammenfassend zu sagen, dass hier Psychotherapie immer besser abschneidet als die Medikation, bei der es sich meist um eine SSRI- und SNRI-Gabe handelt (Hoskins et al. 2015). Falls man unbedingt pharmakologisch behandelt möchte, kommen vor allem Sertralin und Venlafaxin in Frage (Lee et al. 2016). Auch eine Quetiapinmonotherapie kann, wie eine neuere Studie zeigte, einen Effekt haben. Hierbei wurden Dosen von im Durchschnitt 258 mg am Tag verwendet (Villarreal et al. 2016).

Literatur

Literatur zum Einführungsabschnitt

Domschke K (2018). Angst und PTSD. In: Braus DF (Hrsg). Handbuch Psychiatrie 2018. Psychiatrie Update 2018. Wiesbaden med publico GmbH; 1–24.

Heedt T (2017). Psychotraumatologie. Stuttgart: Schattauer.

Ross DA, Arbuckle MR, Travis MJ, Dwyer JB, van Schalkwyk GI, Ressler KJ (2017). An Integrated Neuroscience Perspective on Formulation and Treatment Planning for Posttraumatic Stress Disorder. An Educational Review. JAMA psychiatry; 74(4): 407–415.

Literatur zu Abschn. 7.1

Ross DA, Arbuckle MR, Travis MJ, Dwyer JB, van Schalkwyk GI, Ressler KJ. An Integrated Neuroscience Perspective on Formulation and Treatment Planning for Posttraumatic Stress Disorder. An Educational Review. JAMA psychiatry 2017; 74(4): 407–415.

Literatur zu Abschn. 7.2

Domschke K (2018). Angst und PTSD. In: Braus DF (Hrsg). Handbuch Psychiatrie 2018. Psychiatrie Update 2018. med publico GmbH: Wiesbaden; 1–24.

Literatur zu Abschn. 7.4

Hoskins M, Pearce J, Bethell A, Dankova L, Barbui C, Tol WA, van Omme-
ren M, Jong J de, Seedat S, Chen H, Bisson JI (2015). Pharmacotherapy
for post-traumatic stress disorder. Systematic review and meta-analysis. The British journal of psychiatry; 206(2): 93–100.

Lee DJ, Schnitzlein CW, Wolf JP, Vythilingam M, Rasmusson AM, Hoge CW
(2016). Psychotherapy versus Pharmacotherapy for posttraumatic
stress disorder. Systemic review and meta-analyses to determine first-
line treatments. Depression and anxiety; 33(9): 792–806.

Villarreal G, Hamner MB, Cañive JM, Robert S, Calais LA, Durklaski V, Zhai
Y, Qualls C (2016). Efficacy of Quetiapine Monotherapy in Posttraumatic Stress Disorder. A Randomized, Placebo-Controlled Trial. The American journal of psychiatry; 173(12): 1205–1212.

8 Vergleich der Borderline-Therapien

Ich habe bis hierhin die wesentlichen evidenzbasierten Psychotherapieverfahren der BPS in ihren Grundzügen dargestellt. Alle sind auf ihre Weise erfolgreich. Letztlich muss man allerdings sagen, dass ohnehin das einzelne Therapieverfahren an sich nicht überbewertet werden darf. Die **therapeutische Beziehung** ist und bleibt der Hauptwirkfaktor jeder erfolgreichen Psychotherapie. Dennoch soll hier der Versuch einer vergleichenden Bewertung vorgenommen werden.

Im anschließenden Kapitel soll dann noch untersucht werden, wie die ideale Borderline-Behandlung der Zukunft aussehen müsste. Zunächst müssen wir uns darüber klarwerden, nach welchen Kriterien wir die einzelnen Behandlungen überhaupt bewerten wollen. Was ist für die praktische Arbeit relevant? Eine solche Einschätzung kann nur subjektiv sein. Vielleicht regt es den interessierten Leser zu einer eigenen kritischen Bewertung an.

Mir wären folgende Punkte wichtig:
- Die Therapie sollte eine klare theoretische Fundierung haben.
- Die Therapie sollte in angemessenem Zeitraum zu erlernen sein.
- Das Therapiekonzept soll so beschaffen sein, dass es auch der Patient gut durchschauen kann.
- Das Therapiekonzept sollte auch von nicht primär psycho-

therapeutischen Berufen (Pflege, Sozialarbeiter etc.) in angemessenem Zeitrahmen in Grundzügen erlernbar sein.

- Das Therapiekonzept sollte Lösungen für die wichtigsten Facetten des Störungsbildes anbieten: die in diesem Buch nachdrücklich dargestellten Schwierigkeiten der Affektregulation, der Impulskontrolle, in den interpersonalen Beziehungen, die allenthalben aufleuchtende Instabilität des Selbstbildes, die fluktuierende psychotische Symptomatik, die dissoziativen Symptome, die Neigung zu Suizidalität und Selbstverletzung, die chronischen Leeregefühle usw.
- Die Therapieform sollte klare diagnostische Instrumente besitzen.
- Auch sollte es eine Strategie zum Umgang mit Psychopharmaka geben.
- Wesentlich ist auch der Umgang mit Komorbiditäten in der jeweiligen Psychotherapie.
- Da Traumata so häufig in der Vorgeschichte nachweisbar sind, sollte ein Konzept zum Umgang mit Kindheitstraumata vorhanden sein.
- Es sollte für die Behandlung bestimmte Aufnahme- und Ausschlusskriterien geben (eine Therapie, die für alles und jeden wirken soll, ist mir suspekt).
- Es sollte einen wohldefinierten konstruktiven Umgang mit etwaigen Abbruchtendenzen der Patientin geben.
- Die Therapie sollte sich im Einzel- und Gruppenkontext anwenden lassen.
- Es sollte ein Supervisions- und Selbsterfahrungskonzept geben.
- Es sollte ein Konzept für den Umgang mit Grenzverletzungen geben (beiderseitig, sowohl für Grenzverletzungen durch die Patientin als für den Umgang mit der Gefahr des Therapeuten, Grenzverletzungen zu unternehmen).
- Die Therapie sollte spezifische theoriebasierte Techniken entwickelt haben, die sich vom Mainstream unterscheiden –

sonst verdient sie nicht den Namen einer eigenständigen
Therapie.

- Die Therapie sollte ein Evaluationskonzept besitzen.
- Die Therapie sollte von einem menschlichen und menschen-
  bejahenden Bild ausgehen und frei sein von Einflussab-
  nahme von Ideologien oder religiösen, d.h. nichtwissen-
  schaftlichen Einflussnahmen.

Im Folgenden meine Einschätzung zu den einzelnen Unter-
punkten:

8.1 Theoretische Fundierung

Marsha Linehan hat für die DBT über Jahrzehnte hinweg ein
klares Konzept entwickelt. Es entstand ein Konvolut aus typischen verhaltenstherapeutischen Techniken, kombiniert mit
einer besonderen Sichtweise, die sie dialektisch taufte, aber
auch zen-buddhistische Techniken integriert. Als Erste hat
Linehan die besondere Wichtigkeit der Skills erkannt, derer sich
mittlerweile auch andere Schulen in eklektizistischer Weise
bedienen. Besonders typisch scheint das Prinzip der dynamischen Hierarchisierung der Therapieziele. Typisch ist auch die
Kettenanalyse als nutzbringendes Tool. Aber auch andere verhaltenstherapeutische Techniken wie kognitive Modifizierung
und Kontingenzmanagement sind von Bedeutung.

   Die MBT hingegen hat auch ein stimmiges psychotherapeutisches Gesamtkonzept vorzuweisen, ist aber eher psychodynamisch orientiert. Sie kreist vor allem darum, die Patientin anzuleiten, über die eigene Innenwelt und die des Gegenübers
nachzudenken. Die MBT integriert neurobiologische Überle-

gungen, psychotherapeutisches Grundlagenwissen und Wissen aus der Bindungsforschung zu einem ganzheitlichen Psychotherapieansatz (wie die DBT). Bei der Durchsicht der Literatur gewinnt man den Eindruck, dass die MBT auf solider wissenschaftlicher Grundlage steht, sämtliches relevantes Grundlagenwissen integriert hat und fundiert alle Aspekte der BPS berücksichtigt.

Auch die Schematherapie steht auf solider wissenschaftlicher Grundlage. Sie kreist um die Annahme früher maladaptiver Schemata als Basis ihrer Überlegungen. Sehr kleinteilig definiert sie Schema und Schemamodi, was mitunter als etwas zwanghaft imponiert, sich in der Praxis aber nichtsdestoweniger als überaus praktikabel erweist.

Die TFP schließlich hat eine klare theoretische Fundierung, die sich allerdings sehr nah an älteren kleinianisch-objektbeziehungstheoretischen Konzepten entlanghangelt. Sie versucht zwar die Besonderheiten der Borderline-Persönlichkeitsstörung zu adressieren, scheint mir aber unter den wichtigsten Therapieverfahren am wenigsten spezifisch auf die Bedürfnisse der Borderline-Patientinnen zugeschnitten. Sie kreist um die mehr oder weniger bewährten alten psychodynamischen Techniken von Klärung, Konfrontation und Deutung.

8.2 Erlernbarkeit

Die DBT scheint mir mit Fleiß und Mühe gut erlernbar zu sein. Schon das Standardmanual von Marsha Linehan überzeugt durch detaillierte Anweisungen für jede erdenkliche therapeutische Situation, teils mit sehr anschaulichen Therapiebeispielen. Das Netz an Zentren hat sich gerade in Deutschland massiv erweitert (www.dachverband-dbt.de). Sie ist wohl die am weitesten verbreitete Borderline-Therapierichtung in Deutschland, hat ein differenziertes Ausbildungskonzept und sorgt sich um eine gewissenhafte Ausübung.

Die MBT hat etwas weniger Verankerung in Deutschland, ist aber aufgrund ihres klaren Konzepts gut erlernbar und äußerst wirkungsvoll.

Die Schematherapie ist im besten Sinne selbst »schematisch«. Sie ist ziemlich eingängig aufgebaut und dürfte mit etwas Übung gut zu erlernen sein. Sie lässt sich gut formalisieren und z. B. in für den Patienten eingängige Schaubilder übersetzen.

Die TFP ist die definitiv komplizierteste der Therapien und somit schwerer zu vermitteln. Es bedarf eines erheblichen Grundlagenwissens über Psychoanalyse im Allgemeinen und dürfte ohne spezifische analytische Ausbildung an einem Ausbildungsinstitut nicht seriös zu vermitteln sein. Dies fördert nicht gerade die flächendeckende Ausbreitung (und das müsste ja sicherlich unser Ziel sein, angesichts der Tatsache, dass viel zu wenige BPS-Patienten in die Therapie kommen).

8.3 Erklärbarkeit

Die DBT ist sicherlich der Patientin in ihren Grundzügen gut erklärbar und vermittelbar. Gerade die wirksamste Komponente, das Skillstraining, ist den meisten Patienten unmittelbar einsichtig, auch z. B. das Prinzip, den Grad der Anspannung selbst zu beobachten.

Das vielschichtige Konzept der MBT zu erklären benötigt sicherlich etwas mehr Zeit. Der Grundansatz ist einfach, aber der Teufel steckt im Detail. Meiner Erfahrung nach wirkt die

MBT auf viele Patienten erst einmal »irgendwie mystisch«, und man versteht nicht, wieso der primär einfach wirkende Ansatz der Verbesserung der Reflexions- und Introspektionsfähigkeit bzw. des Mentalisierens eine Lösung für die eigenen vielschichtigen Probleme darstellen soll.

Die Schematherapie hingegen ist wunderbar eingängig und liefert sofort plausible Einordungsmöglichkeiten für den Patienten bzw. reduziert die kognitive Dissonanz nachhaltig. Ich denke, dass die Schematherapie dem Patienten perfekt in ihren Grundzügen zu erklären ist. Sie wird höchstens als zu »schematisch« wahrgenommen, als zu wenig tiefgängig.

Die TFP verzichtet – wie die meisten psychodynamischen Techniken – im Wesentlichen auf Psychoedukation, gerade weil sie ja die unbewussten Phantasien der Patienten über den Therapeuten und dessen Therapie ergründen möchte. Sie beschränkt sich daher auf das Wesentliche. Ich denke aber, dass für die durchgängig strukturschwachen Patienten psychoedukative Elemente letztlich unverzichtbar sind. Daher schneidet die TFP hier m. E. nicht so gut ab wie die anderen Therapien.

8.4 Erlernbarkeit durch andere Berufe

In ihrer Gesamtkonzeption gehört die DBT sicherlich in die Hände eines erfahrenen (Verhaltens-)Therapeuten, sei er nun Arzt oder Psychologe. Allerdings können Teile auch gut von Pflegekräften oder Sozialarbeitern erlernt und umgesetzt werden. Dazu zählt insbesondere das Erlernen von Skills, was, wie eine Art Toolbox, relativ einfach vermittelt werden kann. Die Internetseiten des DBT-Dachverbandes erwähnen explizit auch Training für Sozial- und Pflegeberufe.

Auch die MBT setzt darauf, das Verfahren möglichst breit im Gesundheitssystem zu verankern. Es ist keineswegs eine Geheimwissenschaft und nur durch erfahrene Therapeuten anzuwenden. Auch hier gibt es Angebote für flankierende Berufsgruppen.

Die Schematherapie wird ebenfalls in vielfältigen Kontexten angeboten.

Die TFP hingegen ist als mit klassisch psychoanalytischen Methoden arbeitendes Verfahren kaum von Nicht-Ärzten bzw. Nicht-Psychologen zu erlernen, sondern bedarf spezifischer psychoanalytischer Kenntnisse zu ihrer Umsetzung.

8.5 Adressierung aller Symptome des Störungsbildes

Die DBT befasst sich intensiv mit allen genannten Problembereichen. Ein Kernkonzept hierzu ist das der **Validierung**. Die Patientin hat meist ein wenig stützendes und validierendes Umfeld gehabt, daher wird systematisch dysfunktionales Verhalten nicht verstärkt, wohingegen funktionales verstärkt wird und schon kleine Fortschritte hervorgehoben werden. Die Erstellung einer Behandlungshierarchie gewährleistet, dass die genannten Problembereiche in systematischer Reihenfolge bearbeitet werden, geordnet nach ihrer Wichtigkeit. Suizidales Verhalten geht vor therapiegefährdendem Verhalten, geht vor Lebensqualität einschränkendem Verhalten. Verhaltensskills verbessern die Stresstoleranz und Emotionsregulation, die zwischenmenschlichen Fähigkeiten und Achtsamkeit (Heard und Swales 2017). Besonders die Kettenanalyse ist hilfreich, weil sie das teils chaotische Verhalten der Patientin einer kleinschrittigen Analyse unterzieht und der Patientin Räume schafft, sich selbst besser zu verstehen.

Auch die MBT hat für alle genannten Kernprobleme der BPS Lösungsansätze entwickelt, kreist allerdings sehr um das Konstrukt der Förderung des Mentalisierens, sodass trotz der schlüssigen wissenschaftlichen Fundierung für mich der leise Zweifel bleibt, ob dies wohl alles sein kann und ob sich wirklich alle Teilphänomene unter diesem Signum des Mentalisierens greifen und behandeln lassen.

Die Schematherapie befasst sich ebenfalls mit sämtlichen Teilbereichen der Störung und bietet hierfür Lösungen an, wobei mir aber der Kern trotz aller existierenden Übungen in der kognitiven Neueinordnung zu bestehen scheint. Bestimmte Schemata und Modi werden so klar und einfach hergeleitet und beschrieben, dass die Patientin beginnt, besser zu verstehen, was mit ihr passiert. Insgesamt scheint mir die Therapie aber insgesamt noch zu kognitiv ausgerichtet und sollte es vielleicht mit der kleinteiligen Herausarbeitung von mutmaßlichen Schemata nicht übertreiben, um sich nicht zu verzetteln in der Erarbeitung von tiefsinnigen Schaubildern, die mit der Lebensrealität der Patientin nicht mehr allzuviel zu tun haben. Ich denke aber, dass die meisten Therapeuten dies intuitiv wissen und die Schematherapie sozusagen weniger schematisch anwenden.

Die TFP befasst sich ebenfalls intensiv mit allen Facetten der Störung und bietet hierfür Lösungen an – allerdings zieht sich letztlich alles auf die üblichen psychoanalytischen Techniken von Klärung, Konfrontation und Deutung zusammen, sodass man sich fragen muss, ob diese basale und mittlerweile mehr als 100 Jahre alte Technik letztlich genug ist, um allen Facetten dieses komplexen Störungsbildes gerecht zu werden.

8.6 Diagnostik

Alle genannten Therapieverfahren gehen von dem diagnostischen Erstgespräch als Grundlage aus, verfeinern aber oft die Einschätzung durch spezifische diagnostische Bögen.

Im Fall der DBT empfiehlt man zunächst die Frage nach dem Leitsymptom der einschießenden, mehrfach täglich auftretenden unangenehmen Anspannung ohne differenzierte emotionale Qualität. Dann erfolgen die Einschätzung nach DSM-IV, die Anwendung des SKID-I zum Ausschluss anderer psychischer Störungen, der Ausschluss organischer Störungen, sodann die Anwendung des DIB-R und BSL (Diagnostisches Interview für die Borderline-Störung, revidierte Fassung und der Borderline-Symptom-Liste).

Die MBT wiederum arbeitet typischerweise mit dem Strukturierten Klinischen Interview sowie der revidierten Fassung des Diagnostischen Interviews für Borderline-Patienten (Zanarini et al. 1989). Üblicherweise wird eine ganze Serie diagnostischer Interviews zur Diagnoseklärung angeschlossen.

Bei der Schematherapie geht es zunächst darum, ein klares Bild zu erhalten über die bestehenden dysfunktionalen Lebensmuster, frühe maladaptive Schemata, die Identifikation von Bewältigungsstilen, die Einschätzung des Temperaments und – daraus resultierend – der Entwicklung eines Fallkonzeptes (Young et al. 2005). Am Ende der Gesamteinschätzung steht das Ausfüllen des Schemas Therapy Case Conceptualization Form (Fallkonzeptformular für Schematherapie). Es beginnt damit, im Eingangsgespräch die aktuellen Probleme und die Therapieziele festzulegen und eine problembezogene Anamnese anzufertigen. Hilfreich dabei sind verschiedene Fragebögen, vor allem das Young Schema Questionnaire, ein Eigenberichtsmessinstrument zur Schemaeinschätzung. Zur Einschätzung von Schema-Ursprüngen in der Kindheit wird das Young Parenting Inventory (YPI) angewendet. Weiterhin nützlich sind das Young-Rygh Avoidance Inventory, welches die Tendenz zur Schemavermeidung misst, sowie das Young Compensation Inventory. Letzteres misst die Tendenz zur Schema-Überkompensation.

Die TFP konzentriert sich primär auf ein strukturelles Interview, welches die Ebenen Identitätsintegration vs. Identitätsdiffusion sowie Abwehrmechanismen und Grad der Realitätsprüfung beurteilt. Oder aber es wird ein wenigstens semistrukturiertes Interview (STIPO-R, Structured Interview for Personality Organisation – Revised) durchgeführt. Die TFP konzentriert sich zum einen auf das Verhalten während der Sitzung des Patienten, zum anderen auf das Funktionsniveau im Alltag außerhalb der Sitzung und berücksichtigt beides – dies alles auf dem Boden der Objektbeziehungstheorie.

8.7 Psychopharmaka

DBT und Schematherapie möchten meiner Erfahrung nach Medikamente begrenzen, aber nicht um jeden Preis aus der Behandlung ausschließen. Auch die MBT hält die Medikamentengabe durchaus für sinnvoll. Diese sei teils unverzichtbar, damit die Patientin sich auf Psychotherapie einlassen kann, schreiben Bateman und Fonagy (2014). Angenommen wird, dass eine Kombination aus Psychotherapie und Medikation die besten Ergebnisse erbringt. Sie weisen aber darauf hin, dass die Ergebnisse für alle Klassen von Psychopharmaka noch uneinheitlich sind. Die TFP sieht als einzige der Therapien besonders die psychische Bedeutung der Einnahme an sich als wesentlich an und versucht die damit zusammenhängenden Überzeugungen und Phantasien der Patientin zu ergründen, die Bedeutung in der Übertragungssituation, aber auch die Gegenübertragung des Therapeuten diesbezüglich. Falls der Therapeut das Medikamentenmanagement an eine zweite Person abtritt, sollte dieser die psychodynamischen Überlegungen verstehen und kennen, fordert die TFP.

Insofern hebt sich hier die TFP von den anderen Therapien ab, denn natürlich hat die Gabe von Medikamenten auch eine erhebliche interaktionelle Bedeutung, die nicht übersehen werden darf. Hier scheint mir die TFP also Vorteile zu bieten.

8.8 Komorbiditäten

Die DBT klärt anfänglich Komorbiditäten und berücksichtigt die Notwendigkeit für deren Behandlung. Die MBT hingegen befasst sich auch mit den Komorbiditäten und bezieht diese ein, sofern erforderlich. Die Schematherapie beschäftigt sich meines Erachtens nur sehr unscharf mit dem Thema Komorbiditäten. Sie sieht jede Störung auf der Basis der maladaptiven Schemata und versucht, diese genau zu diagnostizieren, was meiner Ansicht nach zu kurz greift. Die TFT hingegen weist darauf hin, dass sie die klinische Nützlichkeit der DSM-5®-Kriterien der Persönlichkeitsstörungen für begrenzt hält (Yeomans et al. 2017). Sie mag nun mal – wie alle psychoanalytischen Verfahren – dieses deskriptive Konzept nicht und konzentriert sich mehr auf das Niveau der Persönlichkeitsorganisation und das konkrete Funktionieren des Patienten in puncto Arbeit, soziale Beziehungen und Kreativität. Daher ist ihr das Differenzieren verschiedener, zu trennender Diagnosen und Komorbiditäten weniger wichtig, da ihr Ansatz ein anderer ist (was ich allerdings für verfehlt halte).

8.9 Kindheitstraumata

Die DBT hat die Bedeutung von Traumata für die Entstehung der BPS verstanden und hat in ihr Konzept ein besonderes Modul zur Behandlung posttraumatischer Störungsbilder integriert.

Auch die MBT erkennt an, dass ein beträchtlicher Anteil der BPS-Patientinnen sexuellen Missbrauch erlebt hat. In der Behandlung selbst spielt dies aber keine so große Rolle, da es vornehmlich um die Schärfung der Mentalisierungsfähigkeit geht. So gab einer der versiertesten deutschen MBT-Experten in einem Kurs in Lindau an, dass er seine Patientin, wenn sie von einem Trauma sprächen, oft erst einmal (sinngemäß) frage: »Ich weiß gar nicht, was ein Trauma ist. Können Sie mir das einmal erklären?«, wohl damit andeuten wollend, dass sich Patientin mitunter mit ihrer Traumatisierung übermäßig identifizieren und damit manche wichtigen anderen Themen abwehren.

Die Schematherapie nutzt explizit traumatherapeutische Methoden, insbesondere imaginative Techniken, um das Trauma »durchzuarbeiten«, und erkennt dies als spezifischen Problembereich deutlich an.

Die TFP widmet sich nicht dem Trauma als solches, sondern nur insofern es sich auf die entwickelnden Selbst- und Fremdkonzepte einen Einfluss hat, es zu unsicheren Bindungen zu den primären Bezugspersonen führt und die Fähigkeit zur Selbstkontrolle und -regulation beeinträchtigt.

8.10 Behandlungsindikation

Die DBT und Schematherapie überprüfen sehr genau, ob die Patientinnen überhaupt geeignet für das jeweilige Setting sind.

Auch die MBT kennt solche Regeln, so meint diese, Individuen mit schizoiden oder schizotypischen Eigenschaften könnten in emotional unbeständigem Umfeld Angst entwickeln, sodass die Behandlung eher traumatisieren würde. Die MBT möchte diese wenige in einer intensiven Einzeltherapie behandelt wissen. Auch Patientinnen mit Antisozialer Persönlichkeitsstörung seien hierfür weniger geeignet (Bateman und Fonagy 2014).

Die TFP sagt, dass bei Patienten mit Antisozialer PS sowie extremer Arroganz eine schwierige Behandlung zu erwarten sei, sodass der Patient nicht bereit ist, vom Therapeuten zu lernen. Dies stelle sich aber auch bei offensichtlichem sekundären Krankheitsgewinn, beim Vorliegen schlechter Objektbeziehungen sowie bei durch Drogen- oder Alkoholkonsum hervorgerufenen Brüchen im Lebensverlauf sowie bei katastrophalen Lebensumständen im Allgemeinen so dar. Eine besondere Indikation wird gesehen für Patienten mit narzisstischer Persönlichkeitsorganisation (NPO), also nach Ansicht der TFP bei Patienten mit hysterischer, zwanghafter oder depressiv-masochistischer Persönlichkeit (Yeomans et al. 2017).

8.11 Therapieabbruchstendenzen

Therapieabbruch tritt bei Borderline-Therapien häufig auf, bei unspezifischen Behandlungen liegt die Quote bei bis zu 75 % (Yeomans et al. 1994). Dies tritt meist in der Frühphase der

Behandlung auf. Mögliche Ursachen sind: eine negative Übertragung, eine narzisstische Problematik oder eine Bindungs- und Abhängigkeitsproblematik, Angst, den Therapeuten zu verletzen, oder Druck seitens der Familienangehörigen (Yeomans et al. 2017).

Der DBT-Therapeut, aber auch der Schematherapeut wird sich bei Therapieabbruchstendenzen aktiver als sonst verhalten.

Bei der MBT wird der Patientin nicht etwa zum Bleiben überredet. Er wird aber ermuntert, dies vor der endgültigen Entscheidung in der Einzel- und Gruppenbehandlung zu besprechen. Eine Rückkehr soll aber immer möglich sein. Dem Patienten wird nach 1–2 Monaten ein Gespräch angeboten, dies soll mentalisierungsfördernd sein, da der Abbruch mit zeitlichem Abstand erneut betrachtet wird. Hierbei wird auch ein Notfallplan erstellt (Bateman und Fonagy 2014).

Bei drohender Abbruchgefahr wird der TFP-Therapeut aktiv und stellt seine Neutralität zurück. Er ruft den Patienten dann zu Hause an und bemüht sich aktiv, den Patienten in der Behandlung zu behalten (Yeomans et al. 2017).

8.12 Einzel- versus Gruppentherapie

Die DBT ist sowohl im Einzel- als auch im Gruppenkontext anwendbar. Üblicherweise gibt es neben der Einzeltherapie das Fertigkeitentraining in der Gruppe. Einzel- und Gruppentherapie ergänzen einander sinnvoll. Die Gruppentherapie wird üblicherweise von zwei Therapeuten geleitet. Hier werden vor allem Skills erlernt. Im Übrigen werden Themen wie Achtsamkeit, die Entwicklung zwischenmenschlicher Fähigkeiten, Management von Gefühlen, das Erlernen von Stresstoleranz und die Arbeit am Selbstwert behandelt. Das Modul verwendet auch Zen-Elemente (Zen ist eine Seitenlinie des Mahayana-Buddhismus). Beim Erlernen von Gefühlsmanagement geht es darum, Gefühle zu spüren, zu benennen und zu lernen, diese auszuhalten und mit ihnen angemessen umzugehen.

MERKE

Stresstoleranz zu erlernen bedeutet, sich eher auf das Hier und Jetzt zu fokussieren, zu lernen, Spannung zu reduzieren und Zustände von Anspannung auszuhalten.

Im Selbstwertmodul erlernt man den wertschätzenden Umgang mit sich selbst.

Die MBT wirkt gut in der Gruppe. Oft wird bei der MBT besonders auf Gruppentherapie gesetzt, und man hat gute Erfahrungen damit gemacht.

Schematherapie ist ebenfalls sehr gut in der Gruppe anwendbar, wo gemeinsam dysfunktionale Schemata und Modi herausgearbeitet werden können.

Die TFP ähnelt in manchem der psychoanalytisch-interaktionellen Methode (PIM) nach Heigl-Evers (2002), die als eine der Methoden des Göttinger Modells der Gruppenpsychotherapie in den 1970er-Jahren ersonnen wurde. Während aber die interaktionelle Methode ganz besonders für die Gruppenanwendung geeignet ist, ist die TFP ein Verfahren, das vor allem in Einzeltherapie ausgeübt wird.

8.13 Supervision und Selbsterfahrung

Die DBT weiß ganz besonders um den Wert der Supervision. Einzel- und Gruppentherapeuten tauschen sich im Rahmen der meist wöchentlichen Supervisionsgruppe aus. Diese Stunden werden meist per Video- oder Audiomitschnitt festgehalten. Dies dient auch dem Verhindern eines Burnouts. Regelmäßig auftretende technische Fehler in der Behandlung können hier besprochen und analysiert werden. Die ständigen Reibungen, die im Zuge einer DBT-Behandlung auftreten, können nur hier angemessen aufgefangen werden. Wichtige Entscheidungen werden nur nach Rücksprache mit der Supervisionsgruppe getroffen. Auch Selbsterfahrung, insbesondere verbunden mit dem Erlernen von Achtsamkeit oder Zen-Techniken, spielt eine wichtige Rolle.

Die MBT setzt ganz besonders auf Supervision, hat die Bedeutung ähnlich gut erkannt wie die DBT. Auch hier wird dies gern in Audio- oder Videomitschnitten festgehalten. Ähnliches gilt für den Stellenwert der Selbsterfahrung.

Auch die Schematherapie setzt auf kontinuierliche Supervision. Die TFP weiß um den Wert der Supervision und Selbsterfahrung, so wie jede gute Psychoanalyse supervidiert werden sollte, aber es scheint mir hier weniger konzeptuell festgeschrieben zu sein als insbesondere bei der DBT und der MBT.

8.14 Grenzverletzungen

Hier kann man zwischen Grenzverletzungen durch den Patienten und solche durch den Therapeuten unterscheiden. Bei der DBT gilt: Wenn der Patient z. B. extrem wütend ist, verwendet die DBT die Technik des Validierens. Anschließend wird dies aber als Problemverhalten definiert und in einem Wochenprotokoll dokumentiert, und es werden gezielte Verhaltensanalysen eingesetzt.

Bei der MBT wird man Techniken wie »Stop-and-rewind« einsetzen, um die entsprechende eskalierte Situation sich noch einmal retrospektiv gemeinsam mit dem Patienten anzusehen.

Bei der Schematherapie gibt es ganz detaillierte Anweisungen zum Umgang mit Grenzverletzungen, wie z.B. bei Arntz und Genderen (2010) dargelegt. So ist bei einer Grenzverletzung zunächst die Regel zu erklären. Daraufhin sind die persönlichen Gründe darzulegen. Bei erneuter Missachtung soll die Regel wiederholt werden, und der Therapeut soll seine Emotionen zeigen – in geringer Ausprägung mit erneuter Darlegung der Gründe. Falls dies wieder nichts fruchtet, sollen Konsequenzen angekündigt werden, ohne diese zunächst auszuführen. Beim nächsten Verstoß wird die Konsequenz dann ausgeführt. Beim folgenden Regelverstoß werden stärkere Konsequenzen angekündigt, bei erneutem Verstoß diese dann umgesetzt. Und so fort; es ist ein graduell abgestuftes Vorgehen, welches in reflektierter, angemessener Form Konsequenzen wirksam werden lässt und dies in einen therapeutischen Gesamtkontext einbindet.

Bei der TFP behält der Therapeut solange es geht seine nicht agierende, beinahe kontemplative Grundhaltung bei. Wenn die Therapie aber wirklich bedroht ist, droht der Therapeut an, dass er bei Fehlen bestimmter Grundvoraussetzungen (wenn er sich z.B. selbst bedroht fühlt) nicht bereit ist, die Therapie fortzusetzen.

8.15 Spezifische Techniken

Jede Therapieform sollte spezifische theoriebasierte Techniken entwickelt haben, die sich vom Mainstream unterscheiden, sonst verdient sie nicht den Namen einer eigenständigen Therapie.

Die DBT hat eine ganze Reihe eigenständiger Techniken entwickelt. Viele sind zwar verhaltenstherapeutisch basiert, haben sich aber ein Stück weit davon gelöst und differenziert: besondere Orientierungs- und Commitmentstrategien, eine sehr differenzierte Form der Selbstbeobachtung im Rahmen der »Diary Cards«, Kettenanalysen, differenzierte Validierungskonzepte, die dialektische Haltung an sich als Grundprinzip usw.

Die MBT hingegen ist einzigartig in ihrer konsequenten Hinwendung zum achtsamen Reflektieren über das Selbst und den anderen, die Fokussierung auf einfache und präzise Interventionen, das klare Bekenntnis zu eigenen Fehlern und das besondere Interesse daran, Missverständnisse in der therapeutischen Beziehung forschend aufzuklären.

Die Schematherapie ist einzigartig in ihrer kleinteiligen Durchdeklinierung verschiedener Schemata und Modi und ihrer tiefgreifenden Analyse des Verhaltens des Patienten vor dem Hintergrund erlernter Lebensmuster. Sie bleibt dennoch offen für Einflüsse anderer Verfahren und nutzt das, was nützt: Einbeziehung imaginative Trauma bearbeitender Verfahren, kognitive Techniken (sokratischer Dialog, Einbeziehung von Kreisdiagrammen, Selbstinstruktionskarten etc., Rollenspielen wie Zwei-Stühle-Technik).

Die TFP arbeitet auf dem Boden der Objektbeziehungstheorie, definiert primär die dominante Objektbeziehung und arbeitet Zusammenhänge zwischen Objektbeziehungsdyaden heraus. Trotz besonderer Betonung des Behandlungsrahmens, obligatorischem Behandlungsvertrag und einiger Anpassungen an die besonderen Erfordernisse der BPS (z. B. den Versuch, die Affektintensität der Patienten zu helfen, besser zu regulieren) bleibt die TFP doch sehr traditionellen psychoanalytischen Techniken verhaftet. Sie hat sich aus meiner Sicht am wenigsten in Richtung einer spezifischen BPS-Behandlung differenziert.

8.16 Evaluationskonzepte

Bei der DBT ist die ständige Evaluation und Reflexion des eigenen Tuns sehr stark in den Behandlungsprozess integriert. So werden z. B. die DBT-Supervisionsgruppe als zentrales Element der Behandlung verstanden und die Techniken der DBT auch auf den Therapeuten angewendet.

Die MBT, die aus einem sehr forschungsorientierten Umfeld stammt, ist durchzogen vom Prinzip der Evaluation.

Bei der Schematherapie scheint mir die Evaluation des eigenen therapeutischen Tuns gleichfalls wesentlich – allerdings findet sich z. B. im Standardwerk von Young et al. (2005) kaum etwas darüber.

Bei der TFP gilt: Der Therapeut beobachtet aufmerksam, was mit dem Patienten geschieht, und er richtet sein Augenmerk auf Symptom-, Struktur- und Verhaltensveränderungen. Die Qualität des eigenen Handelns zu evaluieren ist durch Supervision und Selbsterfahrung gewährleistet.

8.17 Ideologie- und Religionsfreiheit

Die DBT ist deutlich religiös »infiltriert«, integriert Sichtweisen des Zen-Buddhismus. Das mag man kritisieren, es geht hier Marsha Linehan aber – so denke ich – vor allem um Achtsamkeitsaspekte, die ja mittlerweile in vielen Psychotherapien Einzug gefunden haben. Die MBT ist sehr wissenschaftlich orientiert und ziemlich frei von solchen religiösen Anklängen, die Schematherapie ebenfalls. Die TFP ist auf klassischer psychoanalytischer Grundlage zu sehen und weist keine religiösen Bezüge auf, idealisiert aber die psychoanalytische Tradition und ist dieser äußerst verhaftet (was ich kritisch sehe).

8.18 Zusammenfassung

In der Summe ist zu sagen, dass DBT, MBT und Schematherapie besondere Anpassungen an die BPS aufweisen und insgesamt sehr geeignet zur Behandlung scheinen, während die TFP doch noch sehr an althergebrachten Techniken zu haften scheint und mit spezifischen Anpassungen an die Besonderheiten der BPS noch zu sehr geizt. Hier dürfte noch Verbesserungspotenzial liegen. Man darf auf die zukünftigen Entwicklungen gespannt sein.

Literatur

Literatur zu Abschn. 8.5

Heard HL, Swales MA (2017). Verhaltensänderung in der Dialektisch-Behavioralen Therapie. DBT-Techniken und Problemlösungsstrategien erfolgreich anwenden. Mit einem Geleitwort von Marsha M. Linehan. Stuttgart: Schattauer.

Literatur zu Abschn. 8.6

Young JE, Klosko JS, Weishaar ME (2005). Schematherapie. Ein praxisorientiertes Handbuch. Paderborn: Junfermann.
Zanarini MC, Gunderson JG, Frankenburg FR, Chauncey DL (1989). The Revised Diagnostic Interview for Borderlines. Discriminating BPD from other Axis II Disorders. Journal of Personality Disorders; 3(1): 10–18.

Literatur zu Abschn. 8.7

Bateman A, Fonagy P (2014). Psychotherapie der Borderline-Persönlichkeitsstörung. Ein mentalisierungsgestütztes Behandlungskonzept mit einem umfangreichen Behandlungsmanual. Gießen: Psychosozial.

Literatur zu Abschn. 8.8

Yeomans FE, Clarkin JF, Kernberg OF (2017). Übertragungsfokussierte Psychotherapie für Borderline-Patienten. Das TFP-Praxismanual. Stuttgart: Schattauer.

Literatur zu Abschn. 8.10 und 8.11

Bateman A, Fonagy P (2014). Psychotherapie der Borderline-Persönlichkeitsstörung. Ein mentalisierungsgestütztes Behandlungskonzept mit einem umfangreichen Behandlungsmanual. Gießen: Psychosozial.

Yeomans FE, Gutfreund J, Selzer MA, Clarkin JF, Hull JW, Smith TE (1994). Factors Related to Drop-outs by Borderline Patients. Treatment Contract and Therapeutic Alliance. The Journal of psychotherapy practice and research; 3(1): 16−24.

Yeomans FE, Clarkin JF, Kernberg OF (2017). Übertragungsfokussierte Psychotherapie für Borderline-Patienten. Das TFP-Praxismanual. Stuttgart: Schattauer.

Literatur zu Abschn. 8.12

Heigl-Evers A (2002). Die psychoanalytisch-interaktionelle Methode. Theorie und Praxis. Göttingen: Vandenhoeck & Ruprecht.

Literatur zu Abschn. 8.14

Arntz A, van Genderen H (2010). Schematherapie bei Borderline-Persönlichkeitsstörung. Weinheim, Basel: Beltz.

Literatur zu Abschn. 8.16

Young JE, Klosko JS, Weishaar ME (2005). Schematherapie. Ein praxisorientiertes Handbuch. Paderborn: Junfermann.

9 Die Borderline-Therapie der Zukunft

Wie müsste nun eine Borderline-Behandlung der Zukunft aussehen, die alle positiven Elemente der besprochenen Therapien miteinander verbindet? Wäre das nicht ein unzulässiger Eklektizismus, überhaupt so zu denken? Ich denke nicht. Es ist ohnehin so, dass man heute von außen kaum das Vorgehen des einzelnen Therapeuten in der Praxis unterscheiden kann. Selbst ein geschulter Beobachter braucht meist einige Zeit, um herauszufinden, ob der Therapeut in einem Video etwa Analytiker ist, generell psychodynamisch orientiert arbeitet oder ob er »VT'ler« (Verhaltenstherapeut) ist. Therapien ähneln immer mehr Baukastensystemen, die sich z.T. Techniken anderer Verfahren zunutze machen, z.B. die Schematherapie, wenn sie imaginatives Arbeiten nutzt, beispielsweise zur Traumabearbeitung.

Zunächst einmal etwas Grundsätzliches: Ich denke nicht, dass man in der Psychotherapie ohne das Unbewusste, und das ist ja der entscheidende Unterschied zwischen psychodynamischen Verfahren und der VT, auskommen kann. Wer nur auf der Verhaltensebene stehenbleibt, greift zu kurz. Wer andererseits erprobte nützliche Verfahren, z.B. imaginativer Art, nur deswegen ausschließt, weil es halt unanalytisch ist, handelt genauso falsch. Wir müssen heraus aus dem Ideologiedenken, sondern herausfinden, was in den Therapien nutzt und was nicht. Daher sind in der modernen Psychotherapie Zeitschrif-

ten wie »Psychotherapie im Dialog« so wichtig, die den Therapieprozess aus verschiedenen Therapieschulen heraus betrachten, oder auch das vorzügliche Lehrbuch »Praxis der Psychotherapie« von Senf et al. (2012).

Das Wichtigste kennen wir aus der Psychotherapie-Forschung
bereits: die therapeutische Beziehung und das, was im Leben
des Patienten passiert. (Wenn der Patient während der stationären Behandlung einen neuen Partner kennenlernt, hat dies
einen stärkeren Einfluss als das, was wir in der Therapie
machen.) Dennoch sollten wir die Psychotherapie und Metho-
dik so zielführend wie möglich gestalten. Wie könnte also eine
Therapie der Zukunft aussehen?

9.1 Die ideale Borderline-Therapie

Die dialektische Sichtweise ist eine wesentliche Errungenschaft
und sollte in unserem »BPS-Baukasten« in jedem Fall vorkommen, auch die **kontinuierliche Einschätzung der Anspannung** und
das **Erlernen von Skills** sind so hilfreich, dass sie in die Therapie
hineingehören. Das **kontinuierliche Reflektieren über die eigene
Innenwelt und die anderer** ist so zentral und als wesentliches
pathogenetisches Prinzip der Borderline-Störung erkannt worden, dass wir ohne dieses auch nicht auskommen können und
wollen; es gehört in unsere »Toolbox« definitiv hinein. **Maladaptive Schemata** zu erkennen sollte auch ein Baustein sein,
weil dies ein nutzbringendes Element der Schematherapie ist,
relativ leicht zu erklären und zu implementieren. Die **Analyse
wichtiger Objektbeziehungsdyaden** sollte als kontinuierliche
»übergreifende Klammer« immer mitlaufen; eine Therapie, die
diese unbewussten Prozesse nicht berücksichtigt, greift meiner

Ansicht nach zu kurz. Es ist aber noch unklar, wie der TFP-Ansatz zu integrieren wäre in ein Gesamtkonzept, welches auch die anderen hier beschriebenen, eher verhaltenstherapeutisch orientierten Therapieansätze integriert. Üblicherweise gelten ja psychoanalytische und VT-basierte Therapien als einander ausschließend, aufgrund der unterschiedlichen Ansätze (was teils zu erbitterten Grabenkämpfen gegeneinander führt).

Wegen der tiefreichenden strukturellen Probleme der Patienten ist ein abwartendes passives Verhalten des Therapeuten kontraindiziert, **aktives Vorgehen** ist in der Therapie generell relevant. Auch die **Möglichkeit von Telefonkontakten** sollte festgeschrieben werden. Patienten müssen »nachbeeltert werden«, dies gelingt nicht durch Abspeisen mit dem regelhaften wöchentlichen Therapiestündchen, die »Abstürze« drohen eben auch in den Zeiten dazwischen. Des Weiteren sollte eine **Behandlungshierarchie**, wie sie sich bei der DBT bewährt hat, unbedingt aufgenommen werden. Dasselbe gilt für die **Kettenanalyse**, ein wichtiges Instrument, um kleinschrittig das Verhalten zu untersuchen. Des Weiteren sollten in die Diagnostik jeweils **mindestens ein relevanter Fragebogen aus den verschiedenen evidenzbasierten Therapien** integriert werden, um ein möglichst breites, aussagekräftiges Persönlichkeitsprofil zu erhalten, welches wesentliche Hinweise für die weitere Therapieplanung liefert. Auch ein **eigenes Modul zur Traumabehandlung** scheint aufgrund des hohen Prozentsatzes traumatisierter Patienten unerlässlich. **Supervision, der Austausch des Behandlungsteams untereinander** und **Selbsterfahrung** sind bei dieser schwierigen Klientel absolut notwendig, ein enger Austausch zwischen allen Behandlern ist Pflicht. Auch der **aktive Umgang mit Abbruchtendenzen** des Patienten, da so oft vorkommend, ist unerlässlich. Dazu zählt die **Notwendigkeit ständiger Evaluation**, um in einen kontinuierlichen Verbesserungskreislauf einzutreten. Psychotherapeutische Abschottung können wir nicht gebrauchen, Öffnung für Evaluation, z. B. durch die Teilnahme an Studien, ist gleichfalls in der heutigen Zeit Pflicht.

Für die Therapie scheint mir des Weiteren **Validierung als wichtiges Kernelement** der Behandlung nützlich, was also ins Vorgehen festgeschrieben werden sollte.

Das gesamte Arsenal nutzenbringender V T-Techniken sollte vorgehalten werden und den Patienten angeboten werden. Dazu zählen auch **Achtsamkeitsmodule**.

Darüber hinaus sind aus meiner Sicht erforderlich:

- die klare Abgrenzung von pseudowissenschaftlichem Überbau,
- die klare Abgrenzung von religiös geprägtem Dogmatismus oder unreflektiertem psychoanalytischen Dogmatismus und Ideologismus sowie
- eine Öffnung zur Weiterentwicklung des Verfahrens.

9.2 Was fehlt?

Was ist in den Therapien noch nicht so recht abgebildet? Was könnte noch fehlen in den Konzepten? Meines Erachtens fehlt noch eine klarere **Dokumentation der Therapie durch den Therapeuten, die alle an der Therapie fortlaufend nutzen können**. Angesichts der durch die Patienten ausgelösten Verstrickungen weiß man oft nicht so recht, wo man steht, sodass man ja gewöhnlich Supervision, Selbsterfahrung und Teamaustausch braucht.

Daher sollte nicht nur der Patient den Therapieverlauf täglich dokumentieren (mit Wochenverlaufskarten o. Ä.), auch der Therapeut sollte dies über das normale Maß der Pflichtdokumentation hinaus tun. So sollte m. E. insbesondere seine **Gegen-**

übertragung erfasst und dies dem **Gesamtteam zur Verfügung gestellt** werden. Im Grunde sollte dies jeder an der Therapie Beteiligte tun und alle diese Bögen für alle Behandler einsehbar (nach in jedem Fall erforderlicher Zustimmung der Patienten) in einem zentralen Dokument gespeichert werden. Das erleichtert nämlich die **kontinuierliche Integration der ubiquitär vorhandenen »Spaltungsprozesse«**, die in der Therapie aufzutreten pflegen. Erfasst werden könnten darauf:

- innerliche Anspannung des Therapeuten,
- Grad der eigenen Irritation,
- Gefühl des Integriertseins ins Gesamtteam,
- aber auch patientenspezifische Faktoren wie Mitarbeit und Commitment des Patienten, Suizidalität, Fremdgefährdung, Selbstverletzungsneigung, weitere Ziele sowie
- Gesamtfortschritt des Patienten.

Dies sollte dann abgespeichert und dem Gesamtteam zugänglich gemacht werden.

9.3 Die Zukunft

Was könnte noch für die zukünftige Strukturierung von Borderline-Behandlungen wichtig sein? Das Hauptproblem scheint mir zu sein, dass zu wenige Patienten in Therapie gelangen. Daher müssen die Therapien insgesamt niederschwelliger angeboten werden, es müsste ein kontinuierliches Spektrum von ultrakurzen »Einsteiger«-Therapieangeboten bis hin zu mehrmonatigen Intensivbehandlungen für die ganz schweren Fälle geben. Aus meiner klinischen Arbeit ist mir bekannt, dass man oft viele Wochen benötigt, bis man eine Borderline-Patientin in einem spezifischen Setting unterbringen kann. Oft muss die Patientin erst einmal auf ein Vorgespräch warten, es wird dann aufwändig getestet, ob überhaupt eine Borderline-Persönlichkeitsstörung vorliegt, wartet dann wieder wochenlang auf das eigentliche Therapieangebot. Die Krisenangebote in der normalen psychiatrischen Alltagsversorgung verschärfen meist das Problem nur. Eine Borderline-Patientin in ambulante Behandlung zu bringen gelingt meist überhaupt nicht, da die Therapeuten vor diesen schwierigen Patienten zurückschrecken. In der ersten Stunde wird dann erst einmal festgestellt, dass die Patientin viel zu instabil wäre, um in die nächstbeste Akutpsychiatrie überstellt zu werden, um dann möglicherweise wochen- bis monatelange Schleifen durch die Akutpsychiatrie zu drehen.

Das Hauptziel sollte sein, möglichst alle BPS-Patienten auf das Störungsbild hin zu »screenen« und zeitnah ein Therapieangebot zu machen, welches nicht zu hochschwellig ausfallen darf und rasch verfügbar ist. Entsprechende Abstufungen sollte es geben und diese auch evaluiert werden.

Fowler et al. (2018) betonen, dass man lange angenommen hat, dass BPS-Patienten von längerfristiger, d.h. mehr als ein paar Tage währender, stationärer Behandlung nicht profitieren könnten. Die Autoren weisen aber schlüssig nach, dass dies heute nicht mehr gilt.

Was wir in jedem Fall brauchen, sind mehr Studien über die BPS. Ein Problem bei klinischen Studien ist aber, dass gerade BPS-Patienten die Einschlusskriterien oft nicht schaffen können bzw. aus verschiedenen Gründen aussortiert werden. Der Zugang zu aussagekräftigen Studien sollte daher vereinfacht werden, wie schon Hoertel et al. (2015) anregten.

Literatur

Literatur zum Einführungsabschnitt

Senf W, Broda M, Amann G (Hrsg). Praxis der Psychotherapie. Ein integratives Lehrbuch; 92 Tabellen. Stuttgart: Thieme.

Literatur zu Abschn. 9.3

Fowler JC, Clapp JD, Madan A, Allen JG, Frueh BC, Fonagy P, Oldham JM (2018). A naturalistic longitudinal study of extended inpatient treatment for adults with borderline personality disorder. An examination of treatment response, remission and deterioration. Journal of affective disorders; 235: 323–331.

Hoertel N, López S, Wang S, González-Pinto A, Limosin F, Blanco C (2015). Generalizability of pharmacological and psychotherapy clinical trial results for borderline personality disorder to community samples. Personality disorders; 6(1): 81–87.

10 Neuere Entwicklungen seit der ersten Auflage

10.1 Die neue Borderline-Leitlinie

Neuerdings gibt es eine Borderline-Leitlinie aller relevanten deutschen Fachgesellschaften (DGPPN 2022). Diese enthält einige Präzisierungen:

Screening auf BPS

Die Leitlinie stellt fest, dass eine BPS-Diagnose erwogen werden soll bei Patienten mit mindestens einem der folgenden Charakteristika:

- Wiederholtes suizidales oder selbstverletzendes/selbstschädigendes Verhalten
- Bei erheblicher emotionaler Instabilität
- Bei gleichzeitigem Vorliegen mehrerer psychischer Störungsbilder
- Bei keinem befriedigenden Behandlungserfolg bezüglich psychischer Symptome durch bisher durchgeführte Therapien

- Oder bei sehr beeinträchtigtem psychosozialen Funktionsniveau

Sobald die Diagnose feststeht, soll sie dem Betroffenen mitgeteilt und erklärt werden sowie betont werden, dass es wirksame
Behandlungsmöglichkeiten gibt (d. h. Transparenz, klar Aufklä-
rung geben und Hoffnung vermitteln stecken hier drin!).

Bei Einwilligung sollen auch Angehörigen und Bezugspersonen in den Aufklärungsprozess einbezogen werden.

Notwendigkeit von Schulung und Weiterbildung

Die Leitlinie weist darauf hin, dass alle Fachpersonen im Gesundheitssystem die Symptome einer BPS erkennen, den
Krankheitswert anerkennen und fachspezifische Behandlung
in die Wege leiten können sollten, damit diese Patientengruppe
nicht diskriminiert wird.

Alle Behandelnden und Teams, die BPS-Patienten betreuen,
sollten entsprechende Fort- und Weiterbildungen sowie Supervision erhalten und sollten in störungsspezifischen, empirisch
validierten Konzepten ausgebildet sein.

Gerade im Alter zwischen 15 und 25, wo die Krankheit meist
am ausgeprägtesten ist, soll eine kontinuierliche konsistente
Versorgung sichergestellt werden.

Komorbide Störungsbilder

Zum Umgang mit komorbiden Störungen wie depressiven Erkrankungen, substanzbezogenen Störungen, PTBS, Psychosen, Essstörungen und antisozialen und anderen Persönlichkeitsstörungen wird angemerkt:

Diese sollten gleichberechtigt berücksichtigt werden. Gefährden diese die Psychotherapie der BPS, so soll deren Behandlung vorgezogen werden (d. h. schwere substanzbezogene Störungen oder vital bedrohliche Essstörungen).

Die komorbiden Störungen sollen Gegenstand eines integrierten Behandlungsplans sein, deren Umsetzung der fallführend die BPS Behandelnde steuern und überwachen soll.

Auch somatische Erkrankungen sollen berücksichtigt und durch entsprechende somatische Fachärzte behandelt werden, um keinem somatisch-therapeutischen Nihilismus zu verfallen.

Es soll eine Kooperation zwischen den psychischen und somatischen Behandlern angestrebt werden.

Multimodale Behandlung

Zur Frage multimodaler Behandlung wird angemerkt, dass sich aus der aktuellen Evidenz keine spezifische Kombination verschiedener Settings ableiten lässt.

Stationäre versus ambulante Behandlung

Es ist mittlerweile Konsens, dass die psychotherapeutische Behandlung der BPS in erster Linie unter ambulanten Bedingungen durchgeführt wird.

Kurzfristige und begrenzte stationäre Aufenthalte zur Bewältigung von unkontrollierbaren suizidalen Krisen oder vorübergehenden psychotischen Phänomenen sind allerdings manchmal notwendig zur Vorbereitung auf eine ambulante Psychotherapie.

Stationäre oder teilstationäre Behandlungen sollten also entweder als kurzzeitige psychiatrische Krisenintervention erfolgen oder im Rahmen von länger dauernden, zeitlich definierten störungsspezifischen elektiven Behandlungsprogrammen. Hierbei sollten engmaschig Absprachen zwischen ambulant und teilstationär Behandelnden erfolgen. Bei schweren Fällen kann die vorübergehende Unterbringung in geschlossenen Heimen mit störungsspezifischem Behandlungskonzept erwogen werden.

Es wird in der Leitlinie auf das immanente Risiko der Hospitalisierung bei längeren stationären oder teilstationären psychiatrischen Behandlungen jenseits störungsspezifischer Programme hingewiesen:

MERKE

Aufgrund der Ambivalenz zwischen dem intensiven Bedürfnis nach sozialer Zugehörigkeit und Zuwendung einerseits sowie der Angst vor Geborgenheit, Intimität oder sozialer Abwertung andererseits kann der professionell psychiatrische Beziehungskontakt als angenehm erlebt werden, weil dieser ja immer eine gewisse professionelle Distanz und Toleranz herstellt. Zudem treibt die oft als existenziell bedrohlich erlebte Einsamkeit und die Unfähigkeit, allein zu sein, die Betroffenen in psychiatrische

Versorgungssysteme. Hier sind die Betroffenen in hohem Maße sensitiv für »dysfunktionale Zuwendung«, also verstärkte Aufmerksamkeit durch Behandelnde oder Mitarbeiter, infolge maladaptiver Verhaltensmuster wie etwa schweren Selbstverletzungen, dissoziativer Anfälle oder suizidaler Kommunikation. (DGPPN 2022, S. 82)

Deshalb basieren störungsspezifisch orientierte Therapieprogramme auf klaren Regelwerken, um Hospitalisierungstendenzen zu minimieren, in Form von Vorgesprächen, Zielvereinbarungen und klaren Rahmenbedingungen. Längere unspezifische stabilisierende Aufenthalte sollen also vermieden werden.

Notwendigkeit spezifischer Psychotherapie

Patientinnen mit BPS sollen eine strukturierte BPS-spezifische Psychotherapie erhalten.

Bei den empfohlenen evidenzbasierten Konzepten handelt es sich um störungsspezifisch ausgerichtete Therapieprogramme, die auf KVT (Kognitiver Verhaltenstherapie) oder TP (Tiefenpsychologisch fundierter Psychotherapie) aufbauen, den Besonderheiten der BPS aber Rechnung tragen. Die behandelnden Personen sollen entsprechend darin ausgebildet sein.

Dies gut anzuwenden erfordert das fortwährende Reflektieren der therapeutischen Beziehung und eine sinnvolle Behandlungsführung, daher sollen die Behandler Supervision oder Intervision erhalten.

Die Patientinnen sollen über die ganze Bandbreite spezifischer Therapien informiert werden.

Die belastbarste Evidenz bezüglich DBT-spezifischer Behandlungen liegt für DBT (Dialektisch-behaviorale Therapie) und

MBT (Mentalisierungsbasierte Therapie) vor, insbesondere wenn der primäre Fokus auf der Reduktion schwerwiegenden selbstverletzenden Verhaltens liegt.

Die Ergebnisse zeigen, dass ein Drittel der fachgerecht Behandelten nach zwölf Monaten Psychotherapie eine Remission erreicht. Ein weiteres Drittel erreicht dies nach zwei Jahren, während ein Drittel der Patienten mehr Zeit benötigt, inklusive längerer niederfrequenter supportiver Psychotherapie. Dies gilt auch wenn zusätzliche Komorbiditäten wie PTBS, Essstörungen, Abhängigkeitserkrankungen oder metabolische Störungen vorliegen.

Empfohlen wird, dass die Psychotherapie mindestens 1-mal wöchentlich erfolgt.

Bedeutung von Einzelkontakten

Die Einzelkontakte können durch störungsspezifische Gruppentherapie nicht ersetzt werden, diese sind aber auch von hoher Bedeutung.

Solange eine strukturierte BPS-Einzelpsychotherapie nicht zur Verfügung steht, soll mit einer störungsspezifischen Gruppentherapie, z. B. Skills-Training nach DBT, begonnen werden. Dies erwies sich in mehreren RCTs (Randomisiert-kontrollierte Studien) als wirksam bezüglich suizidalem und selbstverletzendem Verhalten, in Bezug auf affektive Instabilität und Ärger, auf Schwere der Symptomatik, interpersonelle Probleme und soziale Rollenerfüllung.

Die Leitlinie empfiehlt eine strukturierte, störungsspezifische Psychotherapie auch für nichterwachsene Betroffene, auch hier wird die Notwendigkeit von regelmäßiger Supervision hervorgehoben.

Bedeutung von Psychoedukation

Auch wird die Bedeutung von Psychoedukation hervorgehoben, d. h. störungsspezifischer Interventionen mit begrenzter Dauer, z. B. 6–12 Sitzungen zur Förderung des Krankheitsverständnisses, des Umgangs mit der Erkrankung und der Krankheitsbewältigung.

Einbeziehung von Angehörigen

Angehörige, Partner und Bezugspersonen sollen in die Erstellung von Krisenplänen eingebunden werden, sofern die/der Betroffene zustimmt. Die Bezugspersonen sollten bezüglich des richtigen Umgangs mit diesen Patienten beraten werden, d. h. darin, eine empathische, nichtwertende Haltung zu zeigen, die betroffenen Patienten zu ermutigen, unabhängig zu sein, eigene Entscheidungen treffen zu dürfen, notfalls aber einzugreifen, wenn die Sicherheit gefährdet ist. Und den Problemen und Sorgen der Patienten Aufmerksamkeit schenken.

Angehörige sind oft sehr belastet, insbesondere emotionales Überengagement und Kritik innerhalb der Familie tragen zur Belastung der Angehörigen bei.

Angehörige sollten professionelle Hilfsangebote erhalten, u. a. spezifische BPS-Familienprogramme sowie Selbsthilfeangebote, Unterstützungsangebote der Familien- und Jugendhilfe, einen Borderline-Trialog sowie Erziehungs- und Familienberatung. (Ein Borderline-Trialog ist ein Gespräch, das zwischen einer Person mit einer Borderline-Persönlichkeitsstörung, einer Angehörigen dieser Person und einem Fachmann stattfindet. Ziel des Trialogs ist es, ein besseres Verständnis der Störung und der damit verbundenen Herausforderungen zu entwickeln.)

Auch sollen Kinder, die mit Erwachsenen mit BPS zusammenleben, bei Bedarf Unterstützung erhalten. Eltern mit BPS sollen Unterstützungsangebote bezüglich ihrer Erziehungskompetenzen und ihres Bindungsverhaltens erhalten, es wird darauf hingewiesen, dass eine BPS-Erkrankung alleine keinen hinreichenden Grund für die Entziehung des Sorgerechts darstellt. Bei Eltern mit BPS sollten die Bedürfnisse der Kinder beachtet werden und ggf. die Überprüfung deren psychischer Gesundheit und Versorgungssituation veranlasst werden. Im Falle stationärer Behandlung soll eine Mutter mit BPS nach Möglichkeit nicht vom Kind getrennt werden, idealerweise erfolgt die Behandlung auf einer Mutter-Kind-Einheit.

Patienten mit Störungen der intellektuellen Entwicklung

Die Leitlinie fordert, dass bei Menschen mit einer leichten Störung der intellektuellen Entwicklung und Verdacht auf das Vorliegen einer BPS die Diagnosestellung unter fachlicher Expertise für intellektuelle Entwicklungsstörungen erfolgen soll. Diese Patienten sollen dann grundsätzlich die gleichen Versorgungsmöglichkeiten nutzen können.

Die Planung des Umgangs mit diesen Patienten sollte erneut unter entsprechender fachlicher Expertise erfolgen, *eine* Person soll dies koordinieren.

Bei mittelgradiger oder schwerer Intelligenzminderung hingegen soll keine BPS diagnostiziert werden.

Notwendigkeit therapeutischer Wohngruppen

In der Leitlinie wird zudem die Notwendigkeit therapeutischer Wohngruppen als wichtig benannt, falls die Patienten im ambulanten Rahmen nicht zurechtkommen.

Kulturspezifische Angebote

Menschen mit BPS aus ethnisch anderen Gruppen sollten Zugang zu kultursensitiven Versorgungsmöglichkeiten haben, z. B. durch Hinzuziehung qualifizierter Sprachmittler (mit spezifischer Fortbildung für Übersetzung im therapeutischen Setting).

Umgang mit geschlechtsspezifischen Besonderheiten

Es wird auch der Umgang mit geschlechtsspezifischen Besonderheiten thematisiert, z. B. bei Patienten mit Geschlechtsdysphorie (GD; diese leiden unter Geschlechtsinkongruenz zwischen empfundener Geschlechtszugehörigkeit und körperlichen Geschlechtsmerkmalen).

Hier wird festgestellt, dass PBS komorbide zu GD vorliegen kann. Symptombildungen im Rahmen einer BPS sollen nicht vorschnell als Anzeichen einer GD interpretiert werden.

BPS im Alter

Es wird zudem darauf hingewiesen, dass es auch im Alter BPS geben kann, hier wechselt das Symptomenbild oft hin zu Verhaltensweisen wie Medikamentenmissbrauch oder Manipulationen an OP-Wunden als Ausdruck selbstverletzenden Verhaltens.

Medikation bei der BPS

Bezüglich der Medikation weist die Leitlinie auf die geringe Anzahl an Studien mit geringen Beobachtungszeiträumen und geringen Stichprobengrößen hin, die Effekte sind meist klein und die Medikamente haben teils ausgeprägte Nebenwirkungen. Medikamentöse Interventionen sollten nicht die primäre Therapie sein.

Es wird darauf hingewiesen, dass Medikamente teils die Psychotherapiefähigkeit fördern können, z.B. durch Besserung von starker Unruhe und Erregung, Angst, Dissoziation etc., allerdings hemmen sie auch die Psychotherapiefähigkeit, wenn sie stark dämpfen, und sie können Lernprozesse hemmen. Auch untergraben sie das Gefühl der Selbstwirksamkeit.

Es wird darauf hingewiesen, dass Polypharmazie möglichst vermieden werden sollte und sich die Medikation an den Leitlinien für die jeweilige Erkrankung orientieren soll. In Deutschland sei jede Behandlung dieser Art off-label, weil keine Zulassung für Medikamente bei der Borderline-Persönlichkeitsstörung besteht. Dennoch erhalten zwei Drittel der BPS-Patienten drei oder mehr psychotrope Medikamente. Dies liegt auch daran, dass die Patienten komorbide Angststörungen, Depressionen, Schlafstörungen oder ADHS haben können.

Im Falle des Nichtansprechens sollte Medikation auch wieder abgesetzt werden, die Medikamente sollen – generell ergänzend zu einer Psychotherapie – nur zeitlich begrenzt eingesetzt werden, um umschriebene Symptome zu lindern.

Besonders hervorgehoben wird die Notwendigkeit der Behandlungskoordination zwischen den einzelnen beteiligten Behandlern.

Da die Patienten oft wechselnde Ansprechpartner haben, soll die Verschreibung von einem behandlungsführenden Behandler erfolgen und nach Möglichkeit fachärztlich.

Die Leitlinie betont, dass in akuten Krisensituationen der Einsatz von Medikamenten erwogen werden sollte, aber nur dann, wenn psychotherapeutische Interventionen nicht ausreichen, betont also die Priorität von Psychotherapie bei dem Störungsbild. Besonders wird darauf hingewiesen, dass Medikamente, die für Krisensituationen verschrieben wurden, nach Beendigung der Krise auch wieder abgesetzt werden sollen.

Sie weist auch auf die Gefahren durch abhängigkeitsfördernde Medikamente hin und nennt explizit Alkohol, Cannabis, Opiate, Sedativa, Tranquilizer, Kokain und Halluzinogene, die bei BPS oft in die Abhängigkeit führen. Daher sollte man auf abhängigkeitsfördernde Medikamente nach Möglichkeit verzichten, problematisch in dieser Hinsicht sind Benzodiazepine, Pregabalin und die Z-Substanzen (Zolpidem, Zopiclon). Man solle eher Promethazin, Melperon oder Dipiperon verwenden.

Medikamente, die bei Suizidalität im Überdosierungsfall tödlich sein könnten, sollen vermieden werden (zu denken sicherlich hier an klassische Antidepressiva).

10.2 Interessante Veröffentlichungen seit 2021

BPS-Klassifikation in der ICD-11

Mulder (2021) berichtet über die Veränderungen in der ICD-11. Die ICD-11-Klassifikation verwirft alle Persönlichkeitsstörungskategorien außer einer allgemeinen Beschreibung von Persönlichkeitsstörung. Diese Diagnose kann weiter spezifiziert werden als mild, moderat oder schwer. Patientenverhalten kann beschrieben werden durch eine oder mehrere von fünf Persönlichkeitsdomänen: negative Affektivität, Dissozialität, Anankasmus, Entfremdung und Hemmungslosigkeit. Kliniker können auch einen Borderline-Qualifier vergeben.

Die ICD-11 ist in Deutschland bisher nicht verbindlich eingeführt. Sie wurde am 1. Januar 2022 in Kraft gesetzt, aber die Übergangsfrist für die Umstellung beträgt fünf Jahre. Das bedeutet, dass die ICD-10 bis zum 1. Januar 2027 weiterhin verwendet werden darf. Ab diesem Zeitpunkt wird die ICD-11 die einzige gültige Klassifikation für Diagnosen und Todesursachen in Deutschland sein.

Neurobiologie

Neurobiologische Auffälligkeiten bei der BPS Xiao et al. (2023) fanden bei Adoleszenten neurobiologische Auffälligkeiten: Im Vergleich zu gesunden Kontrollen zeigte sich eine veränderte kortikale Dicke im Default-Mode-Netzwerk (DMN) und in limbisch-kortikalen Kreisläufen bei Adoleszenten mit BPS. Diese Regionen mit veränderter kortikaler Dicke waren signifikant assoziiert mit Emotionaler Dysregulation. Es zeigten sich auch

Veränderungen funktionaler Konnektivität, d. h. von gesteigerter Konnektivität des rechten Präfrontalkortex mit bilateralen Okzipitallappen oder mit dem limbischen System und mit verminderter Konnektivität unter den Default-Mode-Netzwerk-Regionen.

Neurobiologische Veränderungen nach erfolgreicher störungsspezifischer Behandlung (hier: nach DBT)   Iskric und Barkley-Levenson (2021) versuchten herauszufinden, was sich neurobiologisch nach erfolgreicher DBT ändert. Hier zeigte sich, dass eine signifikante Deaktivierung der Amygdalaaktivität als auch des ACC (anteriorer cingulärer Kortex) bei Patienten mit BPS nach DBT-Behandlung eintritt.

Neuroinflammation bei der BPS   Forte et al. (2023) untersuchten das Ausmaß von Neuroinflammation (das sind Entzündungsvorgänge im zentralen Nervensystem, die möglicherweise z. B. auch bei der Depression eine Rolle spielen) bei BPS-Patienten. Es zeigte sich, dass Patienten mit BPS niedrigere Spiegel von BDNF (brain derived nerve growth factor) und erhöhte Spiegel von TNF-alpha (Tumornekrosefaktor-alpha) und von Interleukin (IL-6) im peripheren Blut aufweisen, verbunden mit gesteigerten Plasmaspiegeln von oxidativen Stressmarkern, wie Malondialdehyd und 8-hydroxy-2-desoxyguanosin.

BPS und Endocannabinoidsystem   Ferber et al. (2020) untersuchten die Beteiligung des Endocannabinoidsystems bei diesem Störungsbild. Die HPA-Achse ist dysreguliert bei der BPS. Es gibt im limbischen System strukturelle und funktionelle Veränderungen, besonders in Amygdala und Hippocampus und kortikalen Regionen im kortiko-limbischen System. Extensive Expression von CB1-Rezeptoren des ECS (Endocannabinoidsystem) wurde gefunden in limbischen Regionen und im Hypothalamus. Das öffnet neue Fenster der Behandlung mit Cannabinoiden, zumal es sonst wenige erfolgreiche Therapien pharmakologischer Art bisher gibt.

Bis jetzt kann man aus der Forschung aber noch keine klare Behandlungsindikation für solche Substanzen folgern.

Oxytocin bei der BPS Jawad et al. (2021) untersuchten die Rolle von Oxytocin bei der BPS. Es scheint so zu sein, dass eine Kombination von genetischen und Umweltfaktoren dazu führt, dass BPS-Patienten niedrigere Baseline-Spiegel von Oxytocin haben, was zu verstärkter Aktivierung der Amygdala führt. Diese führt zur fehlerhaften Bewertung von sozialen Stimuli, mit der Folge von abnormalen Verhaltensweisen wie affektiver Instabilität, Bindungsstörung und emotionaler Dysregulation.

Risikofaktoren für die Entwicklung einer BPS

Im Artikel von Bozzatello et al. (2021) wird beschrieben, dass sich BPS während der Adoleszenz oder dem jungen Erwachsenenalter herausbildet. Es sei wichtig, sie in frühen Phasen zu diagnostizieren um die richtige Behandlung einzuleiten. Die Autoren fanden, dass verschiedene Risikofaktoren, sowohl umweltbedingte als auch genetische, dazu beitragen können, dass sich eine BPS entwickelt, und helfen Risikopatienten herauszufiltern, die sorgsames Monitoring erfordern. Der Artikel stellt fest, dass möglicherweise eine sehr frühe Intervention dazu beitragen könne, die Entwicklung chronischer Symptome zu verhindern.

Geschlechtsunterschiede bei der BPS

Ein Artikel von Qian et al. (2022) beleuchtet Geschlechtsunterschiede bei der BPS. Männer mit BPS zeigen eher externalisierende Symptome wie Aggressivität und komorbide Störungen wie Substanzmissbrauch, während Frauen eher internalisierende Symptome zeigen wie affektive Instabilität und komorbide Störungen, also etwa Affektive Störungen und Essstörungen.

Komorbiditäten

Komorbiditäten von BPS-Patienten: Vergleich Erwachsene/Adoleszente

Eine Studie (Zanarini et al. 2021) verglich die Raten von berichteten Komorbiditäten von Erwachsenen und adoleszenten stationären Patienten mit BPS, inklusive komplexer Komorbiditäten (d. h. eine Kombination von Störungen von Affekt und Impulsivität). Die Lebenszeitraten von affektiven Störungen und ADHS waren ziemlich ähnlich für beide Studienarme.

Jedoch waren die Raten von Angststörungen, inklusive PTBS, Substanzgebrauchsstörungen, Essstörungen und komplexe Komorbidität unter Erwachsenen signifikant höher als unter Adoleszenten.

Unterschiede zwischen cPTBS (komplexer PTBS), PTBS und BPS

Ein Artikel von Ford und Courtois (2021) weist darauf hin, dass cPTBS nicht als Subtyp von PTBS oder BPS zu betrachten ist. Dies sind potenziell komorbide, aber unterschiedliche Syndrome. Sie repräsentieren ein Kontinuum unterschiedlicher Reaktionen auf externe Stressoren, mit Beteiligung dissoziativer Symptomatik bei jedem dieser Störungsbilder.

Unterschiede zwischen BPS und ADHS Ditrich et al. (2021) untersuchten Gemeinsamkeiten und Unterschiede zwischen BPS und ADHS. Impulsivität kommt bei beiden Störungsbildern vor, Patientinnen mit beiden Störungen haben die höchsten Impulsivität-Ratings. BPS-Patientinnen haben größere Probleme, Kontexthinweise einzusetzen, um Reaktionen zu hemmen, und ihre Impulsivität ist stressabhängig, während ADHS-Patienten größere motorische Impulsivität haben und Schwierigkeiten haben, einmal begonnene Reaktionen zu unterbrechen.

Die genetische Forschung bestätigte bisher einen deutlichen genetischen Overlap (Überlappung der Krankheitsbilder) von BPS mit BD (bipolar disorder, Bipolare Störung) und schizophrenen Störungen genauso wie einen Overlap von BPS und ADHS.

Unterschiede im MRT bei Bipolarer Störung und BPS Ding und Hu (2021) stellen fest, dass Bipolare Störung und BPS sich in verschiedener Hinsicht ähneln, z. B. in puncto Perioden ausgeprägter affektiver Labilität und Instabilität. Trotz des symptomatischen Overlaps können die zwei Störungsbilder im Längsschnittverlauf differenziert werden. Die emotionalen Veränderungen bei BPS sind generell beeinflusst durch interpersonelle Faktoren, während bei der Bipolaren Störung die Episoden eher anhaltender sind.

Wie unterscheiden sich die Störungsbilder im MRT? Hier gibt es Unterschiede in Weiße- und Graue-Substanz-Volumina und -Dicke bei der Bipolaren Störung und der BPS. Die Veränderungen bei Bipolarer Störung betreffen besonders das frontolimbische Netzwerk, insbesondere Amygdala, Hippocampus und orbitofrontaler Kortex, während bei der BPS sowohl kortikale als auch subkortikale Areale betroffen sind.

Vergleich von Patienten mit BPS und BD (Bipolare Störung/ bipolar disorder) Dell'Osso et al. (2022) untersuchten die Beziehung zwischen autistischen Zügen, ruminativem Denken (Grübeln) und Suizidalität in einer klinischen Stichprobe von Personen mit Bipolarer Störung und mit BPS.

Ergebnisse: Sowohl BPS als auch bipolare Patienten zeigten ein größeres Ausmaß an autistischen Zügen, tendenziell ein höheres Ausmaß zeigten Patienten mit Bipolarer Störung. Bei beiden Störungsbildern waren höhere autistische Züge verbunden mit suizidalen Tendenzen.

BPS-Eigenschaften von Patienten, die wegen chronischer Depression behandelt werden Konvalin et al. (2021) untersuchten BPS-Symptome bei CBASP-Patienten (das Verfahren wird häufig zur Behandlung der persistent depressive disorder [PDD] eingesetzt). Diese Patienten haben häufig komorbide Persönlichkeitsstörungen. Aber auch BPS-Symptome kommen häufig vor. In der Studie von Konvalin et al. verhinderten BPS-Eigenschaften der Patienten zu Beginn der Studie nicht das Ansprechen auf die CBASP. Man sollte mehr maßgeschneiderte Therapien entwickeln, so das Fazit der Autoren.

Neurobiologie von BPS vs. Bipolare Störung Eine weitere Studie von Huasin et al. (2021) untersuchte die cerebral hämodynamische Funktion von gesunden Kontrollen, Patienten mit BD und Patientinnen mit BPS. Hier zeigte sich, dass die präfrontale Kortexaktivität bei Patientinnen mit BD und BPS gestört ist, aber ausgeprägter bei der BPS. Diese Ergebnisse liefern weitere neurophysiologische Evidenz für die Unterscheidung der BPS vom bipolaren Spektrum. FNIRS (funktional near-infrared spectroscopy) könnte ein mögliches Werkzeug sein, um die Frontallappenfunktion von Patienten zu beurteilen, die Symptome präsentieren, die gemeinsam bei BD und BPS auftreten.

Bipolare Störung und BPS Eine interessante Studie von Riemann et al. (2021) zeigte: BD (bipolare disorder, bipolare Störung) und BPS haben einen hohen Overlap. Sie versuchten bei ambulanten Patientinnen mit BD, diese auf BPS zu testen; nur Patientinnen mit wenigstens drei BPS-Features, die immer auch Impulsivität und Wutausbrüche beinhalteten, kamen in die Interventionsstudie. Von den BD-Patientinnen wurde fast die Hälfte positiv getestet auf BPS. Nur wenige Patientinnen nahmen an der Interventionsstudie teil und nur 9 Patientinnen von ursprünglich 111 getesteten Patientinnen komplettierten STEPPS, ein spezifisches Therapieverfahren für die BPS. Nach der Behandlung verbesserten sich die Outcomevariablen, aber nicht mehr nach 6-monatigem Follow-up.

Das Feedback der Teilnehmer legte nah, dass hier die Assoziation von STEPPS mit der Borderline-Störung die BD-Patientinnen abschreckte.

Anorexia nervosa und BPS als Komorbidität Voderholzer et al. (2021) untersuchten Anorexia nervosa und BPS-Komorbidität: Es zeigte sich, dass Patienten mit AN + BPS sich unterschieden von Patienten mit AN, indem sie höhere allgemeine und spezifische Essstörungs-Psychopathologie zeigen und sich auch unter spezialisierter stationärer Therapie nur teilweise verbessern. Besonders Aspekte der Emotionsregulation und Kernsymptome der AN, wie Körperunzufriedenheit und Perfektionismus, müssen noch mehr angesprochen werden bei solchen Patienten.

BPS-Traits bei Adoleszenten mit Anorexia nervosa Interessant auch das Zusammengehen von BPS-Traits bei Adoleszenten mit Anorexia nervosa (Lekgabe et al. 2021) (im psychiatrischen Kontext bezeichnet ein Trait eine Persönlichkeitseigenschaft, die über längere Zeit stabil ist und sich in verschiedenen Lebensbereichen zeigt – Traits sind zum Beispiel Extraversion, Introversion, Neurotizismus, Gewissenhaftigkeit, Offenheit für Neues und Verträglichkeit). Die Autoren untersuchten die Korrelation zwischen Essstörungssymptomen und BPS-Traits in einem Sample (Patientenstichprobe) von Adoleszenten mit Essstörungen. Es ergab sich, dass die Prävalenz von BPS bei Adoleszenten mit AN relativ niedrig ist, die Essstörungssymptomschwere aber eng assoziiert ist mit der Schwere von BPS-Traits, insbesondere von Identitätsstörung und Gefühlen von Leere.

Kindheitstraumata

Die Rolle von Kindheitstrauma bei früh einsetzender BPS Ein Review-Artikel von Bozzatello et al. (2021) beleuchtet die Rolle von Kindheitstraumata bei BPS. Dies wurde schon häufig untersucht. Es wurde hinterfragt, inwieweit verschiedene Typen von Kindheitstraumata wie sexueller und körperlicher Missbrauch und Vernachlässigung das Risiko und klinische Bild der BPS formen.

BPS als Folge von Kindheitstraumata wird oft begleitet von multiplen Komorbiditäten (wie affektive Störungen, Angst, Zwang, Essstörung, dissoziative Störung, Sucht, Psychose und somatoformen Störungen), in solchen Fällen neigt sie dazu, einen verlängerten Verlauf zu nehmen, einen schwereren und behandlungsrefraktären zudem.

Im Vergleich zu anderen Persönlichkeitsstörungen haben Patienten mit BPS häufiger Kindesmissbrauch erlebt. Schädliche Kindheitserlebnisse betreffen verschiedene biologische Systeme wie die HPA-Achse, die Neurotransmission im Allgemeinen, das endogene Opioid-System, das Volumen grauer Substanz und die Konnektivität der weißen Substanz.

Zunehmend gibt es Beweise für Interaktionen zwischen Genen (FKBP5-Polymorphismus und CRHR2-Varianten) und Umweltfaktoren (physischer und sexueller Missbrauch, emotionale Vernachlässigung).

Invalidation durch die Eltern als ätiologischer Faktor der BPS Vanwoerden et al. (2021) berichten, dass elterliche Invalidation zentral für ätiologische Modelle der BPS ist (Invalidisierung = Bestrafen und Ignorieren). Sie untersuchten das näher, und es zeigte sich, dass besonders bestrafende Verhaltensweisen von Eltern korreliert war mit stärkeren BPS-Symptomen im täglichen Leben, während Ignorieren weniger mit BPS-Symptomen verbunden war.

Kindheitstrauma und Hirnanatomie Rosada et al. (2021) stellten in einer Studie fest, dass das Vorliegen von Kindheitstraumata assoziiert war mit reduziertem Hirnvolumen, aber nicht mit der Entwicklung einer PTBS oder einer BPS.

Symptomatologie

Psychotische Symptome Belohradova Minarikova et al. (2022) weisen darauf hin, dass das Erkennen von psychotischen Symptomen bei Patienten mit PBS als eigenständiges psychopathologisches Phänomen bei der klinischen Beurteilung von BPS-Patienten essenziell ist. Dies kann nützlich auch sein, um Komplikationen während der Behandlung zu erkennen.

Auch Cavelti et al. (2021) schreiben, dass psychotische Symptome bei BPS-Patienten lange marginalisiert wurden als irgendwie nicht real, vorübergehend. Das sei ein Mythos. Es zeigte sich, dass psychotische Symptome im Allgemeinen und auditive verbale Halluzinationen im Besonderen bei Patienten mit BPS mehr Ähnlichkeiten als Unterschiede zu Patienten mit psychotischen Störungen zeigen und dass die Komorbiditäten von BPS und psychotischen Symptomen ein Marker schwerer Psychopathologie sind und das Risiko für ein schlechtes Ergebnis (z. B. Suizidalität) erhöhen.

Niemandtsverdriet et al. (2022) schließlich berichten über Wahnvorstellungen bei Patienten mit BPS. Diese kommen häufig vor und verursachen Stress. Sie weisen darauf hin, dass im Gegensatz zu hartnäckigem Glauben, Halluzinationen und Wahnvorstellungen bei BPS-Patienten in einer intermittierenden oder persistierenden Weise oft vorhanden sind. Gerade persistierende Halluzinationen können schwer sein und verursachen erhebliche Störungen im Lebensablauf. Sie legen nahe, Begriffe wie »Pseudohalluzination« zu verwerfen. Auch sollten Behandler nicht grundsätzlich annehmen, dass dies vorübergehend sei, sondern sich die Störungen genau ansehen und einen maßgeschneiderten Therapieplan entwerfen.

Kognition

Selbst- und Fremdwahrnehmung bei BPS

De Meulemeester et al. (2021) untersuchten die Schwierigkeiten von Borderline-Persönlichkeitsstörungs-Patienten, ein differenziertes Gefühl von »Selbst« und dem anderen/dem Gegenüber zu entwickeln. Die Verhaltensforschung zu Selbst-anderer-Unterscheidung (SOD) zeigt vorläufige Hinweise auf Beeinträchtigungen der multisensorischen Integration bei BPS. Darüber hinaus zeigen neurowissenschaftliche Daten, dass SOD-Beeinträchtigungen bei BPS die Unfähigkeit widerspiegeln, zwischen Selbst- und Fremdrepräsentationen zu wechseln, entsprechend den Anforderungen der Aufgabe. Die Forschung legt auch nahe, dass Störungen in der Eltern-Kind-Synchronizität eine Rolle bei der Entwicklung dieser Beeinträchtigungen spielen könnten.

Kognitive Verzerrungen von BPS-Patienten

Scheunemann et al. (2023) untersuchten, ob Borderline-Patienten seltener Rat suchen und Quellen weniger vertrauen als gesunde Kontrollen. BPS-Patienten unterliegen kognitiven Verzerrungen ähnlich wie Patienten mit Psychosen. Die Autoren untersuchten dies. Hier zeigte sich, dass sie sich von gesunden Kontrollen nicht unterscheiden. Sie haben keine kognitiven Verzerrungen beim Suchen, Bewerten und Integrieren sozial zur Verfügung gestellter Information. Sie neigen aber dazu, Personen von emotionaler Seite feindlicher einzuschätzen.

Neurokognitive Leistungen bei BPS-Patienten

Bozzatello et al. (2023) untersuchten die Unterschiede der neurokognitiven Leistungen zwischen BPS-Patienten und gesunden Kontrollen. Hierbei zeigten BPS-Patienten eine Beeinträchtigung bei den folgenden exekutiven Funktionen: Beim »Set-Shifting« (»Set-Shifting« ist die Fähigkeit, zwischen verschiedenen Aufgaben oder Denkweisen zu wechseln, eine wichtige Fähigkeit für das Lernen, Problemlösen und die soziale Interaktion), beim Entscheidungen-Treffen, beim Planen und Problemlösen und bei sozial-kognitiven Fähigkeiten.

Der Effekt von frühem Trauma auf die BPS-Psychopathologie wurde vermittelt durch ein Defizit in zwei kognitiven Domänen: kognitive Flexibilität und soziale Kognition.

Reaktion von Patientinnen mit BPS auf sozialen Ausschluss

Graumann et al. (2023) untersuchten den Einfluss von sozialem Ausschluss auf Empathie bei Frauen mit BPS. Die Studie legt nahe, dass Frauen mit BPS sozialem Ausschluss anders gegenüberstehen als gesunde Personen. Sie können soziale Ausgrenzung stärker wahrnehmen und leiden darunter stärker. Dies kann zu einer verminderten Fähigkeit führen, die Emotionen anderer zu verstehen und zu teilen.

Misstrauen bei BPS-Patienten
Lévay et al. (2021) berichten darüber, dass BPS charakterisiert ist durch Misstrauen und die Erwartung von Böswilligkeiten von anderen. Sie untersuchten das experimentell und bestätigten noch einmal, dass BPS-Patienten Eigennutz und Selbstbezogenheit bei anderen signifikant häufiger unterstellen, was den Misstrauens- und Negativitätsbias bestätigt, der sich bei verschiedenen Aspekten sozialer Interaktionen von BPS-Patienten zeigt. (Ein Bias ist eine Verschiebung.)

Körpermodifikationen bei der BPS Blay et al. (2023) untersuchten »Bodymodifications« (Körpermodifikationen) und Piercings bei Borderline-Patienten an Schweizer ambulanten Patienten an einem Zentrum, das sich schwerpunktmäßig mit Borderline-Patienten beschäftigt. 71 % der Patienten hatten ein oder mehrere Piercings und ca. 70 % waren tätowiert.

Die Gesamtzahl an Körpermodifikationen und die Gesamtzahl an Piercings war signifikant positiv assoziiert mit NSSI (non-suicidal self-injury, nicht suizidalem selbstverletzenden Verhalten) und dem BPS-Gesamtscore im SCID. (Das Structured Clinical Interview for DSM Disorders [SCID] ist ein strukturiertes Interview, das zur Diagnose von psychischen Störungen nach dem Diagnostischen und Statistischen Handbuch Psychischer Störungen [DSM] verwendet wird.)

Die Assoziation mit dem SCID-Wert war vor allem verursacht durch das Item »suizidale und selbstverletzende Verhaltensweisen« und »Chronische Gefühle von Leere«.

Eine signifikante Assoziation wurde gefunden zwischen der Gesamtzahl an Piercings und Emotionaler Dysregulation.

Chronische Leeregefühle bei BPS Miller et al. (2021) untersuchten chronische Leeregefühle bei BPS-Patienten. Die Patienten sollten ihre Erfahrungen von chronischer Leere angeben.

Chronische Gefühle von Leere wurden von den Patienten als ein Gefühl des Abgeschnittenseins von sich selbst und anderen beschrieben. Sie fühlten sich betäubt und leer, und diese Gefühle beeinträchtigten ihre Alltagsfunktionsfähigkeit. Gefühle von Sinnlosigkeit und Mangel an Erfüllung waren eng mit Leeregefühlen verbunden, und die meisten Teilnehmer der Studie empfanden Lernen als stressig. Die Antworten auf Gefühle von Leere variierten, wobei einige Teilnehmer impulsive Strategien anwandten, um die Gefühle zu ertragen, während andere Ablenkungsstrategien durch adaptive Verhaltensweisen nutzten. Die meisten Teilnehmer unterschieden chronische Leeregefühle von Einsamkeit, Hoffnungslosigkeit, Dissoziation und Depression.

Dissoziation bei BPS Krause-Utz et al. (2021) untersuchten Dissoziation bei BPS: Dies sei ein Schlüsselsymptom der BPS, es bestehe eine enge Verbindung mit den anderen Domänen der Störung (emotionale Dysregulation, Identitätsstörung und interpersonelle Störungen).

Es gebe Evidenz für schädliche Effekte der Dissoziation auf das affektiv-kognitive Funktionieren, die Körperwahrnehmung und das Ansprechen auf Psychotherapie. Auf neuronaler Ebene zeigte sich gesteigerte Aktivität in frontalen Regionen wie dem inferioren frontalen Gyrus und temporalen Arealen (z. B. inferiorer und superiorer temporaler Gyrus).

Dissoziation im Vergleich zwischen Adoleszenten und Erwachsenen Zanarini et al. (2023) untersuchten Unterschiede im DES (Dissociative Experiences Scale) bei Adoleszenten und Erwachsenen. Die Unterschiede waren hier nicht signifikant.

Weder Temperament noch schädigende Kindheitserlebnisse waren signifikante Prädiktoren für die Schwere von dissoziativen Symptomen bei Adoleszenten, hingegen das Vorhandensein komorbider Essstörungen. Bei Erwachsenen mit BPS hingegen war die Schwere von Kindheitserfahrungen, Missbrauch und komorbider PTBS signifikant verknüpft mit der Schwere von dissoziativen Symptomen.

Schlafstörungen bei Patienten mit BPS Vanek et al. (2021) fanden heraus, dass Schlafstörungen bei BPS häufig vorkommen. Aber es gibt wenige Untersuchungen, und die Häufigkeit differiert zwischen 5 und 45 %. Einige Studien zeigen REM-Schlaf-Veränderungen und Abnahmen an Slow-wave-Schlaf, während andere keine Veränderungen in der Schlafarchitektur zeigen. Es gibt auch mehr Patienten mit Albträumen bei Patienten mit BPS. Eine unbehandelte Schlafstörung kann die BPS-Symptomatik verschlechtern – über Interferenz mit der Emotionsregulation.

McGowan und Saunders (2021) stellen fest, dass eine zirkadiane Rhythmusstörung ein häufiges, nicht erkanntes Phänomen der BPS ist, dessen Verbesserung einen substanziellen klinischen Nutzen bringen könnte.

Der zirkadiane Phänotyp der BPS ist gekennzeichnet durch ein Vorherrschen von komorbiden zirkadianen Schlaf-Wach-Störungen, was die Symptomschwere verschlimmern kann. Zudem können spezifische maladaptive Persönlichkeitsdimensionen eine Neigung zu Extremen im Chromotypus produzieren. Es sind noch keine wirksamen Behandlungen bekannt.

Prognoseverschlechterung bei Krebserkrankungen von BPS-Patienten Peters et al. (2023) zeigten, dass Krebspatienten mit Strahlentherapie mit Schizophrenie-Spektrum-Störung, bipolarer Störung oder BPS für verschiedene Tumoren ähnliche Strahlentherapiebehandlungspläne erhalten, aber schlechtere Überlebensraten haben. Hier zeigt sich mal wieder, dass psychische Erkrankungen oft auch somatisch eine schlechtere Prognose bedeuten.

Risikofaktoren für NSSI bei BPS-Patienten Van der Venne et al. (2021) untersuchten 94 Adoleszente mit NSSI und 35 gesunde Kontrollen. NSSI steht für »nichtsuizidale Selbstverletzung«. Es ist jede Form der Selbstverletzung, die nicht zur Selbsttötung begangen wird. Alle Teilnehmer bekamen einen schmerzhaften Hitzereiz appliziert, wobei Schmerzgrenze und Toleranz in Grad Celsius gemessen wurden. Die Plasmabetaendorphinspiegel wurden beurteilt. Hierbei zeigte sich, dass Adoleszente mit NSSI gesteigerte Schmerzschwellen zeigten, niedrigere Schmerzintensität und niedrigere Plasmabetaendorphinspiegel. Die Untersuchungen unterstützen sowohl reduzierte Schmerzempfindlichkeit (PS) und basale Opioiddefizienz als unabhängige biologische Korrelate und potenzielle Risikofaktoren für NSSI.

NSSI bei Adoleszenten mit Depression Peng et al. (2023) untersuchten NSSI bei Adoleszenten mit Depression. Sie zeigten mehr Psychotizismus als Patienten mit Depression ohne NSSI und gesunde Kontrollen. Patienten mit Depression und NSSI zeigten mehr mittelreife Abwehrstile als gesunde Kontrollen. Bei den Patienten mit Depression und NSSI war die Frequenz von Selbstverletzung in der letzten Woche negativ korreliert mit reifen Abwehrmechanismen und positiv korreliert mit depressiven Symptomen und Borderline-Symptomen.

Beurteilung des Suizidrisikos bei BPS-Patienten In einer Untersuchung von Grilo und Tomoko (2021) zeigte sich eine Assoziation zwischen BPS-Diagnose und den spezifischen BPS-Kriterien von selbstverletzenden Verhaltensweisen und chronischen Leeregefühlen, diese waren signifikant assoziiert mit gesteigertem Risiko von Suizidversuchen. Man sollte daher die Kriterien von selbstverletzenden Verhaltensweisen und chronische Leeregefühle regelmäßig im Auge behalten bei der Beurteilung des Suizidrisikos.

Therapie

Medikation bei BPS Eine aktuelle Metaanalyse von 2021 (Gartlehner et al.) zeigte noch einmal, dass die Effektivität von Pharmakotherapien für die Behandlung der BPS limitiert ist. SGA (Antipsychotika der zweiten Generation), Antikonvulsiva und Antidepressiva konnten nicht konsistent die Schwere der BPS reduzieren. Niedrige Evidenz gibt es dafür, dass Antikonvulsiva spezifische Symptome wie Angst, Aggression und affektive Labilität erniedrigen könnten. Aber meist handelt es sich nur um Einzelstudien. SGA konnten nur allgemeine psychiatrische Symptome bei BPS-Patienten bessern.

Stationär vs. ambulant bei adoleszenten Patienten Cavelti et al. (2023) untersuchten stationäre versus ambulante Therapie bei Adoleszenten: Die klinischen Leitlinien für Erwachsene empfehlen ambulante Behandlung als Erstlinienbehandlung. Es war unklar, ob dies auch für Adoleszente gilt.

Man verglich Patienten, die in einer Kombination aus stationärer und ambulanter Behandlung betreut wurden, mit Patienten, die nur ambulant behandelt wurden. Beide Gruppen zeigten einen signifikanten Abfall an BPS-Symptomen, depressiven Symptomen, Suizidgedanken und NSSI, Suizidversuchen und insgesamter Krankheitsschwere. Der Abfall war aber größer und auch schneller sichtbar in der ambulanten Gruppe, sodass man die Empfehlung für Erwachsene möglicherweise auch für Adoleszente geben kann.

Notfallbehandlung von Borderline-Patienten Webb et al. (2023) stellen fest, dass im Rahmen der klinischen Notfallversorgung die Behandlung von BPS-Patienten wegen deren Neigung zu wiederholten Selbstverletzungen, der intensiven affektiven Labilität und der interpersonellen Dysfunktionalität der Patienten herausfordernd ist. Sie schlugen einen evidenzbasierten akutklinischen Behandlungspfad für Patienten mit BPS vor.

Das Vorgehen sieht eine strukturierte Ersteinschätzung in der Notfallaufnahme vor, strukturierte kurzzeitige Krankenhausaufnahmen – wenn klinisch indiziert – und sofortige Kurzzeittherapie (vier Sitzungen). Sie empfehlen, dies auf nationaler Ebene fest zu etablieren, um Schäden durch Fehlbehandlungen, Überinanspruchnahme von Akutdiensten und sonstigen negativen Gesundheitssystemauswirkungen der BPS vorzubeugen.

Gruppentherapie im Vergleich zu kombinierter Gruppen- und Einzeltherapie Arntz et al. (2022) untersuchten ausschließliche Gruppenschematherapie im Vergleich zu kombinierter Einzel- und Gruppenschematherapie bei BPS (randomisiert-kontrollierte Studie). Es zeigte sich, dass IGST (Integrierte Gruppenschematherapie) im Vergleich zu TAU (treatment as usual, also eine einfache Standardtherapie) und einer Therapieform alleine effektiver war.

NET bei BPS-Patienten Steuwe et al. (2021) berichten, dass PTBS die ohnehin schon hohe Symptomlast von Patienten mit BPS steigert. Der Goldstandard für die Behandlung DBT fokussiert nicht auf PTBS, sodass man andere Ansätze braucht.

NET (Narrative exposure therapy) könnte sich hier als hilfreich erweisen. Die Narrative Exposure Therapy (NET) ist eine evidenzbasierte psychotherapeutische Methode zur Behandlung von Posttraumatischer Belastungsstörung (PTBS), bei der Betroffene ihre traumatischen Erlebnisse in einer strukturierten und chronologischen Erzählung rekonstruieren, um die Verarbeitung dieser Ereignisse zu fördern. In einer Studie mit 60 Patienten mit BPS und komorbider PTBS wurden diese entweder auf NET oder DBT verteilt. Patienten beider Behandlungen verbesserten sich signifikant bezüglich der Outcome-Werte. NET resultierte in einer höheren Remissionsrate im Vergleich zu DBT.

TMS bei BPS Bei Sverak et al. (2022) wurde rTMS (Repetitive transkranielle Magnetstimulation) angewendet, um BPS zu behandeln. Hier zeigte sich, dass rTMS Effekte zeigte, es reduzierte die Amygdalakonnektivität mit dem pDMN-Netzwerk (posterior default mode network, welches Präcuneus, den posterior-cingulären Kortex sowie Parietallappen beinhaltet), was mit einer Symptomreduktion assoziiert war.

MDMA-assistierte Psychotherapie Traynor et al. untersuchten MDMA-assistierte Psychotherapie bei der Borderline-Störung (Traynor et al. 2022). In ihrem Artikel untersuchen sie die Wirkungen von 3,4-Methylenedioxymetamphetamin (MDMA) im Zusammenwirken mit Psychotherapie bei der BPD (= MDMA-assisted psychotherapy, MDMA-AP).

Die Autoren betonen, dass bisher keine effektive Medikation zur Behandlung der Borderline-Störung existiert. Suizidale Gedanken bleiben oft bestehen, auch wenn suizidales Verhalten abgeklungen ist.

Selbstverletzungen reduzieren sich nach einem 4- bis 6-monatigen Behandlungssetting von MBT oder DBT (DeCou et al. 2019; McCauley et al. 2018), insbesondere Behinderungen im Bindungsverhalten bleiben oft lebenslang erhalten und werden durch die existierenden Interventionen nicht ausreichend behandelt.

Interpersonelle Stressoren können Suizidversuche auslösen, besonders bei Erleben von Zurückweisung und Verlassensein. Auch ist negative Affektivität assoziiert mit der medizinischen Ernsthaftigkeit von Suizidversuchen und anderen suizidbezogenen Prozessen bei der BPS, wie reduzierte inhibitorische

Kontrolle und größere neurobiologische Reaktivität auf sozialen Ausschluss (Soloff et al. 2019; Wrege et al. 2019).

Es gibt zunehmend mehr Evidenz, dass MDMA-AP eine vielversprechende Behandlung bei verschiedenen psychiatrischen Krankheitsbildern wie PTBS, Essstörungen, alkoholbezogene Störung, Angsterkrankungen u.a. darstellt (Jerome et al. 2020; Mitchell et al. 2021).

MDMA ist eine sichere und effektive Behandlung für chronifizierte und schwere PTBS mit 67% Remissionsraten (vs. 32% in der Placebogruppe; Mitchell et al. 2021). MDMA als Behandlungsergänzung ist klinisch effektiv, wenn es 2- oder 3-mal gegeben wird bei einer Behandlung (Sarparast et al. 2022).

MDMA ist strukturell dem Metamphethamin und Meskalin ähnlich. Es wird als Entaktogen-Empathogen bezeichnet (Sarparast et al. 2022), weil es sowohl Selbstwahrnehmung und Introspektionsfähigkeit fördert als auch Empathie und das Gefühl emotionaler Verbundenheit mit anderen. Therapeutisch wurden schon mehr als 1600 Dosen verabreicht, nicht ein Mal kam es zu einem ernsten medizinischen Ereignis und nie zu einem Todesfall (Mitchell et al. 2021).

In begrenzten Anwendungen (mit 2 oder 3 Dosen) scheint es nicht mit akuter oder chronischer Neurotoxizität assoziiert zu sein.

Es produziert weniger Abhängigkeitssymptome im Vergleich mit anderen dopaminergen Stimulationen, wie z.B. Kokain. MDMA-Abhängigkeit ist selten (Sessa et al. 2019).

BPS und PTBS sind verwandt, BPS ist oft assoziiert mit einer Geschichte traumatischer Erfahrungen in der Kindheit (Battle et al. 2004). Dysfunktionen der HPA-Achse, von oxytocinergen, serotonergen und endogenen Opiatsystemen wurden sowohl bei der BPS als auch bei der PTBS beobachtet (Donadon et al. 2018).

BPS und PTBS teilen die FKBP5-Variante als eine genetische

Vulnerabilität. Dieses Gen ist ein wichtiger Regulator des Glukokortikoidrezeptor-Komplexes (Amad et al. 2019), und dieser Rezeptorkomplex spielt eine wichtige Rolle bei der Dysregulation der HPA-Achse, die bei beiden Störungsbildern beobachtet wird (Drews et al. 2019). 2 MDMA-AP für (MDMA-AP = MDMA-assisted psychotherapy) PTBS-Studien haben substanzielle Verbesserungen gezeigt, und zwar in Bereichen, die für die BPS relevant sind: 66 % der Phase-2-Teilnehmer verbuchten Langzeitverbesserungen in ihren allgemeinen Beziehungen, 61 % berichteten Verbesserungen bei engen Beziehungen (Jerome et al. 2020).

62 % berichteten Langzeitverbesserungen bei der Empathie. 74 % berichteten Verbesserungen bei ihrer Fähigkeit, Emotionen wahrzunehmen.

Auch berichteten 89 % Verbesserungen bei der Selbstwahrnehmung. Eine andere Studie bei MDMA-AP fand Verbesserungen bei der Emotionsregulation und bessere Funktionen bei den Beziehungen (Monson et al. 2020).

Es fand sich auch verminderter Neurotizismus und gesteigerte Offenheit (Wagner et al. 2017). Langzeitverbesserungen bei Suizidgedanken waren substanziell – mit 36 %iger Reduktion der Zahl der Teilnehmer, die Suizidgedanken zeigten. Das Gefühl von Ruhe, Offenheit und verstärkter Klarheit durch MDMA könnte das Arousal im optimalen Bereich des »Windows of tolerance« (= Toleranzfenster) halten (Mithoefer et al. 2019), sodass die Traumata besser durchprozessiert werden können durch reduziertes Vermeidungsverhalten.

Psychedelische Substanzen reduzieren die psychologischen Abwehrmechanismen (Fischman 2019), so könnte MDMA eine Reorganisation der Bindungsstrukturen und der Abwehrmechanismen, die die Borderline-Störung am Laufen halten, bewirken. MDMA führt zu einer Reduktion emotionaler Hyperreaktivität und verstärkt Gefühle von Vertrauen und Verbundensein, was die therapeutische Beziehung stützen könnte (Rudge et al. 2020).

Eine MDMA-Session dauert ca. acht Stunden, wobei zwei Therapeuten den Patienten unterstützen und durch die MDMA-Erfahrung führen (Kaelen et al. 2018). Eine oder mehrere Psychotherapiesitzungen folgen der Dosissession. Die Dosen haben jeweils 80–180 mg MDMA, die optimale Dosis ist aber noch unklar.

Kosten von behandlungssuchenden Patienten mit BPS in Deutschland Die gesellschaftlichen Kosten von behandlungssuchenden Patienten mit BPS in Deutschland wurden von Wagner et al. (2022) untersucht. In der Studie wurden 167 deutsche Männer und Frauen, die spezialisierte ambulante Behandlung für BPS aufsuchten, untersucht.

Hier zeigten sich Kosten der Krankheit von 31 130 € pro Patienten und Jahr vor spezialisierter Therapie. 17 044 € waren dabei direkte Kosten, die sich auf Krankenhausaufenthalte bezogen, indirekte Kosten beliefen sich zusammen auf 14 086 €.

Von den indirekten Kosten erwiesen sich insbesondere die Arbeitsunfähigkeit als Kostentreiber.

Computeranwendungen
KI und Diagnostik der BPS
Zang et al. (2022) versuchten elektronische Krankenakten automatisiert auszuwerten, um Hinweise auf eine Borderline-Diagnose daraus zu generieren. Dies funktionierte gut, die Ergebnisse deckten sich weitestgehend mit den Einschätzungen klinischer Experten.

Der eingesetzte Algorithmus integrierte regelbasierte Suche und Machine Learning (ML), indem zunächst aufgrund der Komorbiditäten und Charakteristika mögliche Patienten ausgesucht wurden, die häufig mit BPS in Verbindung gebracht werden, um dann vorauszusagen, welche Patienten vermutlich BPS haben.

Computerbasierte Therapiemethoden
Hudon et al. (2022) untersuchten die Effektivität computerbasierter Technologien für die Behandlung von BPS-Patienten, genauer: inwiefern sie bei den folgenden Themen helfen: Stressintoleranz, Schwierigkeiten der Emotionsregulation, Achtsamkeit und interpersonelle Effektivität.

Sie weisen noch einmal darauf hin, dass Therapien die sich virtueller Welten bedienen, bereits erfolgreich bei der Behandlung von Angststörungen, Schizophrenie und Phobien verwendet werden. Am meisten Erfahrungen gibt es in Bezug auf mobile Applikationen und internetbasierte Interventionen, mehr als z. B. für Virtual Reality o. Ä.

Von fünf untersuchten mobilen Applikationen zeigten vier vielversprechende Ergebnisse in Bezug auf die Verbesserung von typischen BPS-Symptomen. Allerdings ist die Effektivität wegen methodischen Schwächen, wie zu kleinen Stichproben etc., schwer zu beurteilen. Frías et al. (2021) hypothetisierten, dass mobile Applikationen als Übergangsobjekte fungierten.

Am meisten verbesserten sich bei den mobilen Applikationen das Ausmaß der Emotionsdysregulation und der Umgang mit negativen Emotionen.

Internetnutzung ist besonders interessant für diejenigen Personen, die wenig Zugang zu Hilfestrukturen haben. Sie könnten auch als Ergänzung zu Standardtherapien und Therapieplänen hilfreich sein.

E-Health-Anwendungen bei BPS Xie et al. (2022) untersuchten E-Health-Applikationen (2019–2022) bei Patienten mit Persönlichkeitsstörungen. Diese wurden im Schnitt gut angenommen. Die Evidenz für Wirksamkeit war bisher aber nur begrenzt.

Literatur

Amad A, Ramoz N, Peyre H, Thomas P, Gorwood P (2019). FKBP5 gene variants and borderline personality disorder. J Affect Disord; 248: 26–28.

Arntz A, Jacob GA, Lee CW, Brand-de Wilde OM, Fassbinder E, Harper RP, Lavender A, Lockwood G, Malogiannis IA, Ruths FA, Schweiger U, Shaw IA, Zarbock G, Farrell JM (2022). Effectiveness of Predominantly Group Schema Therapy and Combined Individual and Group Schema Therapy for Borderline Personality Disorder. A Randomized Clinical Trial. JAMA Psychiatry; 79(4): 287–299.

Battle CL, Shea MT, Johnson DM, Yen S, Zlotnick C, Zanarini MC, Sanislow CA, Skodol AE, Gunderson JG, Grilo CM, McGlashan TH, Morey LC (2004). Childhood maltreatment associated with adult personality disorders. Findings from the Collaborative Longitudinal Personality Disorders Study. J Consult Clin Psychol; 18(2): 193–211.

Belohradova Minarikova K, Prasko J, Holubova M, Vanek J, Kantor K, Slepecky M, Latalova K, Ociskova M (2022). Hallucinations and Other Psychotic Symptoms in Patients with Borderline Personality Disorder. Psychiatr Res; 18: 787–799.

Blay M, Hasler R, Nicastro R, Pham E, Weibel S, Debbané M, Perroud N (2023). Body modifications in borderline personality disorder patients. Prevalence rates, link with non-suicidal self-injury, and related psychopathology. Borderline Personal Disord Emot Dysregul; 10(1): 7.

Bozzatello P, Blua C, Brasso C, Rocca P, Bellino S (2023). The Role of Cognitive Deficits in Borderline Personality Disorder with Early Traumas. A Mediation Analysis. J Affect Disord; 12(3): 787.

Bozzatello P, Garbarini C, Rocca P, Bellino S (2021). Borderline Personality Disorder. Risk Factors and Early Detection. Diagnostics; 11(11): 2142.

Bozzatello P, Rocca P, Baldassarri L, Bosia M, Bellino S (2021). The Role of Trauma in Early Onset Borderline Personality Disorder. A Biopsychosocial Perspective. Front Psychiatry; 12: 721361.

Cavelti M, Seiffert N, Lerch S, Koenig J, Reichl C, Kaess M (2023). Differential outcomes of outpatient only versus combined inpatient/outpatient treatment in early intervention for adolescent borderline personality disorder. J Child Adolesc Psychopharmacol; 33(2): 162–172.

Cavelti M, Thompson K, Chanen AM, Kaess M (2020). Psychotic symptoms in borderline personality disorder. Developmental aspects. J Personal Disord; 37: 26–31.

DeCou CR, Comtois KA, Landes SJ (2019). Dialectical Behavior Therapy Is Effective for the Treatment of Suicidal Behavior. A Meta-Analysis. Behav Ther; 50(1): 60–72.

Dell'Osso L, Amatori G, Massimetti G, Nardi B, Gravina D, Benedetti F, Bonelli C, Luciano M, Berardelli I, Brondino N, Gregorio M de, Deste G, Nola M, Reitano A, Muscatello MRA, Pompili M, Politi P, Vita A, Carmassi C, Maj M (2022). Investigating the relationship between autistic traits and symptoms and Catatonia Spectrum. European Psychiatry; 65(1): e81.

DGPPN. S3-Leitlinie Borderline-Persönlichkeitsstörung. Langfassung, Version 2.0. 14 November 2022. https://register.awmf.org/de/leitlinien/detail/038-015 (16 Juli 2023).

Ding JB, Hu K (2021). Structural MRI Brain Alterations in Borderline Personality Disorder and Bipolar Disorder. Brain Imaging and Behavior; 13(7): e16425.

Ditrich I, Philipsen A, Matthies S (2021). Borderline personality disorder (BPD) and attention deficit hyperactivity disorder (ADHD) revisited – A review-update on common grounds and subtle distinctions. Borderline Personal Disord Emot Dysregul; 8(1): 22.

Donadon MF, Martin-Santos R, Osório FdL (2018). The Associations Between Oxytocin and Trauma in Humans. A Systematic Review. Frontiers in Psychiatry; 9: 154.

Drews E, Fertuck EA, Koenig J, Kaess M, Arntz A (2019). Hypothalamic-pituitary-adrenal axis functioning in borderline personality disorder. A meta-analysis. Neurosci Biobehav Rev; 96: 316–334.

Ferber SG, Hazani R, Shoval G, Weller A (2020). Targeting the Endocannabinoid System in Borderline Personality Disorder. Corticolimbic and Hypothalamic Perspectives. Frontiers in Psychiatry; 19(3): 360–371.

Ford JD, Courtois CA (2009). Complex PTSD and borderline personality disorder. Journal of Traumatic Stress; 22(3): 363-371

Forte ARCC, Lessa PHC, Chaves Filho AJM, Aquino PEAd, Brito LM, Pinheiro LC, Juruena MF, Lucena DFd, Rezende PHF de, Vasconcelos SMM de (2023). Oxidative stress and inflammatory process in borderline personality disorder (BPD). A narrative review. Braz J Med Biol Res. 2023 Mar 17;56:e12484. doi: 10.1590/1414-431X2023e12484. eCollection 2023.

Frías Á, Palma C, Salvador A, Aluco E, Navarro S, Farriols N, Aliaga F, Solves L, Antón M (2021). B·RIGHT. Usability and satisfaction with a mobile app for self-managing emotional crises in patients with borderline personality disorder. Australas Psychiatry; 29(3): 294–298.

Gartlehner G, Crotty K, Kennedy S, Edlund MJ, Ali R, Siddiqui M, Fortman R, Wines R, Persad E, Viswanathan M (2019). Pharmacological Treatments for Borderline Personality Disorder. A Systematic Review and Meta-Analysis. Cochrane Database Syst Rev;(11):CD013475. doi:10.1002/14651858.CD013475.pub2

Graumann L, Cho AB, Kulakova E, Deuter CE, Wolf OT, Roepke S, Hellmann-Regen J, Otte C, Wingenfeld K (2023). Impact of social exclusion on empathy in women with borderline personality disorder. European Archives of Psychiatry and Clinical Neuroscience; 273(5): 845–855.

Grilo CM, Udo T (2021). Association of Borderline Personality Disorder Criteria With Suicide Attempts Among US Adults. JAMA Psychiatry; 4(5): e219389.

Hudon A, Gaudreau-Ménard C, Bouchard-Boivin M, Godin F, Cailhol L (2022). The Use of Computer-Driven Technologies in the Treatment of Borderline Personality Disorder. A Systematic Review. Clinical Psychology Review; 11(13): 3685.

Huasin M, Tang Y, Zhang Y, Wang Y, Zhang J (2017). Cortical haemodynamic response during the verbal fluency task in patients with bipolar disorder and borderline personality disorder. A preliminary functional near-infrared spectroscopy study. Brain and Behavior; 7(1), 1–10. doi:10.1002/brb3.220

Iskric A, Barkley-Levenson E (2021). Neural Changes in Borderline Personality Disorder After Dialectical Behavior Therapy-A Review. Front Psychiatry; 12: 772081.

Jawad MY, Ahmad B, Hashmi AM. Role of Oxyto (2021)cin in the Pathogenesis and Modulation of Borderline Personality Disorder. A Review. Cureus; 13(2): e13190.

Jerome L, Mithoefer MC, Doblin R, Mithoefer AT (2020). Long-term follow-up outcomes of MDMA-assisted psychotherapy for treatment of PTSD. Journal of Psychopharmacology, 33(1); 119–128.

Kaelen M, Giribaldi B, Raine J, Evans L, Timmerman C, Rodriguez N, Roseman L, Feilding A, Nutt D, Carhart-Harris R (2018). The hidden therapist. Evidence for a central role of music in psychedelic therapy. Nature Human Behaviour; 235(2): 505–519.

Konvalin F, Große-Wentrup F, Nenov-Matt T, Fischer K, Barton BB, Goerigk S, Brakemeier E-L, Musil R, Jobst A, Padberg F, Reinhard MA (2021). Borderline personality features in patients with persistent depressive disorder and their effect on CBASP outcome. Frontiers in Psychiatry; 12: 608271.

Krause-Utz A, Frost R, Chatzaki E, Winter D, Schmahl C, Elzinga BM. Dissociation in Borderline Personality Disorder. Recent Experimental, Neurobiological Studies, and Implications for Future Research and Treatment. Curr Psychiatr Rep; 23(6): 37.

Lekgabe E, Pogos D, Sawyer SM, Court A, Hughes EK (2021). Borderline personality disorder traits in adolescents with anorexia nervosa. European Child & Adolescent Psychiatry; 11(12): e2443.

Lévay EE, Bajzát B, Unoka ZS (2021). Expectation of Selfishness From Others in Borderline Personality Disorder. Frontiers in Psychology); 12: 702227.

McCauley E, Berk MS, Asarnow JR, Adrian M, Cohen J, Korslund K, Avina C, Hughes J, Harned M, Gallop R, Linehan MM (2018). Efficacy of Dialectical Behavior Therapy for Adolescents at High Risk for Suicide. A Randomized Clinical Trial. JAMA Psychiatry; 75(8): 777−785.

McGowan NM, Saunders KEA (2021). The emerging circadian phenotype of borderline personality disorder: Mechanisms, opportunities and future directions. Current Psychiatry Reports, 23(30), 1−13.

Meulemeester C de, Lowyck B, Luyten P (2021). The role of impairments in self-other distinction in borderline personality disorder. A narrative review of recent evidence. Neurosci Biobehav; 127: 242−254.

Miller CE, Townsend ML, Grenyer BFS. Understanding chronic feelings of emptiness in borderline personality disorder. A qualitative study. Bord Pers Disord and Emot Dysregul; 8(2): 100−118.

Mitchell JM, Bogenschutz M, Lilienstein A, Harrison C, Kleiman S, Parker-Guilbert K, Ot'alora G M, Garas W, Paleos C, Gorman I, Nicholas C, Mithoefer M, Carlin S, Poulter B, Mithoefer A, Quevedo S, Wells G, Klaire SS, van der Kolk B, Tzarfaty K, Amiaz R, Worthy R, Shannon S, Woolley JD, Marta C, Gelfand Y, Hapke E, Amar S, Wallach Y, Brown R, Hamilton S, Wang JB, Coker A, Matthews R, Boer A de, Yazar-Klosinski B, Emerson A, Doblin R (2021). MDMA-assisted therapy for severe PTSD. A randomized, double-blind, placebo-controlled phase 3 study. Nat Med; 27(6): 1025−1033.

Mithoefer MC, Feduccia AA, Jerome L, Mithoefer A, Wagner M, Walsh Z, Hamilton S, Yazar-Klosinski B, Emerson A, Doblin R (2019). MDMA-assisted psychotherapy for treatment of PTSD. Study design and rationale for phase 3 trials based on pooled analysis of six phase 2 randomized controlled trials. Psychopharmacol (Berl); 236(9): 2735−2745.

Monson CM, Wagner AC, Mithoefer AT, Liebman RE, Feduccia AA, Jerome L, Yazar-Klosinski B, Emerson A, Doblin R, Mithoefer MC (2020).

MDMA-facilitated cognitive-behavioural conjoint therapy for post-traumatic stress disorder. An uncontrolled trial. Eur J Psychotraumatol; 11(1): 1840123.

Mulder RT (2021). ICD-11 Personality Disorders. Utility and Implications of the New Model. Front Psychiatry; 12: 655548.

Niemantsverdriet MBA, van Veen RJB, Slotema CW, Franken IHA, Verbraak MJPM, Deen M, van der Gaag M (2021). Characteristics and stability of hallucinations and delusions in patients with borderline personality disorder. Compr Psychiatry; 113: 152290.

Peng B, Liao J, Li Y, Jia G, Yang J, Wu Z, Zhang J, Yang Y, Luo X, Wang Y, Zhang Y, Pan J (2023). Personality characteristics, defense styles, borderline symptoms, and non-suicidal self-injury in first-episode major depressive disorder. Front Psychol; 14: 989711.

Peters M, Boersma HW, van Rossum PSN, van Oort J, Cahn W, Verhoeff JJC (2023). The impact of schizophrenia spectrum disorder, bipolar disorder and borderline personality disorder on radiotherapy treatment and overall survival in cancer patients. A matched pair analysis. Clin Transl Radiat Oncol; 40: 100618.

Qian X, Townsend ML, Tan WJ, Grenyer BFS (2022). Sex differences in borderline personality disorder. A scoping review. PLoS One; 17(12): e0279015.

Riemann G, Chrispijn M, Weisscher N, Regeer E, Kupka RW (2021). A Feasibility Study of the Addition of STEPPS in Outpatients With Bipolar Disorder and Comorbid Borderline Personality Features. Promises and Pitfalls. Front Psychiatry; 12: 725381.

Rosada C, Bauer M, Golde S, Metz S, Roepke S, Otte C, Wolf OT, Buss C, Wingenfeld K (2021). Association between childhood trauma and brain anatomy in women with post-traumatic stress disorder, women with borderline personality disorder, and healthy women. Eur J Psychotraumatol; 12(1): 1959706.

Rudge S, Feigenbaum JD, Fonagy P (2020). Mechanisms of change in dialectical behaviour therapy and cognitive behaviour therapy for borderline personality disorder. A critical review of the literature. J Ment Health; 29(1): 92−102.

Sarparast A, Thomas K, Malcolm B, Stauffer CS (2022). Drug-drug interactions between psychiatric medications and MDMA or psilocybin. A systematic review. Psychopharmacol (Berl); 239(6): 1945−1976.

Scheunemann J, Jelinek L, Biedermann SV, Lipp M, Yassari AH, Kühn S, Gallinat J, Moritz S (2023). Can you trust this source? Advice taking in borderline personality disorder. Eur Arch Psychiatr Clin Neurosci; 273(4): 875–885.

Sessa B, Higbed L, Nutt D (2019). A Review of 3,4-methylenedioxymeth-amphetamine (MDMA)-Assisted Psychotherapy. Front Psychiatry; 10: 138.

Soloff PH, Chowdury A, Diwadkar VA (2019). Affective interference in borderline personality disorder. The lethality of suicidal behavior predicts functional brain profiles. Journal of Psychiatric Res; 252: 253–262.

Steuwe C, Berg M, Beblo T, Driessen M (2021). Narrative exposure therapy in patients with posttraumatic stress disorder and borderline personality disorder in a naturalistic residential setting. A randomized controlled trial. Front Psychiatr;12: 765348.

Sverak T, Linhartova P, Gajdos M, Kuhn M, Latalova A, Lamos M, Ustohal L, Kasparek T (2022). Brain Connectivity and Symptom Changes After Transcranial Magnetic Stimulation in Patients With Borderline Personality Disorder. Front Psychiatry; 12: 770353.

Traynor JM, Roberts DE, Ross S, Zeifman R, Choi-Kain L (2022). MDMA-Assisted Psychotherapy for Borderline Personality Disorder. Focus (Am Psychiatr Publ); 20(4): 358–367.

Van der Venne P, Balint A, Drews E, Parzer P, Resch F, Koenig J, Kaess M (2021). Pain sensitivity and plasma beta-endorphin in adolescent non-suicidal self-injury. J Affect Disord; 278: 199–208.

Vanek J, Prasko J, Ociskova M, Hodny F, Holubova M, Minarikova K, Slepecky M, Nesnidal V (2021). Insomnia in Patients with Borderline Personality Disorder. Sleep Medicine; 13: 239–250.

Vanwoerden S, Byrd AL, Vine V, Beeney JE, Scott LN, Stepp SD (2021). Momentary borderline personality disorder symptoms in youth as a function of parental invalidation and youth-perceived support. J Child Psychol Psychiatry; 63(2): 178–186.

Víctor De la Peña-Arteaga, Mercedes Berruga-Sánchez, Trevor Steward, Ignacio Martínez-Zalacaín, Ximena Goldberg, Agustina Wainsztein, Carolina Abulafia, Narcís Cardoner, Mariana N. Castro, Mirta Villarreal, José M. Menchón, Salvador M. Guinjoan, Carles Soriano-Mas (2021). An fMRI study of cognitive reappraisal in major depressive disorder and borderline personality disorder. European Psychiatry; 64(1): e56.

Voderholzer U, Favreau M, Schlegl SM, Heßler-Kaufmann J (2021). Impact of comorbid borderline personality disorder on the outcome of inpatient treatment for anorexia nervosa. A retrospective chart review. Bord Pers Disord Emot Dysregul; 8(2): 100–118.

Wagner MT, Mithoefer MC, Mithoefer AT, MacAulay RK, Jerome L, Yazar-Klosinski B, Doblin R (2017). Therapeutic effect of increased openness. Investigating mechanism of action in MDMA-assisted psychotherapy. J Psychopharmacol; 31(8): 967–974.

Wagner T, Assmann N, Köhne S, Schaich A, Alvarez-Fischer D, Borgwardt S, Arntz A, Schweiger U, Fassbinder E (2022). The societal cost of treatment-seeking patients with borderline personality disorder in Germany. Europ Arch Psych Clin Neurosci; 272(4): 741–752.

Webb B, Looi JC, Allison S, Nance M, Dhillon R, Bastiampillai T (2023). A proposed clinical pathway for the patients with Borderline Personality Disorder presenting to Emergency Departments. SAGE Open; 3(1): 2158244022110375.

Wrege JS, Ruocco AC, Euler S, Preller KH, Busmann M, Meya L, Schmidt A, Lang UE, Borgwardt S, Walter M (2019). Negative affect moderates the effect of social rejection on frontal and anterior cingulate cortex activation in borderline personality disorder. Cogn Affect Behav Neurosci; 19(5): 1273–1285.

Xiao Q, Fu Y, Yi X, Ding J, Han Z, Zhang Z, Tan Z, Wang J, Wu Z, Pi J, Chen BT (2023). Altered cortical thickness and emotional dysregulation in adolescents with borderline personality disorder. Eur J Psychotraumatol; 14(1): 2163768.

Xie Q, Torous J, Goldberg SB (2022). E-Mental Health for People with Personality Disorders. A Systematic Review. Curr Psychiatry Rep; 24(10): 541–552.

Zanarini MC, Athanasiadi A, Temes CM, Magni LR, Hein KE, Fitzmaurice GM, Aguirre BA, Goodman M (2021). Symptomatic Disorders in Adults and Adolescents With Borderline Personality Disorder. J Pers Disord; 35(Suppl B): 48–55.

Zanarini MC, Martinho E, Temes CM, Glass IV, Aguirre BA, Goodman M, Fitzmaurice GM (2023). Dissociative experiences of adolescents with borderline personality disorder. Description and prediction. Borderline Personal Disord Emot Dysregul; 10(1): 9.

Zang C, Goodman M, Zhu Z, Yang L, Yin Z, Tamas Z, Sharma VM, Wang F, Shao N (2018). Development of a screening algorithm for borderline personality disorder using electronic health records. J Clin Psychiatr; 79(3):20m12484.

11 Nachwort

Das Verfassen dieses Buchs war ein mühsamer Prozess. So umfangreich die Literatur, so verschieden die abgehandelten Therapieverfahren. Ich hoffe dennoch, dass es mir gelungen ist, Ihr Interesse für das Gebiet zu wecken und Sie anzuregen, noch mehr über die Behandlung der Borderline-Persönlichkeitsstörung zu lesen und zu lernen. Denn Ihre meist schwer beeinträchtigten Patienten bedürfen dringend Ihrer besonderen Unterstützung.

Sachverzeichnis

John F. Clarkin, Frank E. Yeomans, Otto F. Kernberg
Psychotherapie der Borderline-Persönlichkeit
Übersetzt von Petra Holler
350 Seiten
ISBN 978-3-608-40167-7

Psychotherapie der Borderline-Persönlichkeit

Manual zur psychodynamischen Therapie

Mit einem Anhang zur Praxis der TFP im deutschsprachigen Raum

Schattauer

Aus der Praxis für die Praxis

Übertragungsfokussierte Psychotherapie (TFP) ist ein etabliertes Verfahren, das sich bei Menschen mit einer Borderline-Störung als sehr erfolgreich erwiesen hat. TFP behandelt nicht nur Symptome, sondern eröffnet Chancen zur Veränderung der Persönlichkeit und Verbesserung der Lebensqualität. Dieses Buch verknüpft die Forschungsarbeit zur TFP mit Erkenntnissen der Objektbeziehungs- und Bindungstheorie.